凯里学院"汉语言文学"一流专业建设项目（项目编号：ZYYL1802）

现代汉语专题教程

●蒋 华 编著

西南交通大学出版社
·成 都·

图书在版编目（ＣＩＰ）数据

现代汉语专题教程 / 蒋华编著. —成都：西南交
通大学出版社，2020.5
ISBN 978-7-5643-7432-7

Ⅰ.①现… Ⅱ.①蒋… Ⅲ.①现代汉语－高等学校－
教材 Ⅳ.①H109.4

中国版本图书馆 CIP 数据核字（2020）第 080144 号

Xiandai Hanyu Zhuanti Jiaocheng

现代汉语专题教程

蒋　华　编著

责任编辑	吴　迪
助理编辑	罗俊亮
封面设计	原谋书装

出版发行	西南交通大学出版社
	（四川省成都市金牛区二环路北一段 111 号
	西南交通大学创新大厦 21 楼）
邮政编码	610031
发行部电话	028-87600564　　　028-87600533
网址	http://www.xnjdcbs.com
印刷	四川森林印务有限责任公司

成品尺寸	185 mm×260 mm
印张	11.25
字数	267 千
版次	2020 年 5 月第 1 版
印次	2020 年 5 月第 1 次
书号	ISBN 978-7-5643-7432-7
定价	35.00 元

语言学知识，尤其是语法学知识，大都枯燥乏味，艰涩难懂，学生也不愿意去学。这从我校学生毕业论文的选题就可以看出，约80%的学生选择文学类题目，约20%的学生选择语言学类题目。

这本《现代汉语专题教程》教材与笔者教授过的《现代汉语》《语言趣味与趣味语言》《语用学》《现代汉语专题研究》《现代汉语语法研究》《言语交际艺术》《言语交际学教程》等课程相关，也与凯里学院2014年"《现代汉语》精品资源共享课"项目（课题号为：JZGX201402）有关。

本教材是笔者在讲授语言学相关理论的基础上根据学生的实际情况总结出来的。在学习与讲授陆俭明、沈阳《汉语和汉语研究十五讲》，何自然《新编语用学概论》，刘润清《西方语言学流派》，姚小平《西方语言学史》等语法学和语用学知识的过程中，笔者注意到，有的语言学知识较为深奥，学生一下子很难领悟得了，但这方面的知识，却是学术界较为前沿的知识。于是，如何让相关语言学理论通俗而易懂，如何让语言学理论知识有趣而又能解决实际问题，这需要我们在教学中、在编写中持续思考。因此，本教材尽量做到清晰易懂，与当下社会生活实际相结合，以期能引发学生的兴趣。

本教材断断续续地编了七八年，内容也在不断地累积，不断地更换。在教学的过程中，每当碰到新的例句，或者是对原来的例句有了新的想法时，笔者都会记录下来，并运用于本教材中。

本教材语法语用部分我们主要参考了陆俭明、沈阳《汉语和汉语研究十五讲》，朱德熙《语法讲义》和《语法答问》，袁毓林、郭锐《汉语配价语法研究》，何自然《新编语用学概论》，索振羽《语用学教程》，刘润清《西方语言学流派》，姚小平《西方语言学史》等。广告专题主要参考了曹炜《商标语言》、曹志耘《广告语言艺术》以及笔者曾经出版的著作《广告语多维探究》等。幽默专题主要参考谭达人《幽默与言语幽默》以及笔者曾经出版的著作《笑话中的语言学》《言语幽默多维研究》等。本教材在编写的过程中根据本地学生的接受能力、知识水平对相关内容做了大量修改。

本教材共七个部分。

第一章是现代汉语语法理论专题，主要论述了汉语传统语法理论、层次分析理论、变换理论、语义特征理论、语义指向理论、配价语法理论、三个平面理论和两个"三角"理论以及认知语言理论等以及它们在语言分析中的具体应用。

第二章是现代汉语语用学理论专题，主要讨论了语境与预设、言语行为理论，指示语理论和关联理论，合作原则、礼貌原则理论等以及它们在语言分析中的应用。

第三章是现代汉语歧义专题，主要探讨了歧义形成之因、歧义分析法，探讨了歧义在广告、标题、小品、幽默和对联等作品中的运用，最后还探讨了歧义消除的办法。

第四章是现代汉语广告专题，主要探讨了部分修辞手法在广告语中的应用，重点探讨了（类）析字、引用、双关和对偶等在广告语中的应用。

第五章是现代汉语幽默专题，主要探讨了委婉、比喻和夸张等在幽默中的运用。

第六章是语言学毕业论文写作专题，主要从选题、查找资料与研究现状的写作、查找语料与语料分析、参考文献、学术道德等方面来探讨语言学毕业论文的写作。

附录部分是笔者指导的学生罗安琼本科毕业论文《黎平地名调查与研究》。

其实,《现代汉语专题教程》已有相关著作，是北大中文系现代汉语教研室于2003年编辑，由北京大学出版社出版的图书。该教材共分语音、词汇、语法、方言四个专题，四个专题各为一章，每章各分若干小节，每小节后又附若干思考与练习题。我们这本教材虽然与之同名，内容却大不同。本教材注重语法学和语用学理论的简要阐释，同时注重语言学知识的相关应用。

感谢先贤时哲，为本教材的编写提供了参考。本书尽可能标出所引论文或著作之处，但也难免挂一漏万，敬请各位原谅。另外，文中对联、幽默、小品、广告语等均来自学界同仁著作或者论文，限于篇幅，不一一指明出处，谨在此表示感谢。

本教材虽经笔者反复斟酌，数易其稿，但由于本人才疏学浅，仍有诸多不足，诚望同道诸君批评指正，不胜感激。

目 录

第一章 现代汉语语法理论专题

第一节 汉语传统语法理论[①]

有人认为，不学语法照样能写文章。这个看法有些不太全面。比如修改病句，这是每个人在小学、初中语文学习中都经历过的。如：

> 这是一件花蓝色的裙子。

显然，这是一个病句，可改成：

> 这是一件蓝色的花裙子。

把病句改成正确的语句似乎不难，但为什么要这么改呢？这个道理就不太容易说得清楚了。很多人会说，这是语言习惯，这是由语感决定的。其实，如果学过相关语言学知识就会知道，这符合语义亲近性原则（"花"是质料，"蓝"是颜色，相对于"裙子"来说，质料"花"比颜色"蓝"来得更紧密一些）。这样就不仅让学生知其然，更知其所以然，以提升他们对语言学知识的兴趣。

在众多人文学科中，语法学科遥遥领先，常常是其他学科方法的基础和先导。欧洲18、19世纪产生了历史比较语言学，给社会科学界带来了比较教育学和比较文学等不同的学科。20世纪初现代语言学的重要奠基者、结构主义的开创者之一，被后人称为"现代语言学之父"的索绪尔提出了结构主义语言学的一系列主张，成为当时人文科学研究的基本方法。

一、西方早期语法学

西方的语法研究比我国早许多年。在亚里士多德时代就形成了比较完备的语法体系。

公元前5世纪，古希腊人就开始研究语言。最初是从哲学的角度去认识语言的。古希腊哲学家对名称与事物之间的关系发生了激烈的争论，形成两种水火不相容的对立观点。

一种观点是"本质论"，认为词语的形式（名称）和意义（所指事物）存在本质的、必然的联系，事物的名称是由事物的性质决定的。

一种观点是"约定论"，认为事物的名称是社会约定的，跟事物本身的性质没有联系。[②]

[①] 本节内容主要参考了陆俭明《现代汉语语法研究教程》（北京大学出版社，2013年）、刘润清《西方语言学流派》（外语教学与研究出版社，2002年）、姚小平《西方语言学史》（外语教学与研究出版社，2011年）、赵振铎《中国语言学史》（河北教育出版社，2000年）等著作。

[②] 参考刘润清《西方语言学流派》（外语教学与研究出版社，2002年）、姚小平《西方语言学史》（外语教学与研究出版社，2011年）等。

在语言结构分析上，古希腊学者试图从逻辑的角度研究语法。柏拉图（古希腊伟大的哲学家，也是整个西方文化最伟大的哲学家和思想家之一，柏拉图和他的老师苏格拉底、学生亚里士多德并称为"希腊三贤"）将词类分为名词和动词。亚里士多德（恩格斯称他是"古代的黑格尔"，世界古代史上伟大的哲学家、科学家和教育家之一，希腊哲学的集大成者）将词类分为连词、系动词、代词和冠词，他还提出了"格"的概念，指出动词和名词通过语法形式上的变化来表示关系、数、语气等语法意义的变化。在中世纪的宗教文化中，语法已成为教士们的必修课之一。①

二、我国早期语法学

在我国，早在汉代时就产生了文字学、音韵学和训诂学。战国儒家学派代表人物荀子《正名篇》有这样的记载："名无固宜，约之以命。约定俗成谓之宜，异于约则谓之不宜。"这表明，事物的本质不决定事物的名称，事物的名称属于约定俗成。东汉时著名的文字学家许慎所著的《说文解字》是一部词典，专门用来解释汉字的读音、意义。"汉赋四大家"之一扬雄所著的《方言》是我国古代语言学史上第一部专门研究方言的著作。

我国的语法研究相对西方的语法研究来说迟了许多年。1898 年马建忠（系清末外交家、学者）所著的《马氏文通》的发表，标志着汉语语法学的正式诞生。中国近代历史著名的政治家、思想家和享誉海内外的百科全书式的学术大师梁启超先生在《适可斋记言记行》中称赞马建忠："每发一论，动为数十年以前谈洋务者所不能言；每建一义，皆为数十年以后治中国者所不能易。嗟夫！使向者而用其言，宁有今日，使今日而用其言，宁有将来。"

《马氏文通》是一本具有划时代意义的文言文语法专著，从词本位（本位：即最重要、最根本的单位，是语法研究出发点的单位）角度分别论述了实字（名字、代字、静字、动字、状字）和虚字（介字、连字、助字、叹字）。

我国现代作家许地山所著的《语体文法大纲》（1921 年）讨论了白话文语法中的名词、代名词、形容词、动词、副词、介词、连词、助词与感叹词。

"黎氏八骏"之一的我国汉语言文字学家黎锦熙（毛主席曾评价他是著名的历史学家，著名的文字学家）首创句本位语法，他所著的《新著国语文法》在 1924 年出版，到 1955年已印达 24 版，影响巨大，奠定了白话文语法的基础。黎先生认为应该先掌握句子构造的基本规律，然后再研究词类的细目，最后做段落篇章的研究。《新著国语文法》的主要章节如下：第一章是语法基本概念，第二章是词类区分与定义，第三章是单句的成分和图解法，第四章是实体词，第五章是成分的省略，第六章到第十一章是名词、动词、形容词等，第十二章是单句的复成分，第十四章是包孕复句，第十五章到第十八章是句法和词法的结合，第十九章是段落篇章和修辞法的举例等。②

黎锦熙先生在《新著国语文法》中给句子设立了六大句子成分：

---

① 参刘润清《西方语言学流派》（外语教学与研究出版社，2002 年）、姚小平《西方语言学史》（外语教学与研究出版社，2011 年）等。
② 参考廖序东《论句本位语法》（《徐州师范学院学报》，1989 年第 3 期）。

骨干成分：主语、谓语、宾语、补足语。宾语、补足语是谓语的连带成分。

附加成分：形容词性的附加语、副词性的附加语。

黎先生还详细解释了"句本位"分析法（图解法）："画图析句，或主或从，关系明确；何位何职，功用了然。"我国语言学家廖序东先生对黎锦熙先生的观点赞赏有加。他认为，黎先生的著作《新著国语文法》已经明确：分析句子结构是句本位的主要任务，人们通过句子结构的分析可以了解句子的构成，从而掌握句子的构造规律。①

王力是我国著名语言学家，中国现代语言学的奠基人之一。他所著的《中国现代语法》在语法学史上有很大影响，该书主要讨论和归纳了汉语句法方面的问题。

句子是完整而独立的语言单位，由主语、谓语两部分组成。根据谓语的性质，句子可分为三种类型。

一是叙述句，叙述一件事情，以动词为谓词，如"李太太生了一个孩子"。

一是描写句，描写人和物的德性，以形容词为谓词，如"这一间教室很大"。

一是判断句，判定词的所指或属于什么种类，主语和谓语间用系词"是"来联系，如"他是李德耀"。②

王力先生还在《中国现代语法》中主要讲了六种特殊句式。

一是能愿式，表陈说意见或意志。能愿式分为两种，一是可能式，指表可能性、必然性或必要性的能愿式，如"不能自出心裁"；一是意志式，指表示意志的能愿式，如"不要性急"。

二是使成式，表叙述词和它的补语构成因果关系，如"弄坏了他了"。

三是处置式，用助词"把"或"将"把目的位提到叙述词前面以表示处置的语言形式，如"将他两人按住"。

四是被动式，叙述词所表示的行为为主位所遭受的语言形式。被动式可分为两种，一是"被"字式，如"我们都被人欺侮了"；一是无"被"字的被动式，如"五儿吓得哭哭啼啼"。

五是递系式，句中包含着两次连系，其初系谓语的一部分或全部用为次系的主语的语言形式，如"这话说得太重了"。

六是紧缩式，紧缩起来，两部分之间没有语音停顿的复合句，如"不问他还不来呢"。③

北京大学中文系教授陆俭明认为，王力先生所著的《中国现代语法》重视汉语特点，努力从汉语事实出发来总结现代汉语的语法规律，如指出系词在汉语里不一定需要，句子里未必要有动词；提出了汉语里存在"处置式""使成式""递系式""紧缩式"等特殊句法结构等。

中华人民共和国成立后，一些干部文化水平不高，在言语上造成许多误解，耽误了工作。中国社会科学院语言研究所教授张伯江在学术报告中提道："针对这个问题（语言语法），中央非常重视，给清华大学中文系一个任务，要求在最短时间里，写出一本大众

---

① 参考廖序东《论句本位语法》（《徐州师范学院学报》，1989 年第 3 期）。

② 参考赵振铎《中国语言学史》（河北教育出版社，2000 年）。

③ 参考陆俭明《现代汉语语法研究教程》（北京大学出版社，2013 年）。

化通俗易懂的讲语法写作的书来。中文系就把任务交给了吕叔湘与朱德熙两位先生。"1951 年 6 月 6 日的《人民日报》开始连载吕叔湘（我国著名语言学家，代表作《现代汉语词典》）、朱德熙（汉语语法学界伟大的语言学大师，是一位富于开创精神的杰出学者）合著的《语法修辞讲话》。从内容上看，该书是一本汉语语法著作，分为语法基本知识（词类、句子的成分等）、词汇（词性、词义等）、虚字（文言虚字等）、结构（主语、宾语等）、表达（逻辑、费解、歧义等）、标点（句号、逗号等）等六讲。

《语法修辞讲话》一书以语法为中心，以语法基本知识为基础，提出分别主干和枝叶，并以此来辨识句子的脉络，并在此基础上观察句子结构与表达上的正误。该书着重分析实际用例，强调语言知识对语言实践的指导作用，提出语法研究的目的是"匡谬正俗"，是规范人们的言语行为，提高语言表达准确度。[①]

通过以上叙述可知，传统语法学讲究描写语言组织结构的基本框架，找出句子里的基本成分，归纳出句型，这便于人们的学习。传统语法利用归纳的手段来总结出语法规律，并且用以指导人们的应用实践，所采用的方法多是举例说明式方法。

也有学者认为传统语法学的这种描写看起来圆满，实则粗糙。如：

　①他没用一分钱。

　②一分钱他都没用。

例①在普通话中较少存在，而例②却经常存在。原因是什么呢？传统语法似乎很难解释这个问题。如果从语用角度来看待，则能较好地做出解释：例②中的"一分钱"表示强调。

思考与练习

一、请说明古希腊著名思想家亚里士多德的语言观。

二、有学者认为，吕叔湘、朱德熙合著的《语法修辞讲话》开辟了语法与修辞相结合的路子，这种说法正确吗？为什么？

三、什么是句本位？请结合我国汉语言文字学家黎锦熙所著的《新著国语文法》加以解释。

四、什么是词本位？请结合我国清末语言学家马建忠所著的《马氏文通》加以解释。

五、黎锦熙先生曾经在《新著国语文法》中提出过搞语法研究的名言"例不十，法不立"。王力先生在《汉语史稿》上册"汉语史的研究方法"一节中明确指出："例外不十，法不破。"此观点正确吗？你如何看待。

六、传统语法的缺陷主要表现在哪些方面？

七、请说明句本位和词本位两者之区别与联系？

八、文中提到了黎锦熙、王力、吕叔湘、朱德熙等著名语言学家，你能说出其他传统语言学专家吗？他们的主要观点又是什么呢？

---

① 参考张伯江等《从〈语法修辞讲话〉的写作谈吕叔湘先生的社会责任感》（《世界文化》，2011 年第 12 期）。

第二节　层次分析理论①

谈到层次分析理论，就不能不涉及美国描写语言学派，也会涉及中心词分析法。

一、美国描写主义学派

美国描写主义语言学派又称美国结构主义学派，是 20 世纪初美国一些学者在对美洲印第安语调查和研究的基础上逐步形成和发展起来的。

描写语言学的先驱人物美国语言学家鲍阿斯（Franz Boas）及其学生萨丕尔（Edward Sapir），其核心代表人物是美国语言学家布龙菲尔德（Leonard Bloomfield）。语言学界大都以布龙菲尔德为界线，将美国描写主义语言学划分为三个时期：

第一时期：20 世纪 30 年代以前是"前布龙菲尔德时期"，以鲍阿斯和萨丕尔为代表；

第二时期：20 世纪三四十年代是"布龙菲尔德时期"，以布龙菲尔德为代表；

第三时期：20 世纪 50 年代是"后布龙菲尔德时期"，以哈里斯（Zellig S. Harris）为代表。

欧洲传统语言学界认为印第安部落语言是原始的、粗野的。美国语言学家鲍阿斯（Franz Boas）认为印第安部落语言是原始、粗野的这种说法毫无根据。鲍阿斯通过对美洲印第安语言的调查研究认为，语言系统无"发达"与"原始"之分，印第安语的结构系统是根据自己的交际需要而产生的。如在语法范畴方面，欧洲语言中的一些语法范畴，如时态、人称等，在一些印第安语言中没有；但一些印第安语言中有的语法范畴在欧洲语言里没有，如动作要区分是看见的动作，是听说的动作，还是梦见的动作等。②

鲍阿斯在语言学方面的主要观点是：

（1）每种语言都有固定的、有限的语音数目，有自己独立的语音系统。

（2）鲍阿斯给出了词的定义（固定的形式、明确的意义以及独立的语音），强调词跟句子之间的关系。语言中，先有句子，后有词，词可以分为词干（stem）和词缀（affix）。

（3）如果两种语言在语音、词汇和语法上十分相似，那么可以认定它们有共同的来源。

鲍阿斯总结出了描写主义语言学的基本原则与方法，这为美国描写主义语言学的进一步发展奠定了基础。

萨丕尔（Edward Sapir）是 20 世纪伟大的语言学家之一，他的代表作是《语言论——言

---

① 本节内容主要参考了刘润清《西方语言学流派》（外语教学与研究出版社，2002 年）、姚小平《西方语言学史》（外语教学与研究出版社，2011 年）等著作。

② 参考刘润清《西方语言学流派》（外语教学与研究出版社，2002 年）、姚小平《西方语言学史》（外语教学与研究出版社，2011 年）。

语研究导论》（1921 年）。①

萨丕尔对语言学的贡献主要表现在：

（1）对结构系统的分析极具启发性，他详细分析了六种语法形式（词序、复合、附加、内部屈折、重叠及重音）。萨丕尔对语言形式和功能之间的复杂关系进行了深入细致的分析，指出同样的语言形式可以有不同的功能，同样的功能可以用不同的语言形式表示。

（2）对语言与思维、社会和文化关系有自己的见地。萨丕尔指出语言与民族、文化有错综复杂的关系，强调语言的思维功能和社会文化功能。语言不仅是表达思想的工具，而且是思想的创造者。语言系统决定了语言使用者对世界的看法，即"语言决定人们的世界观"。

"语言决定人们的世界观"这个观点经他的学生沃尔夫进一步发挥，被人称为"萨丕尔—沃尔夫假说"，这个假说的主要观点是：语言形式决定着语言使用者对宇宙的看法；语言怎样描写世界，我们就怎样观察世界；世界上的语言不同，所以各民族对世界的分析也不同。②

布龙菲尔德（Leonard Bloomfield）是美国著名语言学家，北美结构主义语言学的先导人物之一，他的《语言论》是美国描写主义学派最重要的经典著作。布龙菲尔德提出了结构分析的基本方法。

布龙菲尔德假设语言有一个"音位—语素"结构，并认为这一双层结构可以通过一套操作程序来发现，先分析音位，然后才是语素。音位层的分析程序是先分析出有区别特征的语音成分，然后再分析这些成分之间的关系，归并音位。语素层的分析程序分三步，第一步分析出语素交替形式，第二步是归并语素，第三步归并形式类（词类）。具体方法包括下面几种。

（1）替换分析法。

替换是一个语言项目代替另一个语言项目的过程；即变动一个成分，其他成分保持不变；凡是能替换的成分就是一个独立的语言单位。如用 b 替换 pit 的 p，得到 bit。反复使用这种替换手法，可以将语言单位切分开来。同时，能互相替换的成分就有聚合关系。一般来说，语法结构上的替换分为两种，一为等量替换，一为不等量替换。

等量替换是指替换时不改变短语结构的长度，如：

看报—看楼—看病

吃馒头—吃苹果—吃橘子

不等量替换是指替换时短语结构的长度发生变化，如：

看电影—看英国电影

吃馒头—吃白面馒头

（2）对比分析法。

对比分析法（contrastive analysis，CA）是比较两个或两个以上的语言片段，找出其

---

① 参考刘润清《西方语言学流派》（外语教学与研究出版社，2002 年）、姚小平《西方语言学史》（外语教学与研究出版社，2011 年）。

② 参考刘润清《西方语言学流派》（外语教学与研究出版社，2002 年）、姚小平《西方语言学史》（外语教学与研究出版社，2011 年）。

中相同部分和不同的部分，也能将语言单位切分开来。如"爸 bà"与"怕 pà"，相同部分是韵母和声调，不同部分是声母，由此可判定：b、p 是两个不同的语言单位。

（3）分布分析法。

一个单位的分布就是它所出现的全部环境的总和，也就是这个单位的所有（不同）位置（或出现场合）的总和。根据这样的定义可以把分布相同的语言单位归为一类，把分布不同的语言单位归为不同的类。

分布分析有两种情况。一种情况是以寻找语言单位的同类环境为原则的归类法，如 Fries 把凡能出现于 The___is（are） good 或 ___ is（are） good 框架中的形式称为一类词。另一种情况是以寻找语言单位的异类环境为原则的归类法，即根据互补分布来进行归类。如 Harris 把英语中的/-iz/、/-s/、/-z/、/-ən/（在 ox 后出现）、/a/ ~ /e/（如 man）和零形式（在 sheep 中出现）都归并为一个语素（复数语素），因为它们具有相同的意义，且处于互补分布之中。就汉语形容词"突然"而言，"突然"出现的语言环境有定语（如"他经常搞突然袭击"）、状语（如"突然地动山摇"）、谓语（如"这件事情太突然了"）、补语（如"那位老妈妈走得太突然了"），这其中的定语、状语、谓语、补语是"突然"一词的句法分布。

（4）直接成分分析法。

直接成分分析法（简称 IC 分析法，immediate constituents analysis）是布龙菲尔德提出来的，用于说明语言单位之间的组合关系。如 Poor John ran away，这个形式含有 5 个语素：poor、John、ran、a-和 way。Poor John ran away 的直接成分是 Poor John 和 ran away，poor John 的直接成分是语素 poor 和 John，ran away 的直接成分是语素 ran 和复合形式 away，away 的直接成分是语素-a 和 way。图示为：

Poor　John　ran　away

替换、对比和分布常用于切分语言单位，确定语言单位之间的聚合关系；直接成分分析法常用于分析短语和句子。[1]

二、中心词分析法[2]

传统语法学比较重视句子成分分析，分析句子时采用句子成分分析法，即中心词分析法。

在一般的语法学著作中，句子成分分析法又称"中心词分析法"，它认为句子成分有六种：主语、谓语、宾语、定语、状语、补语。在句子成分分析法看来：主语和谓语是主要成分，宾语和补语是次要成分，定语和状语是附加成分。分析过程如下。

---

[1] 参考刘润清《西方语言学流派》（外语教学与研究出版社，2002 年）、姚小平《西方语言学史》（外语教学与研究出版社，2011 年）。

[2] 本部分内容主要参考了廖序东《论句本位语法》（《徐州师范学院学报》，1989 年第 3 期）、黄伯荣、廖序东《现代汉语》（高等教育出版社，2017 年），黎锦熙《新著国语文法》（湖南教育出版社，2007 年）等著作。

首先，将句子分为主语部分和谓语部分，找出全句的主要成分主语（用"＝＝"来表示）和谓语（用"——"来表示）。

其次，看谓语由哪种动词充当，以及后面跟着的宾语（用"～～～"来表示）和补语（用"〈 〉"来表示）。

最后，在主语部分找出附加在主语前面的定语（用"（ ）"来表示），在谓语部分找出附加在谓语前的状语（用"[ ]"来表示）。

此处以"张莉的妹妹已经做完了数学作业"为例进行分析。

第一步，找出主语的中心词"妹妹"和谓语的中心词"做"。

第二步，看动词后是否有宾语，划出宾语"作业"和补语"完"。

第三步，依次找出连带成分定语"张莉""数学"和状语"已经"。①

廖序东先生认为，现在的文章长句子很复杂，结构也较复杂，不经过分析，就不知道句中词语之间是什么关系，也就很难明白整个句子的意义何在。至于在词法、句法方面有语法错误的句子，一经分析，不难发现究竟错在什么地方。正确地分析句子结构对于语言理解与运用有重大的作用，所以句本位语法以分析句子结构贯彻教学过程的始终。

中心词分析法一度在我国中学语文教材中盛行，最大的原因是它有利于把握句子的核心内涵。

侗家腌鱼早已是贵州省黔东南州苗族侗族最喜欢的食物。

该句如果运用中心词分析法来分析，即是主语是"腌鱼"，谓语是"是"，宾语是"食物"，让人一下子就明白这个结构复杂句子的内涵了。

中心词分析法最大的优势在于修改病句，如：

大连的春天景色宜人，是个旅游的好地方。

主语是"春天"，谓语是"是"，"地方"是宾语。显然，利用中心词分析法一下子就知道该句是病句了。

中心词分析法也存在某些缺陷。中心词分析法认为主语、谓语是句子的主干，但汉语中有些句子，"主干"离开了"枝叶"就不再成为"主干"，如：

剥削思想必须清除干净。

其主干（主语、谓语）就是"思想清除"，与原句所表达的意思有所差别。

有的句子"主干"能成立，但也不能表达原来句子的基本含义。如：

曾妮妮死了爸爸。

句子的主干就是"曾妮妮死了"，这样就不能表达原来的含义，与原来的含义存在较大的差异。有的甚至可能会形成笑料。②如：

陆俭明先生在《现代汉语语法研究教程》中一针见血地指出，中心词分析法把各种不同层次的句子成分放在同一线性平面上，体现不出结构层次。

---

① 参考廖序东《论句本位语法》（《徐州师范学院学报》，1989 年第 3 期）。

② 参考陆俭明《现代汉语语法研究教程》（北京大学出版社，2013 年）。

三、层次分析法[①]

在结构主义语言学看来，句子不是一个简单的线性序列，而存在不同的结构层次。一个复合形式是由若干直接成分构成的，一般复合形式的直接成分有两个；这种直接成分分析法，也称为层次分析法或二分法。层次分析法的基本精神如下：

（1）承句法结构在构造上有层次性，并在句法分析中严格按照其内部的构造层次进行层层分析。

（2）每一次分析，都要指出每一个构造层面的直接组成成分（immediate constituents）。

（3）分析中，只管直接成分之间的语法结构关系，不管间接成分之间的语法结构关系，也不管句法结构中实词之间的语义结构关系。[②]

层次性是语言结构的基本属性之一。在汉语研究中，最早自觉地运用层次分析法的理论来描写汉语语法现象的是赵元任先生。赵元任是中国现代语言学先驱，被誉为"中国现代语言学之父"，曾与梁启超、王国维、陈寅恪一起被称为清华"四大导师"。他的《汉语口语语法》第一次运用描写语言学的理论方法来研究描写汉语语法，层次分析法包含切分和定性。切分是一个句子或句法结构应该在何处切分。定性是句子或者句法结构所切分开来的直接组成成分之间在语法上是何种关系。如"买了两斤麻江蓝莓"中，"买了"与"两斤麻江蓝莓"之间切分开来，这是切分。"买了"与"两斤麻江蓝莓"之间是动宾关系，这就是定性。

可知，在汉语语法中，层次分析包含了两部分内容，一是切分，一是定性。

美国描写语言学派的层次分析法只讲切分，不讲定性；只要求指明每一层面上的直接组成成分，不要求指明直接组成成分之间的关系。我国的层次分析法不仅要讲切分，更要明确其定性，由此可知，我国的层次分析法有着较为鲜明的中国特色。

依据层次分析，汉语有八大句法成分，分别为主语、谓语、动语、宾语、定语、状语、中心语、补语。

主语是被陈述的对象，谓语是用来陈述主语的，两间之间是陈述关系。如"徐文珍来镇远了"中的"徐文珍"是主语，"来镇远了"是谓语。

谓语里如果有宾语，就会有动语。动语在前，表示动作行为，是支配、涉及后面的宾语的成分；宾语位居动语后头，表示人、物或者事情，是动作所支配、涉及的对象。如"谢苗苗去下司古镇了"中，"去"就是动语，"下司古镇"是宾语。

定语是名词性短语里中心语前面的修饰语，状语是谓词（动词、形容词）性短语里中心语前面的修饰语。如"姚健的电视机"中，"姚健"是定语，"电视机"是中心语。"很漂亮"中，"很"是状语，"漂亮"是中心语。

补语是动词、形容词性短语里中心语后面的补充性成分。如"打败了"中的"打"是中心语，而"败"是补语。

---

① 本部分内容主要参考了朱德熙《语法讲义》（商务印书馆，1982年），朱德熙《语法答问》（商务印书馆，1985年），陆俭明《现代汉语语法研究教程》（北京大学出版社，2013年），黄伯荣、廖序东《现代汉语》（高等教育出版社，2017年）等著作。

② 参考朱德熙《语法讲义》（商务印书馆，1982年），朱德熙《语法答问》（商务印书馆，1985年）。

下面我们通过一个句子来显示它们之间的层次关系。例如：

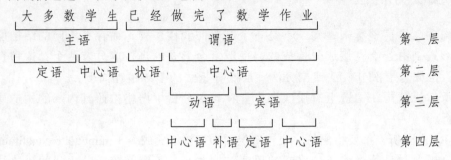

上述是用层次分析法分析出来的。首先是第一层，把"大多数学生已经做完了数学作业"分为主语"大多数学生"与谓语"已经做完了数学作业"；其次是第二层，"大多数学生"中的"大多数"是定语，"学生"是中心语，而"已经做完了数学作业"中的"已经"是状语，"做完了数学作业"是中心语；再次是第三层，"做完了数学作业"，"做完"是动语，"数学作业"是宾语，最后是第四层，"做完"中，"做"是中心语，"完"是补语；"数学作业"中，"数学"是定语，"作业"是中心语。①

层次分析法在我国语言学界影响较大，但是，这种分析法的局限也是明显的。陆俭明在《现代汉语语法研究教程》中明确指出，层次分析法的主要缺陷是"不能揭示句法结构内部隐性的句法关系，即语义结构关系"。②

思考与练习

一、请用中心词分析法分析下列句子。

1. 姚健笑得直流眼泪。

2. 周树玲不喜欢这种流行的款式。

3. 杨佳佳估计张智平不来了。

4. 郝师傅的鞋做得太大了。

5. 吴国美在屋顶上发现了一条长长的蛇。

6. 吴海萍在西江苗寨吃了一碗热面。

7. 吴学鹏一个早晨写了三封给他朋友的信。

8. 杨晓彤从下司古镇走了。

9. 曾丽琴早就去过肇兴侗寨了。

10. 钟小雨喝了四瓶米酒。

11. 胡小蜜对谁都客客气气。

12. 胡小燕好像在地上寻找着什么。

13. 胡谱裕就去那儿。

14. 蒋黔湘子告诉我，怎样怎样才能打开销路。

① 参考黄伯荣、廖序东《现代汉语》（高等教育出版社，2017年）。

② 参考陆俭明《现代汉语语法研究教程》（北京大学出版社，2013年）。

15. 盘汉建什么都不知道。

16. 周泽黎最喜欢买时尚的衣服。

17. 周恩泽都不想去贵阳车站。

18. 大家在宿舍里讨论了一个下午。

19. 今天我们去了一趟西江千户苗寨。

20. 姑娘们在议论着刚才发生的撞车事件。

二、请用层次分析法分析下列句子。

1. 希望杨镛荃能来我们西江苗寨工作。

2. 通知张志祥马上去镇远开会。

3. 林思思不同意选他当代表。

4. 潘小江估计他今天晚上能赶到北京。

5. 彭菊站起来腾出一把椅子让吴丹坐下。

6. 王黛齐在教室坐。

7. 吴朝芳在教室里看书。

8. 鸡吃不了。

9. 朱芳灿的书。

10. 大熊猫的杯子。

11. 王梅和张孝一起在灯下读语法书。

12. 谢景步的胳膊跟腿在车祸中都受了伤。

13. 谢景王没功夫同你说一句话。

14. 王荔不得不和同窗四载的姐妹们说再见。

15. 事实上，张莉莉与此事毫无瓜葛。

16. 我国政府领导人民同不法分子和犯罪分子进行了长期的斗争，取得了显著的效果。

17. 我们 2017 级 2 班要坚持开展批评与自我批评。

18. 老人家待蒋黔跟亲生儿子一样。

19. 蒋湘汀和大家讲他过去的经历。

20. 我们实验田的地里种了豆角和西红柿。

三、请说明中心词分析法的优势与劣势。

四、现在的部编本初中语文教材采用层次分析法来分析句子，你同意这种做法吗？为什么？

五、美国描写语言学布龙菲尔德有哪些重要的学术观点？

六、请叙述鲍阿斯的主要学术贡献。

七、萨丕尔对结构主义语言学的贡献主要体现在哪些方面？

八、请用层次分析理论来分析"名词+动词+形容词+了"。

1. 毛衣晾干了。

2. 坑儿挖浅了。

3. 头发剪短了。

第三节　变换理论

变换理论即变换分析理论。我们这里主要是采用美国描写主义后期代表人物海里斯的观点：变换是指同一层面上不同句法结构上的依存关系。他在 *Transformational Theory*（《变换理论》）中指出，两个有着相同词类的 n 个词的句式，如果其中一个 n 元组集合的句式中某一个能让人满足的句子 X 跟另一个 n 元组集合的句式中某一个能让人满足的句子 Y，在排列词序的可接受性上相同，那么对该 n 元组集合来说，这两个句式互为变换。[①]

一、变换理论存在的原因

变换理论的存在是有其原因的。

其一，层次分析法并不能解决所有的语法问题，是有所限制的，不能有效地揭示句子或者句法结构中实词与实词间的语义关系，如"反对的是张闵"。又如：

　　　①下司戏台上摆着鲜花。

　　　②下司戏台上演着侗戏。

如果按层次分析法来分析，结构相同，即切分和定性都相同，但是上述两句的语法意义不相同。例①表示静态，"动词+着"相当于"有"，表示存在；而例②则表示动态，"动词+着"表示"演"的动作正在进行。

有的句子既能表达①义，又能表达②义，如：

　　　岜沙戏台上架着枪。

可能表达"岜沙戏台上有枪"义，也可以有"岜沙戏台上有人正在架枪"之义。原因是"岜沙戏台上"有可能表示处所，指明"枪"的处所；也可能是指"正在架枪"这一动作活动正在进行的地方。

其二，句法格式的相关性。一些句法格式，表面看似乎各不相同，实际上彼此存在着一定的内在联系。如：

　　　③杨晓钰送了一束鲜花给杨颖。

　　　④杨晓钰把一束鲜花送给了杨颖。

　　　⑤那束鲜花杨晓钰送给杨颖了。

例③、④、⑤内部层次构造不同，所表达的语法意义也有别。虽然它们是不同的句法格式，但是不同实词之间的语义结构关系却相同。所以，例③、④、⑤彼此之间存在着一定的内在联系，存在着结构上的相关性。[②]

---

①　参考陆俭明《现代汉语语法研究教程》(北京大学出版社，2013 年)。

②　参考陆俭明《现代汉语语法研究教程》(北京大学出版社，2013 年)、朱德熙《现代汉语语法研究》(商务印书馆，1979 年)。

二、变换理论的原则

朱德熙先生首先提出变换分析法，变换分析是通过考察所分析的有歧义的句法格式跟与之在结构上有相关性的句法格式之间的不同联系来达到分化歧义句法格式的目的的一种手段。

朱德熙先生认为，变换是句式的变换，是两种结构不同的句式之间的依存关系，遵循以下一些原则。

（1）一个合格的变换，一定得形成一个变换矩阵。变换矩阵由三部分组成：

① 左边是所要分析的句法格式（称为"原式"）及其一个个具体实例。

② 右边是与原句式在结构上有相关性的句法格式（称为"变换式"）及其一个个具体的实例。

③ 原式其实例和变换式及其实例间是否存在变换关系（存在变换关系用箭头"→"来表示，※表示变换关系不成立）。例如：

台上摆着鲜花　　→鲜花摆在台上　　→※台上正摆着鲜花
门上贴着对联　　→对联贴在门上　　→※门上正贴着对联
教室里上着课　　→※课上在教室里　　→教室里正上着课
大厅里跳着舞　　→※舞跳在大厅里　　→大厅里正跳着舞

（2）在变换矩阵中，左边作为原式的一个个实例，其即词类序列必须相同；语法意义必须一致。

（3）在变换矩阵中，右边作为变换矩阵的一个个实例，其词类序列必须相同；语法意义必须一致。

（4）在变换矩阵中，每一横行左右两侧的句子，其共现词之间的语义结构关系必须保持一致。

（5）在变换矩阵中，每一横行左右两侧的句子，即每一横行作为原句式的实例和作为变换式的实例，二者在语法意义上的差别一致。[①]

三、变换理论的具体运用

变换理论可以区别相似的格式，也可以区别歧义。

（一）区别相似的格式

对于"下司戏台上坐着来宾""下司戏台上演着侗戏"这两个相似的格式，如何有效地区别？这时，变换分析就能起作用了。

"下司戏台上坐着来宾"可以变换为"来宾坐在下司戏台上"。在"下司戏台上坐着来宾"中，"下司戏台上"表明的是处所，"来宾"是施事，"坐"表明施事"来宾"的动作。

"下司戏台上演着侗戏"可以变换成"下司戏台上正在演着侗戏"。在"下司戏台上

---

① 参考陆俭明《现代汉语语法研究教程》（北京大学出版社，2013 年）、朱德熙《现代汉语语法研究》（商务印书馆，1979 年）。

演着侗戏"中，从语义关系上来看，"下司戏台上"表示处所，"演着侗戏"是动作与受事的关系。

（二）区分歧义

语言中存在着大量的由于句中实词与实词之间的语义结构关系不同而造成的种种有意思的现象，特别是歧义现象，也可以采用变换分析法来分析。如"反对的是李成"，如果"李成"是施事，就可以变换成"李成反对（某个人或者某件事）"；如果"李成"是受事，就可以变换成"（某人）反对李成"。①

又如"咬死了杨西琼子的狗"。"狗"是施事，那么此句可以变换成"狗咬死了杨西琼子"；"狗"如果是受事，那么此句可以变换成"杨西琼子的狗被咬死了"。

陆俭明在《现代汉语语法研究教程》中指出了变换分析的局限，他认为，变换分析并不能解释为什么句子格式相同——词类序列相同，内部构造层次相同，每一层面的直接组成成分之间的语法结构关系相同，却产生歧义的问题。也就是说，变换分析可以用来分化歧义句式，但不能用来解释造成歧义句式的原因。

思考与练习

一、请用变换分析法解释下列句子中的歧义。

1. 吴方慧谁都认识。

2. 吴方艳学习的方法。

3. 吴文俊在西江戏台上写字。

4. 吴文琼在飞机上看书。

5. 在身上找零钱。

6. 两个外语学院的学生。

7. 一个工人的来信。

8. 吴艳东加油去了。

9. 肖方亮做手术。

10. 谢芬的衣服做得好。

11. 西江千户苗寨戏台上演着戏。

12. 西江千户苗寨戏台上坐着谢晶晶。

13. 咬死了李苗苗的狗。

二、下列词语的结构是否相同？试用变换分析法进行分析。

1. 一碗饭、一桶水、一瓶醋

2. 一肚子学问、一身雪、一头白发

三、请用变换分析法证明两个句法结构是不是歧义结构。

1. 在+名词（处所）+动词+名词

（1）在椅子上蹲着一只猫

---

① 参考陆俭明《现代汉语语法研究教程》（北京大学出版社，2013年）。

（2）在食堂里吃饭

2. 名词+动词+在+名词（处所）

（1）一只猫蹲在椅子上

（2）水桶掉在井里

四、请用变换分析法分析下列句法结构。

1. 鸡不吃了

2. 发现了敌人的几个哨兵

3. 熊艳婷在火车上写了几行漂亮的文字

4. 看见的是杨采涛

5. 看了一遍

6. 变换的是杨昌敏

五、请用变换分析法分析下列两组句子的不同，并指出形成不同的原因。

（一）第一组句子

1. 杨春花凿沉了船。

2. 杨海燕踢开了门。

（二）第二组句子

1. 杨欢吃饱了饭。

2. 杨丽华喝醉了酒。

第四节　语义特征理论[①]

一、语义特征理论的定义

语义特征（semantic feature）又叫语义成分，是布龙菲尔德（Bloomfield）在《语言论》中提出来的。他认为，在语言的组合中，词与词之间的搭配要适合语义搭配的类的要求，这种语义搭配上的适应性是语义特征的限制。

语义特征分析着眼于分析、概括处于同一句法格式的各个实例中的同一关键位置上的实词的语义特征，而这正是语义特征分析精神之所在。语义特征（semantic feature）原是语义学中的概念，指某个词在意义上所具有的特点。语义学中分析、描写词的语义特征，大致有两个作用。

（1）对某一个语义类再进行细分类

在有生命的事物当中，亲戚是一个语义类别，为了说明同一个家族中不同人不同辈分以及彼此之间的关系，可以根据相应的语义特征对"姐姐""妹妹"加以分类。

　　姐姐 [＋女性，＋年长]

　　妹妹 [＋女性，－年长]

[①] 本节内容主要参考了陆俭明《现代汉语语法研究教程》（北京大学出版社，2013 年）、朱德熙《现代汉语语法研究》（商务印书馆，1979 年）等著作。

这样的分类就能较好地显示出"姐姐""妹妹"彼此之间的异同。

（2）凸显同属一个语义类不同词语之间的差异

动词"喝"和"吃"，属于饮食类语义场，它们在语义上有所差别，为了显示它们相互间的差异，可以采用语义特征法把它们区分开来。

喝　[＋动作，＋对象为液体]

吃　[＋动作，－对象为液体]

这样，动词"吃""喝"之间的差异就得以显现，这样也能解释我们为什么在生活中可以说"吃饭"而不能说"喝饭"，可以说"喝牛奶"而不能说"吃牛奶"。①

二、语义特征理论在语言中的作用

语义特征理论可以用来区别同义词，也可以用来区分形似而实异的句法单位，还可以用来解释某些语言现象等。

（一）区别同义词

语义特征理论可以用来区别同义词，如区别"发挥"与"发扬"。

"发挥"与"发扬"两者语义相近，均有"把……表现出来"的含义，但它们的搭配对象有别。"发挥"常与"作用""积极性"等相搭配，如"发挥积极性""发挥模范先锋作用"，而"发扬"常与"精神"等搭配，如"发扬雷锋精神""发扬勤俭节约、艰苦奋斗的精神"。其原因在于"发挥"与"发扬"的语义特征不同，"发扬"具有[+弘扬][+延续]的语义特征，而"发挥"则具有[+展示][+尽显]的语义特征。

（二）区分形似而实异的句法单位

语义特征分析能有效地分化同形句式。有些句法单位语言形式相同，组合的方式也差不多，但意义有别，如"A+点儿"。

能说：灵活点儿、快乐点儿、谦虚点儿。

不能说：迟钝点儿、悲伤点儿、骄傲点儿。

这可以从语义特征理论的角度来加以解释：

"灵活"类词具有[+自主]的语义特征，而"迟钝"类词不具有[+自主]的语义特征②。

（三）解释某些语言现象

语义特征理论还可以解释名词与"了"组合的语言现象。

我们知道，动词能够后接动态助词，如"吃了、喝了、睡了"等；实际上有的名词或名词短语也能加上"了"，如：

赵雷雯都大姑娘了，还这么不明白事理？

---

① 参考陆俭明《现代汉语语法研究教程》（北京大学出版社，2013年）、朱德熙《现代汉语语法研究》（商务印书馆，1979年）。

② 参考陆俭明《现代汉语语法研究教程》（北京大学出版社，2013年）。

都星期五了，杨汕菊怎么还没有来？

都老太太了，还有那么多讲究？

"名词性词语+了"这种句式本身就表示"到什么程度或地步"的语法意义，这类名词性词语具有如下的语义特征：[+推移性]和[+程度高]。[①]

思考与练习

一、请举例说明语义特征理论的功能。

二、请用语义特征理论解释《读者》杂志 2005 年第 1 期封面上的标题"袁隆平：科学着农民着"。

三、请用语义特征理论区别下列短语。

1. 死了五天了

2. 等了五天了

3. 看了五天了

4. 挂了五天了

四、请用语义特征理论来分析下列祈使句。

1. 杨锦，谦虚点儿！—杨锦，别不谦虚！

2. 杨梅仙，远一点儿！—*杨梅仙，别不远！（*表示这种说法不存在）

五、地点类词语可以进入"NP+了"格式，如"都占里侗寨了，还没有看到朱芳灿来""都朗德苗寨了，罗会也还没有下车"，请用语义特征理论来分析上述格式中的名词。

六、请用语义特征理论来分析下列短语。

1. 都大二了

2. 很青春

3. 很专家

4. 很郊区

5. 很香港

第五节　语义指向理论[②]

一、语义指向理论的产生

语义指向理论产生于我国 20 世纪 80 年代，这有其必然原因。在 20 世纪 80 年代初，著名语言学家朱德熙先生在一次小型沙龙座谈会上指出："语法研究发展到今天，如果光注意形式而不注意意义，那只能是废话；如果光注意意义而不注意形式，那只能是胡扯。"

---

① 参考邢福义《汉语语法学》（东北师范大学出版社，1997 年）。

② 本节内容主要参考了陆俭明《现代汉语语法研究教程》（北京大学出版社，2013 年）、朱德熙《现代汉语语法研究》（商务印书馆，1979 年）等著作。

这段话表明中国语法学界已经意识到语法研究必须走形式和意义相结合的路子。①

朱德熙先生在其论文《汉语句法中的歧义现象》中提出了显性语法关系和隐性语法关系。显性语法关系指的就是通常所说的主谓、述宾、偏正等结构关系，隐性语法关系是隐藏在显性语法关系后边的潜在的语法关系。例如"出租汽车"作名词短语，"出租"和"汽车"之间是修饰和被修饰的关系，可是在这种关系背后还存在另一种关系，即动作和受事的关系。"出租汽车"也可看成动词短语，"出租"和"汽车"之间是动语和宾语的关系，两者之间存在着动作和受事的关系。两者显性语法关系不同，但是隐性语义关系相同。陆俭明对显性和隐性语法关系做了进一步的解释："在语法研究中，应注意到这样一个事实，即句子成分之间总是同时存在着两种不同性质的关系——语法结构关系和语义结构关系。语法结构关系就是指主谓、述宾、述补、偏正、联合等结构关系；语义结构关系是指诸如动作和动作者、动作和受事者、动作和工具、动作和处所、事物和性质、事物和质料以及事物之间的领属关系等。"

我国的语义指向理论的产生受到了菲尔墨格语法（case grammar）理论的影响。"格"是指名词（包括代名词）与动词（包括形容词）之间的及物性关系，其形式标志是介词或语序。"格"理论能解释一些语法现象。例如：

> 这批图书送凯里学院。

这是一个歧义句，可用"格"理论来分化、说明这一歧义句。如果把"凯里学院"看作"送"的与格（dative），"送"后可加上"给"，该句子可以理解成为"这批图书送给凯里学院"。如果"凯里学院"看作是"送"的终点格（goal），"送"后可加上"到"，该句子可以理解成为"这批图书送到凯里学院"。

"格"语法理论仅适用于说明名词和动词之间的语义关系，对于其他语义关系，它就显得力不从心了。如格语法理论对"杨颖喝醉了"的解释就显得力不从心。于是，汉语语法研究中开始引进了一种新的分析手段——语义指向分析，它能适用于复杂、多样的语义关系。②

二、语义指向理论解释

语义指向是指向句中某一成分在语义上跟哪个成分直接相关。被关注的词语 A 和另一个词语 B 发生语义上的联系就可以说 A 在语义上指向 B。指向成分是指句法结构中被关注的和其他词语发生语义联系的词语。被指向成分是指句法结构中和指向成分发生语义联系的词语。通过分析句子中某一成分的语义指向来揭示、说明和解释某一语法现象，这种理论可以称之为语义指向理论。③

语义指向存在的原因是语言单位和语言单位构成的语义结构并非近距离的、线性的组合，而是远距离的、间隔的。如"周树玲和钟小雨喝醉了"，从句法关系上来看，"醉"

① 参考陆俭明《现代汉语语法研究教程》（北京大学出版社，2013 年）。
② 参考陆俭明《现代汉语语法研究教程》（北京大学出版社，2013 年）。
③ 参考周国光《试论语义指向分析的原则与方法》（《语言科学》，2006 年第 4 期）。

是用来修饰"喝"的，是近距离的、线性的；但在语义关系上来看，"醉"是用来说明"周树玲和钟小雨"的，是远距离的，是间隔的。

三、语义指向的分类[①]

语义指向如果从不同的角度来看，就存在不同的类型。

（一）不同句法成分的语义指向

如果从句法成分来看，语义指向的类型可以分为补语、状语和定语的语义指向。

1. 补语的语义指向

补语用在谓语后，对谓语进行补充说明。补语的语义指向主要可以分为以下几种。

（1）前指动词。

如"蒋泽湘唱完了地方侗戏《珠郎娘美》"。从句法结构上来看，"完"是"唱"的补语；从语义关系上来看，"完"在语义上是用来说明"唱"的。

（2）前指主语。

例如"蒋彦佳学会了唱侗族大歌"。从句法结构上来看，"会"是"学"的补语；从语义关系上来看，"会"在语义上是用来说明"蒋彦佳"的。

（3）后指宾语。

例如"蒋莉和蒋敏扎破了气球"。从句法结构上来看，"破"是"扎"的补语；从语义关系上来看，"破"在语义上是用来说明"气球"的。

2. 状语的语义指向

状语用在谓语前，作谓语的修饰语，状语的语义指向主要可以分为以下几种。

（1）后指中心语。

例如"蒋敏敏经常唱苗族飞歌"。从句法结构上来看，"经常"是"唱"的状语；从语义关系上来看，"经常"在语义上是用来说明"唱"的。

（2）前指主语。

例如"小彦佳胆怯地望着姚健爸爸"。从句法结构上来看，"胆怯"是"望着"的状语；从语义关系上来看，"胆怯"在语义上是用来说明"小彦佳"的。

（3）后指宾语。

例如"在操场上，横七竖八地躺满了打球打累了的二〇一七级二班的学生们"。从句法结构上来看，"横七竖八"是"躺满"的状语；从语义关系上来看，"横七竖八"在语义上是用来说明"打球打累了的二〇一七级二班的学生们"的。

[①] 本部分内容主要参考周国光《试论语义指向分析的原则与方法》(《语言科学》，2006年第4期)。

3. 定语的语义指向

在结构上，定语是用来修饰、限制其中心语的。定语的语义指向主要可以分为以下几种。

（1）后指中心语。

例如"阚雪前天买了件羊皮大衣"。从句法结构上来看，"羊皮"是"大衣"的定语；从语义关系上来看，"羊皮"在语义上是用来说明"大衣"的质料的，也就是说，它在语义上是指向"大衣"的。

（2）前指主语。

例如"顾英伍过了一个愉快而舒适的暑假"。从句法结构上来看，"愉快而舒适"是"暑假"的定语；从语义关系上来看，"愉快而舒适"在语义上是用来说明"顾英伍"的，也就是说，它在语义上是指向"顾英伍"的。

（3）前指述语。

例如"李静和潘小江在图书馆等了一个上午的电话"。从句法结构上来看，"一个上午"是"电话"的定语；从语义关系上来看，"一个上午"在语义上是用来说明"等"的，也就是说，它在语义上是指向"等"的。

（二）语义指向的前后指等

如果从前指与后指来看，语义指向主要有下列几种类型。

1. 前指与后指

前指即指向对象在前，被指向成分在后。后指即指向成分在前，被指向对象在后。

（1）副词的前后指。

　　吴丹和王黛齐只吃了一根从江甘蔗。

在该例句中，"只"后指，即在语义上指向它后面的成分"一根从江甘蔗"。

　　吴丹丹和王黛齐子都被疯狗咬了。

在该例句中，"都"前指，即在语义上指向它前面的成分"吴丹丹和王黛齐子"。

（2）代词的前后指。

蒋华曾在其博士论文中指出，指代词"这"能前后指。前指的如：

　　吴方艳和潘小江不上课就回家了，这是不对的。

例中的"这"前指，其所指代的内容是"吴方艳和潘小江不上课就回家了"。

指代词"这"也能后指。

　　季交恕问方维夏："你知道这个消息吗？"

　　方维夏："什么消息？"

　　季交恕："蒋介石开刀啦！"（小说《六十年的变迁》）

指代短语"这个消息"称代的对象为"蒋介石开刀啦"，这一内容是指代短语"这个消息"之后的下文，是后指。

2. 内指与外指

内指和外指主要就指向成分和指向对象是否在同一个句子内。如果在一个句子内，那么就是内指；如果它们不在同一个句子之内，就是外指。

"吴姗姗把画画完了"。补语"完"在语义上指向"画"的受事"画"，其所指在句内，故是内指。"剩下的牛肉随随便便地做了个菜"。状语"随随便便地"在语义上是指向"做"的施事（某人），但是这施事在句子当中却没有出现，故是外指。

3. 单指与多指

单指与多指是就指向对象的数量而言。单指是指向成分只有一个指向对象。如"吴文俊的裤子湿了一大片。""湿"在语义上只有一个指向对象"吴文俊的裤子"。多指是指向成分有多个指向对象。如"小彦佳只喝了两瓶奶。""只"在语义上可以指向"喝"，也可以指向"两瓶"。

（三）不同词类的语义指向

语义指向，如果从词类来看，主要有形容词、动词和副词的语义指向几种类型。

1. 形容词的语义指向

"增冲侗寨的谢芬有一个儿子，很骄傲。""骄傲"是形容词，如果它在语义上指向"儿子"，那么此句话的意思就是增冲侗寨的谢芬有一个儿子，她的儿子很骄傲。如果"骄傲"在语义上指向"增冲侗寨的谢芬"，那么此句话的含义就是增冲侗寨的谢芬因为有了一个儿子，她很骄傲。

2. 动词的语义指向

"发现敌人的探子走了"中，如果"发现"指向"敌人"，那么此句就表示那个探子已经走了，探子发现了敌人。如果"发现"指向"敌人的探子"，那么此句就表示发现了一个新情况，敌人的探子离开了。

3. 副词的语义指向

先看一则故事。

一个人来到炸油条摊上对老板肖方亮说："啊呀！老板，炸油条，一天要用多少油？"

老板肖方亮说："哪有炸油条不用油的？"

"真浪费，怪可惜。"

"可惜，也要炸，不用油，怎能炸油条？"

"我家祖宗几代都是卖油条的，从来不用油炸。"

老板肖方亮想得到他的秘诀，忙请他吃饭，殷勤地招待他。酒足饭饱之后，他低声对老板肖方亮说："我家几代人卖油条，都是贩来卖的，所以不用油炸。"

老板肖方亮一听，傻眼了。

"从来不用油炸"中，"不"有不同的语义指向。如果"不"语义指向"用油"，那么"从来不用油炸"意思是炸，但是不是用油而是用别的东西来炸。如果"不"语义指向"炸"或整个短语"用油炸"，意思是根本不炸。显然，这则故事的误会是由于副词"不"的语义指向不同而形成的。

四、语义指向理论的作用

语义指向理论揭示了句法成分在语义和句法上的矛盾，指明了句法成分之间，特别是间接的句法成分之间语义上的种种联系，比较合理地解释了句法和语义结构之间的复杂对应关系。①

（一）分化歧义

歧义句式是客观存在的。语义指向理论可以用来解释、说明歧义句式。

夏锦威，你别砍坏了。

该例句可表示"夏锦威，你别把杉树砍坏了"的含义，也可表示"夏锦威，你别把镰刀砍坏了"的意义。

这两种不同的含义用层次分析法、语义结构理论以及变换分析理论等都难以区分开，但却可以用语义指向来说明：这两种不同的含义是补语"坏"的语义指向不同所致。如果"坏"指向受事，那么就是"夏锦威，你别把杉树砍坏了"的含义；如果指向工具，则是"夏锦威，你别把镰刀砍坏了"的含义。

（二）用来解释某种规律

语义指向理论可以用来解释某种规律。如动结式有的能带宾语，如"听懂、学会"能带宾语；有的却不能带宾语，如"唱红（了）、哭傻（了）"，动结式能带宾语的原因是什么？

如果补语在语义上指向行为动作工具的，则能带宾语，如"盘汉建撬折（了）钢管、何芳砍钝（了）斧头"。如果补语在语义上指向述语动词动作的处所，也能带宾语，如"艾战胜跑遍（了）西江苗寨"。如果补语在语义上指向补语本身所直接说明主体的，这种述结式也能带宾语，如"张莉哭湿了枕头"。②

思考与练习

一、请用语义指向法来分析下列句法结构。

1. 反对的是杨丽华
2. 晾干了
3. 锯长了
4. 买大了
5. 挖深了
6. 剪短了

---

① 参考陆俭明《现代汉语语法研究教程》（北京大学出版社，2013 年）。
② 参考施春宏《动结式的论文结构和配位方式》（北京大学中文系博士论文，2003 年）。

二、请根据语义指向理论，判断以下各句中的"也"和"只"在语义上有什么不同？

1. 杨露也只看看就走。

2. 杨芊没吃别的，也只吃了个草莓。

3. 草莓杨琴也只吃了三个。

三、俗话说："四川人不怕辣，贵州人辣不怕，湖南人怕不辣。"试说明"不怕辣""辣不怕""怕不辣"中否定词"不"的语义指向有何不同？

四、请说明语义指向有哪些类型？

五、请用语义指向理论分析下列句子的区别。

1. 杨婷喜滋滋地炸了盘花生米。

2. 杨婷早早地炸了盘花生米。

3. 杨婷脆脆地炸了盘花生米。

六、指出下面句子中带括号的词的语义指向。

1. 杨秀秀（只）说了一句话。

2. 饭都吃（光）了。

3. 杨婉秋（圆圆）地画了一个圈儿。

4. 姚金丽和叶轩（都）去过北京。

5. 一天工夫杨秀南便把这些事（都）办完了。

6. 麻江的那片地（全）种上了蓝莓。

七、请指出下列句子中画线词语的语义指向。

1. 袁柳珍<u>高兴</u>地喝了一碗侗家油茶。

2. 曾妮<u>很快</u>地喝了一碗侗家油茶。

3. 张海蓉<u>酽酽</u>地喝了一碗侗家油茶。

4. 张智平<u>仔细</u>地画了一个圈。

5. 赵光慧<u>轻轻</u>地画了一个圈。

6. 赵雷雯<u>圆圆</u>地画了一个圈。

7. 杨明星看了<u>两天</u>电影。

8. 顾英伍看了<u>两次</u>电影。

9. 阚雪看了<u>两部</u>电影。

10. 这是<u>一个</u>古代英雄的石像。

11. 这是<u>一座</u>古代英雄的石像。

12. 这是<u>一位</u>古代英雄的石像。

八、下列句子有没有歧义，如果有，请用语义指向法来分析。

第一组：

1. 老刘在楼顶上发现了袁柳珍她们。

2. 老刘在楼顶上发现了黄河。

第二组：

1. 三个小学生就抬起了一百斤。

2. 三个小学生才抬起了一百斤。

第三组：

1. 朱朱喝醉了酒。
2. 朱朱喝光了酒。

第六节　配价语法理论[①]

一、配价语法的诞生

"价"本是化学中的"价"，化学中的"价"为了说明在分子结构中各元素原子数目之间的比例关系。水分子 H_2O 中，氧原子是两价，氢原子则是一价。最早把价引入语言学研究的是法国语言学家泰斯尼耶尔，1934 年，他在论文《怎样建立一门句法学》中揭示了配价语法的主要思想。配价语法理论的基本精神是：

（1）句法要关注它所隐含的词与词之间的句法关联。句法关联主要是动词与由名词性词语形成的行动元之间的关联。

（2）行动元是指在句子里在动词前充当主语，在动词后充当宾语的名词性成分。

（3）动词所关联的行动元的多少决定了动词的配价数目。[②]

二、主要词类的配价

学者们主要探讨了动词、形容词和名词的配价，此处加以引述。

1. 动词的配价

泰斯尼耶尔认为，句子的结构表现为各个构成成分之间的层层递进的从属关系，它的顶端就成为一个支配所有成分的"中心结"。中心结在绝大多数的情况下是动词，也就是说动词是句子的中心。他还做了形象的类比：动词代表一整出小戏剧，其中必然包括情节过程，大多数也包括人物和环境。如果将戏剧语言移用到结构句法中来，那么情节过程、人物和环境就分别成为动词、人物语（行动元）和情景语（状态元）。他把动词形象地比作一个带钩的原子，能够用以钩住人物语使其处于依附状态的钩子有多少，就能吸引相应数目的人物语。动词所带的钩子的数目，就是动词所能支配的人物语的数目。他把动词的这种支配能力称为动词的价（valence）。[③]

动词好比带钩的原子，它能钩住几种不同性质的名词性词语，就是几价动词。

如果一个动词不强制要求与名词性短语关联，那么它就是零价动词。如"下雪、下

[①] 本节内容主要参考了刘润清《西方语言学流派》（外语教学与研究出版社，2002 年）、邢福义《汉语语法学》（东北师范大学出版社，1997 年）、陆俭明《现代汉语语法研究教程》（北京大学出版社，2013 年）、朱德熙《现代汉语语法研究》（商务印书馆，1979 年）等著作。

[②] 参考陆俭明《现代汉语语法研究教程》（北京大学出版社，2013 年）。

[③] 参考陆俭明《现代汉语语法研究教程》（北京大学出版社，2013 年）。

雨、刮风"。

如果一个动词只能支配一种性质的名词性短语，那么它就是一价动词。"休息"是一价动词，如"杨锦休息"中，"休息"只支配名词性词语"杨锦"。"游泳"也是一个一价动词，如"小彦佳游泳呢"中，"游泳"只支配名词性词语"小彦佳"。

如果一个动词能支配两种性质的名词性词语，那么它就是两价动词。如动词"爱"是二价动词，如在"我爱胡英"中，"爱"能支配两个名词性词语"我""胡英"。动词"参观"是二价动词，如在"我参观凯里学院"中，"参观"能支配两个名词性词语"我""凯里学院"。

如果一个动词能支配三种性质的名词性词语，那么它就是三价动词。如动词"给"是三价动词，如在"杨佳佳给他一本书"中，"给"能支配三个名词性词语"杨佳佳""他""一本书"。

2. 形容词的配价

形容词的配价这部分主要是依据刘丹青《形名同现及形容词的向》(《南京师范大学学报》，1987 年第 3 期）的研究成果。

如果某类形容词在语义上要求必须有一种性质的名词性词语与之联系，这类形容词就称之为一价形容词，如"冷"。我们可以说"天气冷"，"冷"要求名词性词语"天气"与之共现。这类形容词还有"漂亮""聪明"等。

如果某类形容词要求必须有两种性质的名词性词语与之联系，那么它就称为二价形容词，如"热情"。如"吴海萍对人很热情"中，"热情"要求"吴海萍""人"这两种性质的名词性词语与之共现。这类形容词还有"耐心""熟悉"等。

3. 名词的配价

名词的配价这部分主要是依据袁毓林《现代汉语名词的配价研究》(《中国社会科学》，1992 年第 3 期）的研究成果。

如果一个名词不需要与别的名词在语义上构成依存关系，那么此名词就是零价名词，如"空气"。

如果一个名词只要求一种性质的名词与之存在依存关系，那么它就是一价名词，如"弟弟"，因为"弟弟"一定要有"哥哥"或者"姐姐"这个名词与之相称，两者存在着不可分的依存关系。

如果一个名词要求两种性质的名词与之存在依存关系，那么它就是两价名词，如"意见"，"意见"是人们对某人或者某事物的看法。它们的两个配价成分分别是"某意见的持有者"和"某意见的针对者"。

三、配价语法的功用与局限

对汉语来说，配价语法的主要作用是用来区分歧义。

（一）配价语法的功用

1. 配价语法可以用来区分动词性短语的歧义

朱德熙在《现代汉语语法研究》（商务印书馆，1979 年）曾提出过歧义指数公式：$P=n-m$。其中，P 代表歧义指数，n 代表动词的配价数目，m 代表结构中出现的动词的配价成分的数目。"动词+的"是否存在歧义，这些与动词的配价相关。这取决于两点：

（1）动词是几价动词；

（2）动词的配价成分在结构中出现的数目。

如"参观的"，就因为参观是二价动词，那么"参观的"就有可能存在歧义，它既可以指代施事，如"参观的都已经离开西江了"；也可以指代受事，如"黔东南有许多有名的景点，要参观的多了去了"。

2. 配价语法可以用来区分名词性短语的歧义

这部分主要参考了袁毓林《现代汉语名词的配价研究》(《中国社会科学》，1992 年第 3 期）的研究成果。配价语法还可以用来区分名词短语的歧义，如"对女朋友张海蓉的感情"。"感情"是表示某人或者某事物的感情或者态度的，两个配价成分是[+情感的持有者]与[+情感的针对者]。在"对女朋友张海蓉的感情"中，"女朋友张海蓉"可以看成是"感情的持有者"，如"女朋友张海蓉的感情，对于这，我们并不知晓"；也可以看成是"感情的针对者"，如"我照顾女朋友张海蓉费了很多心思，因此我对女朋友张海蓉的感情很深"。

（二）配价语法的局限

配价语法也不是万能的，它存在着某种局限性。如对存在多种理解的"砍坏了"的分析就无能为力，但我们可以添加不同的词语使其歧义清除。如：

（1）小心点儿，蒋敏，别把身子骨砍坏了。

（2）张智平不小心把楠木砍坏了。

（3）镇远那棵三百年枫树的根真硬，杨兰把刀砍坏了。

在例（1）中，"砍坏了"中的"砍"用来说明"砍"的施事"蒋敏"。在例（2）中，"砍坏了"中的"砍"用来说明"砍"的受事"楠木"。在例③中，"砍坏了"中的"砍"用来说明"砍"的工具"刀"。在"砍坏了"中，这些不同的语义关系用配价语法来解释显得毫无作用。

思考与练习

一、在下列例句中，"给"受事出现时，有几种理解？分别指称什么？

1. 给鸡蛋的请把鸡蛋领走。

2. 给鸡蛋的不是我。

二、下列动词是三价动词吗？为什么？

1. 下雨的、打雷的

2. 生病的

3. 游泳的

三、为什么可以说"他是杨采涛的老师"，却不能说"*他是杨采涛的教师？"

四、"喝啤酒的学生"和"喝啤酒的方式"在语法上有区别吗？"放了一只鸽子"与"飞了一只鸽子"在语法上有何区别？请从配价语法的角度区别上述短语。

五、请说明下列句子中动词的配价。

1. 王志会约会了。

2. 文玲读书。

3. 吴红艳送我一支钢笔。

4. 吴姗姗和夏锦威在公园散步。

5. 徐文珍家盖楼房了。

六、请说明配价语法的基本精神。

七、请用配价语法解释歧义短语"对杨锦校长的意见"。

八、你如何理解名词、动词、形容词的配价，它们有何共同点？

第七节　三个平面理论和两个"三角"理论①

20 世纪 80 年代，中国语法研究取得了骄人的成绩，这主要表现在三个平面理论和两个"三角"理论的提出与实践上。

一、三个平面理论

1981 年，20 世纪现代汉语语法"八大家"之一、复旦大学教授胡裕树在其主编的《现代汉语》教材中，首次提出了从三个平面进行语法研究的思想，他提出，在确定语法关系时，必须区分三种不同的语序：语义的、语用的、语法的。1985 年，胡裕树、范晓（复旦大学教授，著名语言学家）发表了《试论语法研究的三个平面》一文，这标志着三个平面理论的正式形成。此后，三个平面便成为现代汉语语法研究的热点话题。

三个平面，即句法、语义、语用三个层面。句法层面指对短语或句子进行句法分析，包括句法结构、句法成分、句法功能等方面的内容；语义层面是指对句子进行语义分析，包括语义结构、语义成分等问题；语用平面是指对句子进行语用分析，包括语用成分、语用意义等方面的内容。三个平面理论要求人们进行语法研究就是要以句法为基础，既向内挖掘语义，又向外分析语用，力求做到形式与意义相结合，动态与静态相结合，描写和解释相结合。

区分语法、语义和语用三个平面，能够解决语法研究中纠缠不清的一些问题，如"主语、施事、主题"。

---

① 本节内容主要参考了胡裕树、范晓《试论语法研究的三个平面》(《新疆师范大学学报》，1985 年第 2 期) 与邢福义《现代汉语语法研究的"两个三角"的研究》(《云梦学刊》，1990 年第 1 期) 等研究成果。

① 狼咬死了杨欢家的羊。

② 狼把杨欢家的羊咬死了。

③ 杨欢家的羊被狼咬死了。

从句法上看，三个句子中，词语虽然相同，但它们的结构层次第一层相同，但第二层第三层语法关系均存在一定程度上的区别。如：

从语义上看，在三个句子中，"狼"是施事，"咬"是动作行为，"杨欢家的羊"是受事，"死"是"咬"动作行为的结果。三个句子的语义关系均为"施事—动作—受事"。

从语用上看，例①中，主题是"狼"；例②中，主题也是"狼"；例③中，主题是"杨欢家的羊"。三个句子侧重点有别，例②、③突出了处置义，强调了"羊"的被处置。

二、两个"三角"理论

邢福义（华中师范大学文科资深教授）提出两个"三角"的理论。"小三角"是指表（"语表"的简称，是显露在外的可见形式）、里（"语里"的简称，是隐含在内的不可见的关系）、值（"语值"的简称，是适应特定语用需要而产生的价值）。具体程序为：表里印证和语值考察。

邢福义先生曾对"烧鸡烤鸭地吃、原理公式地天天背"类格式进行过深入研究。

第一步：由表察里，可知 NN 具有可宾性，因此可以转化为 V 的语法宾语（烧鸡烤鸭地吃—吃烧鸡烤鸭）。

第二步：由里究表。可知具有可宾性的 NN 可以多于两个名词，如"烧鸡烤鸭武昌鱼地天天吃"，但不能只是一个名词（*烧鸡地天天吃）；可以多于四个音节，但不能少于四个音节（*鸡鸭地吃），另外，NN之间不能用"和"（*烧鸡和烤鸭地吃）。

第三步：考察其语用价值。一般来说，名词短语是不能做状语的，这里却能，这与其独特的语用价值相关。通过验察，可以知道：这一说法，突出了NN，语气上略带夸张性；同时显示了说话人的异常感觉，所说的话带有情绪。[①]

"大三角"是指"普""方""古"。"普"指普通话，"方"指方言，"古"指古代近代汉语。研究现代汉语共同语语法事实，为了做出更加令人信服的解释，有时可以以"普"为基角，撑开"方"角、"古"角，从而形成分析验证的一个"大三角"。"大三角"的分析验证包括以下三步。

（1）第一步：以方证普。

即"普—方"验证，立足于普通话，横看方言，考察所研究的对象在方言里是什么样的表现，以方言印证普通话。

在现代汉语中，"这样""那样"对举着用，含有说话人的主观义，即表达某种不满义。如：

她一直对我骂你，说你这样不好，那样不好，……

例中"这样""那样"对举的主观义通过上文词语"她一直对我骂你"体现，表达贬义。

在汉语方言中，"这样""那样"对举表达也能表达某种不满义。汪高文指出，在彭泽方言中，"咿□""嗯□"是指称处所的代词，前者指称离说话者较近的处所，后者指称离说话者较远的处所。"咿□""嗯□"还可配合使用[②]。如：

其真是麻烦，一下子咿□一下子嗯□。（他真是麻烦，一会儿要这样一会儿要那样。）

例中，"咿□""嗯□"对举，表达不满、不耐烦的情绪，通过"其真是麻烦"来表达。

（2）第二步：以古证今。

即"普—古"验证，立足于今，上看古代近代汉语，考察所研究的对象在古代、近代汉语里有什么样的表现，以古印证今。

在现代汉语中，"这+指人专名"可以成为话题（参考笔者博士论文《现代汉语"这/那"类指示代词的多维度考察》，湖南师范大学，2004年）。如：

刘大妈在一边和国强嘀咕，国强高声道："噢，就那顺子呀，我记得他……"

这种用法在古代戏曲中也存在。如：

英台叫我梁兄花轿早来抬，那英台叫我早相会。

（3）第三步，以方证古。

即"古—方"验证，立足于方言，横看古代汉语，考察所研究的对象在古代汉语里是什么样的表现，以方言印证古代汉语。如：

芝山方言中的"你那X"大多用于叫骂中，因此口语色彩极强。如：

你那个没得用的东西来，连那么点事都做不好。（你那个不中用的东西，连那么一点事情都做不好。）

---

① 参考邢福义《"NN地V"结构》（论文集《语法研究和探索》，北京大学出版社，1988年）。
② 参考汪高文《彭泽方言代词》（南昌大学硕士论文，2006年）。

芝山方言中的"你那 X"结构与近代汉语的"你那 X"一脉相承。在近代汉语中，在《水浒传》中，"你那 X"结构较为常见。暂举几例：

卢俊义大骂道："……你（宋江）怎敢反背朝迁？<u>你那黑矮无能之人</u>，……"

（那汉子）高声喝道："<u>你那泼贼</u>，将俺行李财帛那里去了？"

为什么在芝山方言中保留有近代汉语"你那 X"的一些痕迹呢？原因大概是：芝山三面环山，山地和丘陵为主，自古以来，对外交通极为不便，人们外出和外面的人进入都不太容易；也因为当地长时间是封建经济，自给自足的经济让人们流动的可能性也不是很大。[①]

有许多学者曾对三个平面理论和两个"三角"理论进行过评价。较为公允的学者评价是这样的：三个平面理论和两个"三角"理论的提出与实践是对语法进行多视角的考察和动态、立体性的研究，拓展了汉语语法的广度和深度，这两个学说学术思路相近，在一定程度上存在互补，但在概念内涵与研究观念方面还是有一定的差别。

思考与练习

一、试从句法、语义、语用的角度来分析"来客人了"与"来了客人"的区别。

二、请运用三个平面的理论解释下列歧义句。

1. 那篇文章你给我看看。

2. 贺萍的自行车没有锁。

3. 广东、福建的北部和沿海地区下了雨。

4. 杨兰讲不过他也得讲。

5. 你们领导应该带头执行。

6. 杨梅的任务是写好书。

7. 演戏要演好人。

8. 杨胜月这个人连村主任也不认识。

9. 杨文艳输了血。

10. 杨晓钰的毛衣织得好。

三、请比较"三个平面"语法理论与两个"三角"理论的联系与区别。

四、请从三个平面的角度解释下列句子中的"看样子"。

1. 看样子杨秀美不会来了。

2. 杨秀美看样子不会来了。

3. 杨秀美不会来了，看样子。

五、请运用两个"三角"的理论来解释语言现象"你那 X"（X 为名词性短语）。

1. 却说宋江、柴进先归到忠义堂上，和众弟兄们正说李逵一事，只见黑旋风脱得赤条条地，背上负一把荆杖，跪在堂前，低着头，口里不做一声。宋江笑道："<u>你那黑厮</u>怎地负荆？只这等饶了你不成？"（《水浒传》）

2. 高老道："你且看看。若是用得钥匙，却不请你了。"行者笑道："<u>你那老儿</u>，年纪

---

① 参考蒋华《指示代词"这、那"的立体研究》（黑龙江人民出版社，2010 年）。

虽大，却不识耍。我把这话儿哄你一哄，你就当真。"（《西游记》）

3. 卢俊义大骂道："俺在北京安家乐业，你来赚我上山。宋天子三番降诏，招安我们，有何亏负你处？你怎敢反背朝迁？你那黑矮无能之人——"（《水浒传》）

4.（那汉子）高声喝道："你那泼贼，将俺行李财帛那里去了？"（《水浒传》）

六、有学者认为，留学生学习汉语最大的问题就是搭配不当，这与我们的教材和教法中没有充分揭示句法结构内部的语义关系和词与词的语义搭配规律有关。

1. 我以为逗号和顿号是一样的，听了老师的讲解，才恍然大悟了它们的区别。

2. 由于生产不景气，那家公司最近失业了很多公司职员。

你认为，这个观点正确吗？为什么？

七、关于三个平面对语病分析的贡献，下面是某学者论著中的一段话：

有的句子有问题，毛病出在句法上，例如"我参加这次会议，感到非常荣誉和高兴"。在这里"荣誉"一词在句法上有问题，一则，它是名词，不能作动词"感到"的宾语；二则，名词一般不能与副词相结合，但"荣誉"却和副词"非常"结合，这就不妥了。有的句子有问题，毛病出在语义上，如"自行车、体操、田径、游泳住在一幢楼里"，在这句里的动词"住"要求有生名词（施事）作主语，但"自行车、体操、田径、游泳"都不是有生名词，都不是施事，它们做主语当然行不通了。有的句子有问题，毛病出在语用上，例如"你马上给我回来"。这句如果是小辈对长辈说的，就显得不礼貌，在语用上就不合法。

上面的论述是否准确，请给予解释。

第八节　认知语言理论①

认知语言学是一门以身体经验和认知为出发点，以概念结构和意义研究为中心，寻求语言事实背后的认知方式，并通过认知方式等对语言做出解释的学科。认知语言学这个术语首次出现在 1971 年，指真正研究大脑中的语言。而作为一门学科则是在 20 世纪 70 年代后期，认知语言学的诞生有两个重要标志，一是认知语言学专著的出版：约翰逊《心中之身》（1987）、雷可夫《女人、火、危险事物——范畴揭示了思维的什么奥秘》（1987）和兰盖克（R. Langacker）《认知语法基础》（1987）；二是 1989 年春，在德国的杜伊斯堡（Duisbury）举行的认知语言学专题讨论会。认知语言学的代表人物主要有兰盖克、雷可夫、杰肯道夫（Jackendoff）、泰勒（Taylor）和塔尔米（Talmy）等。②

---

① 本节内容主要参考了赵艳芳《认知语言学概论》（上海外语教育出版社，2001 年）、程琪龙《认知语言学概论》（外语教学与研究出版社，2001 年）和陆俭明《现代汉语语法研究教程》（北京大学出版社，2013 年）等著作。

② 参考赵艳芳《认知语言学概论》（上海外语教育出版社，2001 年）、程琪龙《认知语言学概论》（外语教学与研究出版社，2001 年）等著作。

一、认知语言学的语言观

认知语言学的语言观主要可以概括为以下几个方面。

1. 语言能力与认知能力相关

语言是人类认知的产物，也是认知活动的工具；语言是人类一般认知的结果和反映。人的语言能力与人的一般认知能力紧密相关，是人的认知能力不可分割的一部分。如，一个女子长得漂亮，人们常说"她有一张漂亮的脸蛋"，而不会说"她有一双漂亮的手"，这是因为我们认识一个人的长相总是先观察他的脸部而不是手等别的部位。

2. 句法不自足

句法作为语言结构的一部分不是自足的，句法跟语义和语用密不可分，并没有明确的界线。如"蒋敏敏小学数学还没有学好呢，就别提什么中学数学了"，句中的副词"还"具有语用意义，是在表达说话人或悲观或调侃的主观态度。可见，在理解句子时，句法、语义、语用之间并没有明确的分界，而是三者交织在一起。

3. 语言范畴是典型范畴

典型范畴（prototype-based category）理论有以下假定：

（1）实体是根据它们的属性来加以范畴化的，但这些属性是连续的过程。

（2）范畴的边界是模糊的、不固定的。

（3）同一范畴内的成员在说话人的心目中地位并不相等，有较好的、较差的样本之分，较好的样本是这一范畴的典型成员，较差的是这一范畴的非典型成员。

语言中的各种范畴大多是典型范畴，是非离散的，边界不明确。以"鸟"为例，"鸟"包括"下蛋""有喙""有双翼和双腿""有羽毛"等多种属性，但并不是所有的"鸟"都具有这些属性。鸟范畴中，各成员的地位不平等，有的是范畴的典型成员，有的是非典型的。例如，麻雀、喜鹊是"鸟"这个范畴的典型成员，鸵鸟和企鹅则是这个范畴的非典型成员。

汉语的词类是一种典型范畴。典型成员是一类词的原型，是非典型成员归类时的参照标准。

以名词为例，如果从语义上看，最典型的名词是"可数的具体的物件"，如"书"；非典型名词是"不可数的抽象的非物件"，如"道德"。如果从句法功能上看，典型名词经常做主语和宾语，还能做定语直接修饰名词；一般不能做状语和补语，一般不受副词修饰；只有一小部分名词可以做谓语。某个词是名词或者不是名词，是说这个词在多大程度上跟典型的名词相似。[①]

---

① 参考赵艳芳《认知语言学概论》（上海外语教育出版社，2001年）、程琪龙《认知语言学概论》（外语教学与研究出版社，2001年）等著作。

二、认知语言学的主要内容

认知语言学主要涉及象似性、隐喻和转喻、主观性和主观化、意象图式和认知模式、典型范畴等内容。

1. 象似性

结构主义认为语言符号的能指与所指之间的关系是任意的；认知语言学认为语言符号及其组合不是任意的，而是受到人们认知的制约，存在有理据和可论证的一面，具有象似性（iconicity）。

海尔曼（Haiman，1985）给出了象似性的明确的定义：

当某一语言表达形式在外形、长度、复杂性以及构成成分之间的各种相互关系上平行于这一表达式所编码的概念、经验或交际策略时，我们就说这一语言表达式具有象似的性质[①]。

语言的象似性指的是感知到的现实的形式与语言成分及结构之间的相似性。这里主要讨论距离象似原则、顺序象似原则与数量象似原则。

（1）距离象似原则

距离象似原则指语言单位的距离象似于概念之间的距离，即在功能、概念以及认知方面关系越近的概念，在语言形式上就靠得越近；联系越不紧密的概念，那么它们语言上形式的距离就越远。现代汉语中，多项定语的一般排列次序如下：

① 领属关系词语，如"谁的"；

② 时间、处所词语，如"什么时候""什么地方"；

③ 量词短语或指示代词，表示"多少""这个、那个"等；

④ 动词性短语，表示"怎样的"；

⑤ 形容词性短语，表示"什么样的"；

⑥ 名词性短语。

> 张莉是我们医学院的（表领属）一位（数量）有八年肝切除经验的（动词短语）优秀的（形容词短语）肝科（名词）女（名词）医生。

定语的这种排列顺序有一定的认知基础：

定语和中心语之间的语言形式之间距离取决于它们所代表的概念之间的距离，越是表现事物本质属性的定语就越靠近中心语，相反，那些表示事物临时的、非本质属性的定语则离中心语较远。

语言中的领属结构也体现了距离象似原则。领属关系反映的是领属者和领属物之间的关系，可分为"可让渡"和"不可让渡"两种，它们在不少语言里都有形式上的区别。如"周树玲的爸爸"可以说成"周树玲爸爸"，但"周树玲的书包"却不能说成"周树玲书包"。这是因为"爸爸"和"书包"比起来，不可让渡的程度更高一些，即"爸爸"所表示的概念与领属者的距离较"书包"要近，所以前者在语言形式上可以不用"的"，这样语表距离更近、更紧密。[②]

---

① Haiman, John.1985, Natural Syntax.Cambridge: Cambridge University Press.

② 参考王寅《认知语言学》（上海外语教育出版社，2007年）。

吉沃恩（Givón，1990）则把距离动因称为"相邻原则"，认为"在功能上、概念上或认知上更接近的实体在语码的层面也放得更近"。换句话说，它指的是元素之间的表层形式连接越紧密，其意义联系往往也越紧密，因而形式关系是意义关系的临摹。[①]

在现代汉语中，从语言形式上看，我们可以说"潘小江妹妹"，也可以说"潘小江的妹妹"；可以说"潘小江的书"，但不能说"潘小江书"。原因在于：从语义上看，"潘小江"与"妹妹"比"潘小江"与"书"联系更加紧密。理由如下："潘小江"与"妹妹"有血缘关系，而"潘小江"与"书"则没有这种关系；"书"可以借给他人，而妹妹是不能借的；"书"可以卖给他人，妹妹是不能卖的（贩卖人口违法），即使卖了也还是他的妹妹。

（2）顺序象似原则。

在人类概念世界里，两个相互关联的事件之间第一性的关系就是在发生的时间或被感知的时间上前后接续的关系。顺序象似原则指语言单位的顺序象似于实际状态或事件的先后顺序。

戴浩一（1985）提出时间顺序原则（the principle of temporal sequence），表现为"两个句法单位的相对次序决定于它们所表示的概念领域里的状态的时间顺序"。[②]

时间概念是人类认知系统中最根本的概念，语言符号的排列顺序从一定程度上反映了概念的先后顺序。朱利乌斯·恺撒大帝的名言"我来了，我看见了，我征服了"就是时间顺序原则的体现，"我来了"之后才能"看见"，"看见"之后才能"征服"。

因果复句一般是原因在前，结果在后。如"我生病了，所以没有去上班"，"我生病"在前，"没有去上班"在后，这符合人们认知客观世界的先因后果的次序。

顺承复句也体现了顺序象似性原则，这类复句有着先后相继的关系，从其中的关联词语能看出来。如"周泽黎吃了早餐，然后坐车去西江苗寨"，"吃早餐"的动作行为在前，而"坐车去西江苗寨"的动作行为在后；其中的关联词"然后"能体现出人们对客观世界感知的一致性。[③]

（3）数量象似原则。

数量象似原则指语言单位的数量象似于所表概念的量和复杂程度。在语言交际中，对于那些量大的信息，说话人觉得重要的信息，对听话者较难预测、理解的信息，想间接表达的信息，表达它们的句法成分也相应增多，句法结构也相对复杂[④]。唐善生（2001：74）指出，一般来说，词语叠连后大都包含有一种量度特征，多表示数量增多、程度加深等意义。[⑤]如：

亲不够的故乡土，喝不够的沈阳水，我走遍祖国的东南西北，我才发现这

① 参考 Givón, T.1990. Syntax: A Functional-Typological Introduction(Vol, 2). Amsterdam: John Benjamins.
② 参考戴浩一《时间顺序和汉语的语序》（《国外语言学》，1988 年第 1 期。
③ 参考赵艳芳《认知语言学概论》（上海外语教育出版社，2001 年）、程琪龙《认知语言学概论》（外语教学与研究出版社，2001 年）。
④ 参考赵艳芳《认知语言学概论》（上海外语教育出版社，2001 年）、程琪龙《认知语言学概论》（外语教学与研究出版社，2001 年）。
⑤ 参考唐善生《句法小夸张》（《语文知识》，2001 年第 10 期）。

也美呀，那也美呀，这也美呀，那也美呀，最美的——是东北！

相对于"这也美呀，那也美呀"而言，"这也美呀，那也美呀，这也美呀，那也美呀"是其重复，突出了祖国河山之美丽，显示出作者对故乡感情之炽热与浓烈。

2. 隐喻

隐喻是一种认知机制，是由一个认知域被部分地映现于另一认知域上，后者因为前者而得到部分理解。在"Life is a journey"隐喻中，旅行的种种属性被映射到了"人生"中。人生与旅途一样，会经历一些坎坷，因而有"现在屈勇军正处于人生交叉口"这样的话语。

3. 转喻

转喻是一种认知机制，指在两个相关认知域之间用一个突显的事物代替另一事物。转喻是人类重要的认知方式，转喻对事物概念的形成和语言的发展都起着重要的作用。

转喻的重点在联想，是人们利用某事物熟知或容易感知的方面来代替该事物整体。事物是复杂的，往往具有多方面的属性，人的认知往往更多地注意到那些最突出、最容易记忆和理解的属性，即该属性具有显著性。沈家煊在《转指与转喻》指出，显著（salience）是知觉心理学的一个基本概念，显著的事物是容易吸引人注意的事物，是容易识别、处理和记忆的事物。用显著的东西来转喻不显著的东西是一般规律。[1]先看鲁迅先生的短篇小说《药》中的片段：

> 店里坐着许多人，老栓也忙了，提着大铜壶，一趟一趟的给客人冲茶；两个眼眶，都围着一圈黑线。
>
> "老栓，你有些不舒服么？——你生病么？"一个花白胡子的人说。
>
> "没有。"
>
> "没有？——我想笑嘻嘻的，原也不像……"花白胡子便取消了自己的话。

例中，"花白胡子"转喻"那个老人"，因为相对于"那个老人"来说，"花白胡子"是显著的。这主要发生在特征、整体之间，是"特征"转喻"整体"。

唐代诗仙李白有一首著名的诗《黄鹤楼送孟浩然之广陵》：

> 故人西辞黄鹤楼，
>
> 烟花三月下扬州。
>
> 孤帆远影碧空尽，
>
> 唯见长江天际流。

有人说，此处的"孤帆"不对，应该是"孤船"。其实，此处是以部分代整体，在浩瀚的长江上，友人乘坐的船挂起风帆，渐去渐远，越远越小。在这时，帆相对整条船来说，是突显的，故诗人用"孤帆"而不用"孤船"。这表明，早在唐朝时期，我国诗人李白就熟知转喻手法的运用。

4. 主观性

主观性在语言中广泛存在，相关研究较为常见。沈家煊的观点具有代表性："'主观

---

[1] 参考沈家煊《转指与转喻》（《当代语言学》，1999年第1期）。

性'指语言的这样一种特性，即在话语中多多少少总是含有说话人'自我'的表现成分。也就是说，说话人在说出一段话的同时表明自己对这段话的立场、态度和感情，从而在话语中留下自我的印记。"（参考沈家煊，2001：268[①]）

在汉语及其方言中，"这""那"类词对举能表达说话人的主观义，体现了说话人的某种主观意愿，其语义特征可以概括为[+主观性]。"这""那"类词对举表达说话人的主观义主要通过其上下文表达出来。如：

她一直对我骂你，说你这样不好，那样不好……

例中"这样""那样"对举的贬义主观义主要通过上文词语"她一直对我骂你"表达出来。

"这样""那样"对举所产生的主观义可以通过下文某些词语表现出来，如：

我们大人身上尚且存在着这样那样的不足，犯这样那样的错误，更何况是几岁、十几岁的孩子了。

例中，"这样那样"贬义的主观义主要通过例中的"不足""错误"来加以显示。[②]

思考与练习

一、什么是认知语言学？

二、我们看到一家韩国菜馆，就会马上想到，它里边有紫菜包饭。这是因为之前我们对韩国菜馆这个意象已形成了一定的图式，认为它就应该是怎么样的，这就是意象图式。

范畴化的概念我们可以这样理解：人们将事物划分为三个层次范畴，即上属层次、一般层次、下属层次，比如动物、狗、猎犬，三层逐层细化。之所以说狗是一般层次范畴，是因为用它进行区分能满足我们的一般交际需求。

上述对意象图式和范畴化概念的理解是否正确？为什么？

三、有学者认为，多义词的产生是为了满足人们认识和表达新事物的需要而产生的用旧词表达新意的现象。一个词随着社会的发展、人们表达的需要，到现在发展出众多不同的义项，这些不同的义项构成了该多义词的语义范畴，在该多义词的语义范畴中，各义项的地位并不平等，它们代表该范畴的程度也有中心成员和边缘成员之分，中心的、典型的成员构成该范畴的原型，而非中心词义构成非原型，那么由原型意义直接引申出来的扩张意义就最接近原型，也最常使用。

你认为上述看法是否正确，请给出你的理由。

四、请说明认知语言学的哲学基础。

五、请运用认知语言学解释下列语言现象。

1. 水壶开了。

2. 国脚。

六、请举例说明象似性概念及其分类。

七、请从认知的角度解释为什么"张莉后悔死了，有病没有看医生"能变换为"有病没有看医生后悔死张莉了"，而"张莉后悔有病没有看医生"不能变换成"有病没有看

---

① 参考沈家煊《语言的"主观性"和"主观化"》（《外语教学与研究》，2001年第4期）。

② 参考蒋华《"这""那"系列词语对举研究及其类型学意义》（黑龙江人民出版社，2015年）。

医生后悔张莉了"？

八、请比较认知语言学隐喻与修辞学隐喻的联系与区别。

九、请比较认知语言学的"转喻"与修辞学中的"借代"的联系与区别。

十、请试着运用认知语言学相关理论来解释下列语言现象。

1. 数字类变异

147（一世情）；165（原谅我）；1414（意思意思）；1837（你别生气）；59240（我就是爱你）；1573（一往情深）；520320179（我爱你想爱你一起走）。

2. 字母类变异

G：哥哥；N：嗯；Y：为什么。

3Q：thank you；3KS：thanks

3. 汉字误用语音变异

种豆大户：种痘大户；偶像：呕像（呕吐的对象）；早恋：早炼（早上锻炼）；昏恋：黄昏炼（黄昏锻炼）。

第一节 语境等理论

语用学的概念首先是美国哲学家莫里斯和卡纳普在 20 世纪 30 年代前后提出的。20 世纪 60 年代，英国哲学家奥斯汀和塞尔勒先后发表了"言语行为"的理论；美国语用学家格赖斯提出了会话中的"合作原则"理论。以上三个学者的贡献使语用学从概念发展成为一个独立的学科。20 世纪 70 年代后，以 1977 年荷兰出现的《语用学杂志》(*Journal of pragmatics*)为标志，语用学正式成为一门新兴的学科跻身于语言研究领域。国际语用学会于 1986 年成立。后来，在比利时的国际语用学研究中心又创办了《语用学》(*Pragmatics*)杂志。国际语用学声称自己追求的目标是寻求一个普遍的有机框架，来讨论和比较各个学科对语言使用或者语言功能各个方面基础研究的成果；促进各个应用领域的研究，如语言教学、跨文化和跨国度交际问题的研究等。[①]

语用学是语言学各分支中一个以语言意义为研究对象的新兴学科领域，是专门研究语言的理解和使用的学问，它研究在特定情景中的特定话语，研究如何通过语境来理解和使用语言。在语言的使用中，说话人往往并不是单纯地要表达语言成分和符号单位的静态意义，听话人通常要通过一系列心理推断，去理解说话人的实际意图。[②]

语用学研究的内容很多，包括语境、合作原则、会话含意、礼貌原则、前提关系、言语行为、模糊限制语等。我们主要介绍语境、预设理论、言语行为理论、指示语理论、关联理论，这是语用学中比较普遍的原则。其中，合作原则与礼貌原则我们单独章节介绍。

一、语境与预设理论

本小节将介绍语境与预设理论的相关知识。

(一)语境

从本质上看，语言就是一个不自足的系统。从表达功能来看，语言并不会把所要表达的东西都体现在字面意义上，从理解的角度看，许多话语的真正含义单从语言结构本身是无法理解的，在特定的交际环境中，交际双方进行的常常是一种"只需意会、不必言传"或"只可意会、不可言传"的交际活动，即"言外之意，弦外之音"。要理解这种

---

① 语用学概述这部分内容我们主要参考了何自然《语用学概论》(湖南教育出版社，1988 年)、何兆熊《新编语用学概要》(上海外语教育出版社，2000 年)的研究成果。
② 参考何自然《语用学概论》(湖南教育出版社，1988 年)。

"言外之意，弦外之音"，必须借助语境。①

语境是语用学的核心概念之一，是一门专门研究语境在交际过程中的作用的新学科。人们的正常语言交流总离不开特定的语境，学者们大致都认同语境这样的定义：交际的场合（时间、地点等）、交际的性质（话题）、交际的参与者（相互间的关系、对客观世界的认识和信念、过去的经验、当时的情绪等）以及上下文。

1. 语境有制约语义功能

相传，古时有位诗人写了一句"柳絮飞来片片红"，遭到了同行们的嘲笑。在同行们看来，"红"字不恰当，柳絮本是"白"的。于是他后又加了一句"夕阳方照桃花坞"，同行们大加赞赏。原因何在呢？后一句使原本用得不通的"红"字，变得精彩起来。因为夕阳正照桃花坞，红霞斜射，白的柳絮在红霞中飞扬，就变成了"红"色了。这充分显示了语境的制约作用。

又如"小凤英，都八点半了！"如果在早晨，父母对在家里正睡觉的孩子小凤英的床头说这句话，这句话的含义就是催促孩子快起床上学。如果是上午八点半教师在教室里说的，这句话的含义可能是学生小凤英迟到了。

2. 语境有解释的作用

利奇（Leech，1983）认为语境"就是被认为是交际双方互相明白的内容和各自了解的情况，对于理解说话人的话语意义有很大的作用"，这说的是语境的解释作用。在公务员考试中，我们可以借助语境的解释作用，找出材料中起关键解释作用的词语或句子，进而选择出正确答案。如：

> 唐朝社会的各色人物在唐朝文人笔下_____，活灵活现。世界名著中有著名的四大吝啬鬼形象，即阿巴贡、泼留希金、夏洛克和葛朗台，而唐朝文人笔下的吝啬和贪婪之人亦_____，这些生活在社会各阶层的人，被唐朝文人刻画得_____，读来呼之欲出，令人不禁莞尔。（某省公务员考试试题）
>
> A. 惟妙惟肖，不相上下，绘声绘色
> B. 跃然纸上，大相径庭，酣畅淋漓
> C. 栩栩如生，毫不逊色，入木三分
> D. 引人入胜，风格各异，活灵活现

第一个空后出现"活灵活现"，根据文段中的意思，可以确定所填词语应与"活灵活现"相近。第二空前面的内容是对吝啬和贪婪之人的描述，还有一个"亦"字。第三空后面的内容是"读来呼之欲出，令人不禁莞尔"，可见，刻画得非常形象生动。

> 对于一个领导而言，要想事业获得成功，必须学会_____，就是要敏锐、全面地观察和分析，正确估计发展方向和力度，这样才会在具体的管理行为中_____，选择恰当的时机与人选来完成任务。（某省公务员考试试题）
>
> A. 因势利导，一举两得
> B. 高屋建瓴，游刃有余

① 参考何自然《语用学概论》（湖南教育出版社，1988年）。

C. 审时度势，有的放矢

D. 统筹兼顾，全力以赴

第一空后面的句子，就是对所填词语的解释，即要敏锐、全面地观察和分析，正确估计发展方向和力度；第二空后面的句子，也是对第二空所填词语的解释，即是选择恰当的时机与人选来完成任务。

在东西方的很多文化中，女性会被认为应该承担更多的家庭角色，因此真正走上商业舞台的女性首席执行官往往（　　　）。近年来，中国整体经济实力的不断增强，激励女性成长的社会环境日益优化，越来越多女性首席执行官（　　　）。（某省公务员考试试题）

A. 令人瞩目，比比皆是

B. 寥寥无几，独当一面

C. 凤毛麟角，脱颖而出

D. 披荆斩棘，崭露头角

"因此"表明前后之间是互相照应的关系，前文强调在传统观念中女性被认为应在家庭中承担角色，所以自然走上商业舞台的女性首席执行官数目就很少。第二个空的语境，"近年来"强调了大背景，在这种环境下，越来越多的女性首席执行官开始出现了，故而应用"脱颖而出"。

3. 语境有排除歧义的功用

《三国演义》中有这样一个故事：

曹操行刺董卓未成，逃亡到他父亲的好友吕伯奢家。晚上，曹操听到后堂有人说话："缚而杀之，何如？"曹操以为吕家人要杀他，思忖："是矣，今若不先下手，必遭擒获。"于是杀尽吕伯奢一家。直至到后面看到一口被绑着待宰的猪，他才明白杀错了。

"缚而杀之"该例句是有歧义的，关键在于"之"指代对象的不同。在亡命途中，曹操思想处于高度警惕和防备中，正是在这种极其特殊的语境下，曹操把"缚而杀之"中的"之"理解成"曹操"自己，因此杀了吕伯奢一家，从而铸成大错。如果曹操早看到那口被绑着待宰的猪的话，那么结局可能会因此而不同。

（二）预设

预设又称为前提、先设和前设，指的是说话者在说出某个话语或句子时所做的假设，即说话者为保证句子或语段的合适性而必须满足的前提，它是由德国哲学家、现代逻辑奠基人弗雷格于 1892 年提出。

X 预设 Y（Y 是 X 的先决条件）。从真值条件的角度来分析预设关系，我们总结如下：

如果 X 为真，Y 一定为真。如果大明的自行车需要修理，他一定拥有一辆自行车。

如果 X 为假，Y 仍然为真。如果大明的自行车不需要修理，他还是拥有一辆自行车。

如果 Y 为真，X 有可能为真，也有可能为假。

如果 Y 为假，无真假值可言。[1]

---

[1] 参考何自然《语用学概论》（湖南教育出版社，1988 年）。

例如"大明的自行车需要修理"该例句的前提是"大明有一辆自行车"。

请比较下列两句：

> 原来生活可以更美的。（某空调广告语）
>
> 生活可以美的。

一个"更"字，既含有用了某空调之后同原来的生活（即没有用某空调之前）比较的意味，又有在程度上得以加深的功能。其实，这两句的前提（presupposition）是不相同的。"原来生活可以更美的"的预设是"生活是美好的"，而"生活可以美的"的预设是"生活是客观现实的，既有其美好、曼妙的一面，也有其粗鄙、丑陋的一面"。[①]

前提是言语行为的先决条件。交际双方根据前提相互理解各自的言语行为。例如，当说话人说"请开窗"时，他是为了提出一个"请求"。而这一言语行为是否合适，能否被听话人接受，则取决于它的前提，其中包括：交际双方都明确所指的是哪一扇窗，窗是关着的，听话者有能力关上窗，等等。如果听话人根本就不知道是哪一扇窗，或者窗本来就是开着的，那么这一语言就是不当的[②]。

前提必须是交际双方所共知的。如果听话人根据背景知识认为话语的前提是难以接受的，说出的话也是不恰当的。例如一个在某场合晚到的人在表示歉意时说：

> 对不起，我来晚了，我的保时捷坏了。

该例句的前提是：说话人有一辆保时捷车。不管听话人是否知道这一点，这个前提是不违反一般人的信念的。因此该句是恰当的，是可以接受的。如果他说下面这一句：

> 对不起，我来晚了，我的洒水车坏了。

其前提是：说话人有一辆洒水车。按常理一个普通的人不会有一辆洒水车。这个前提对于一般人是难以接受的，因此该话语是不恰当的。

可见，前提有助于人们理解言语交际中的话语意义。

二、言语行为理论

语法学家通常把句子分为陈述、疑问、惊叹与祈使四种不同的句子，仿佛这既是句子形式的分类，又是句子语用的分类。语用学家主张把句子的形式分类和语用分类严格区分开来，因为相对前者来说，后者有丰富的蕴涵。例如：

> ① 谁知道？（教师问学生）
>
> ② 谁知道？（回答调查人员）
>
> ③ 谁知道？（追忆某事）

上面三例中的"谁知道？"在形式上是疑问句，但它们的语用分类并不完全一样，例①表示测试，问的是有谁能回答这个问题？例②表示否定，表示没有人知道这件事情。例③表示惊讶，表示不敢相信后来发生这样的事情（这部分内容摘自南京廖华老师的录像课）。从语用的角度来看待句子可知，句子不仅表示一个意思，而且也是代表说话人的一种行为，称为"言语行为"。

---

① 参考蒋华《广告语多维探究》（黑龙江人民出版社，2019年）。

② 参考何自然《语用学概论》（湖南教育出版社，1988年）。

言语行为理论（speech act theory）是语言语用研究中的重要理论，最初是由英国哲学家大明·奥斯汀在 20 世纪 50 年代提出的。根据言语行为理论，我们说话的同时也在实施某种行为。根据言语行为理论，说话者说话时可能同时实施三种行为：言内行为、言外行为和言后行为。言内行为指说出来的字面意思。言后行为是由说某事或因为说某事而执行的动作，它是由话语引起的后果或变化，是由说某事而执行的动作。言外行为，即表达言者的意图的行为，是在说话的过程中执行的动作。如："外面好冷"这一句，描述当时的状况外面冷是语言层面上的言内行为，而其言外行为是指示其他人去把窗户关上，如果他人听到后把窗户给关上了，那么言后行为就发生了。①

比如两个人去饭馆吃饭，进到某个饭馆看到人很多。一个人说："这个饭馆人太多了。"他说话的意思不但要表达嫌那个饭馆人多，其目的应该是换一个人少的饭馆去吃饭。"这个饭馆人太多了。"言内行为指说出来的字面意思是看到饭馆里人很多。言外行为指该例句要表达的隐含的真正意图，也就是言外之意——他想换另一个饭馆吃饭。言后行为是该例句对听话人所产生的影响——去另一个饭馆吃饭。

三、指示语理论

话语中跟语境相联系的表示指示信息的词语，就叫作指示语。指示语（deixis）指的是那些反映语言和语境之间关系的语言单位。在实际交际中，这些语言单位的具体所指需借助交际参加者和其他语境因素才能得到正确的解释。②试比较以下两句：

① 在 2019 年，徐文珍住在镇远古城。
② 那个时候我还在朗德苗寨。

例①的语义内容是具体明确的。例②因离开了具体语境，其语义内容就难以明确："我"（说话者）是谁？"那个时候"指何年何月？这些词语的具体所指只有借助语境才能确定。

指示语又可分为人称指示语（person deixis）、空间指示语（place deixis）、时间指示语（time deixis）、话语指示语（discourse deixis）和社交指示语（social deixis）等五个类别。③

（1）人称指示语。

人称指示语指交际参加者之间表示相互称谓、相互之间人际关系的词语，这些词语的所指以交际参加者为参照而得以明确。人称指示是话语中关于人物人称的指示。最典型的是人称代词，又分第一人称指示、第二人称指示、第三人称指示。如"我们大学生既要勤劳务实，又要开拓创新"，传达了关心和期待，有语重心长的口吻。而如果换成"你

---

① 参考何自然《语用学概论》（湖南教育出版社，1988 年）、何兆熊《新编语用学概要》（上海外语教育出版社，2000 年）。
② 参考何自然《语用学概论》（湖南教育出版社，1988 年）、何兆熊《新编语用学概要》（上海外语教育出版社，2000 年）。
③ 参考何自然《语用学概论》（湖南教育出版社，1988 年）、何兆熊《新编语用学概要》（上海外语教育出版社，2000 年）。

们大学生既要勤劳务实，又要开拓创新"，就类似于教训人了。[1]

（2）空间指示语。

空间指示语指一些表示相对地点意义和方位移动意义的副词、代词，以及表示方位移动意义的动词。空间指示是话语中关于处所、方位的指示。空间指示语主要有表示方位和处所的名词、副词、指示代词，具有位移意义的动词如"来""去"等。人称指示、时间指示、空间指示是最基本、最普遍的指示，它们能显示出语言运用与语境的依赖关系。[2]

（3）时间指示语。

时间指示语指谈话双方用话语传达信息时提到的时间。时间指示是话语中关于时间的指示。时间是一个抽象的概念，人们只能人为地选定一些参照点。在言语交际中，时间指示是以说话时刻作为参照点来计算和理解的。[3]例如：今天，2011年7月1日，是中国共产党的九十岁华诞。"今天""2011年7月1日"就是时间指示。

（4）话语指示语。

话语指示语指的是在谈话或行文中用来指明话语或篇章中部分与整体，部分与部分之间的关系的词语。言语交际是在一定的时间、空间中展开的，所以话语指示与时间指示、空间指示有密切关系，有些时间指示、空间指示同时也是话语指示。[4]例如："刚才我们介绍了医院引进院士的态度，下面谈一谈引进院士的具体措施。"其中的"刚才""下面"分别用于前指和后指。

（5）社交指示语。

社交指示语指在各种社交场合社交词语的得体运用，如谈话场合的区别、称谓的运用等。无论东方还是西方，在称呼语方面有一个共同特点：对于社会上层对象的称呼语比下层对象的称呼语丰富一些，如对于那些从事让人尊敬的职业的人，可以用其职业来称呼他们为"教授""大夫""律师""工程师"等，也可以用他们的头衔称呼为"局长""处长""博士"等。因此，从人们的相互交谈的社交指示中，可以显示出交际双方的社会关系：是平等的还是上下级，是亲密的还是疏远的，等等。

敬语在表示尊敬的同时，也表明了情感距离的疏远。如："爷爷"—"杨爷爷"—"杨锦爷爷"。从左到右，感情愈加冷淡，愈加疏远。从右到左，感情愈加热情，愈加亲近。

称呼语中也有距离象似性的存在。如："佳"—"彦佳"—"蒋彦佳"—"蒋彦佳同志"。从右到左，称呼语愈短，情感距离愈近。从左到右，则情感距离增加，两人关系越来越远。

四、关联理论

关联论认为，任何话语都是有关联的，话语的理解过程就是寻找关联的过程，找出

---

[1] 参考何自然《语用学概论》（湖南教育出版社，1988年）。
[2] 参考何自然《语用学概论》（湖南教育出版社，1988年）。
[3] 参考何自然《语用学概论》（湖南教育出版社，1988年）。
[4] 参考何自然《语用学概论》（湖南教育出版社，1988年）。

话语的关联使话语在这个语境中具有语境效果。①关联理论的主要观点有：关联的交际观、最佳关联原则等。

1. 关联理论交际观

关联理论的交际观就是明示推理的交际观。关联理论的话语交际观，有语码模式和推理模式两种观点。语码模式认为交际的信息是个编码和解码的过程。推理模式认为，交际是听话人根据说话人表达的意图的证据，结合"共有知识"推断出说话人的意图的过程。②

关联论的交际观认为人的交际活动是种认知活动，言语交际是有目的和意图的，听话人是否能够明白说话人的目的和意图，是由两者的共同认知语境（交际双方共处的世界）决定的。因此，斯伯尔和威尔逊结合语码模式和推理模式，提出了明示推理交际，即说话人用明说（explicit）的方式说出自己的意图，听说人根据明示的信息推断暗含义。③如：

吴艺婷：你喜欢中国功夫吗？

张凤敏：我是中国人。

根据明示推理交际，吴艺婷从张凤敏明说的话语中可以推断：中国人喜欢功夫—张凤敏是中国人—张凤敏喜欢功夫。

2. 最佳关联原则

最佳关联原则是：任何一个明示交际行为，必须保证自身的最大关联。要使话语交际达到最佳关联需要两个条件：① 话语的语境效果足以引起听话人的注意；② 听话人为获得语境效果付出了努力。④

3. 最大关联原则

最大关联原则是指交际中听话人在理解话语时付出尽可能少的努力而获得最大的语境效果。

最佳关联与最大关联有什么区别呢？斯伯尔和威尔逊认为，最大关联是属于认知关联原则的，最佳关联是属于交际关联原则的。关联理论认为，人类认知以最大关联为取向，语言交际以最佳关联为取向。而最佳关联就是话语理解时付出有效努力后获得足够的语境效果。话语理解时，推理的关键就是要获取话语信息与语境的最佳关联，而最佳关联来自最好的语境效果。⑤姜望琪（2003）认为，最大关联可以被叫作听话人关联性，最佳关联可以被叫作说话人关联性。⑥这有些道理。

---

① 参考何自然《语用学概论》（湖南教育出版社，1988 年）。

② 参考何自然《语用学概论》（湖南教育出版社，1988 年）。

③ 参考何自然《语用学概论》（湖南教育出版社，1988 年）、何兆熊《新编语用学概要》（上海外语教育出版社，2000 年）。

④ 参考何自然《语用学概论》（湖南教育出版社，1988 年）。

⑤ 参考何自然《语用学概论》（湖南教育出版社，1988 年）、何兆熊《新编语用学概要》（上海外语教育出版社，2000 年）。

⑥ 参考姜望琪《当代语用学》（外语教学与研究出版社，2003 年）。

4. 关联度与关联性

话语的关联性，跟语境效果和处理话语时所做的努力两个因素有关。在其他相同的条件下，语境效果越大，越有关联；在其他相同的条件下，对话语的处理付出的努力越小，关联度越大。

斯伯尔和威尔逊认为可以按照可及性来计算相关程度。他们认为大脑就在监视它的认知努力和取得的收效之间的变化，并且指出：

A：一个假设的相关程度高就意味着它在此语境中的语境效果大。

B：一个假设在语境中的相关程度高，就意味着处理它所花费的认知努力少。

可及性高的假设成分费力最小，最先在工作记忆中出现，如果听话人在那一时刻认为它能满足听话人的关联期待，那么听话人就会把它视为说话人想传递的信息。因此，听话人一般考虑的是最先出现的合理解释。只有在假设失败的时候，他才去考虑次要的假设[①]。斯伯尔和威尔逊认为，关联的程度取决于话语具有的语境效果和处理话语付出的努力这两个因素。如果话语本身复杂，语境不明确，即话语同语境假设之间的关联小，付出的处理努力就大，语境效果也就小；如果话语本身不复杂，语境比较明确，即话语同语境假设之间的关联大，付出的处理努力就小，语境效果就越大。例如：

李皖平：你今天有事吗？

李琼：我没有什么事。

理解李琼的话语不需要多少推导，即所需要的处理努力小，因为它本身语言不复杂，与李皖平所说的话关联性大（李琼答其所问：李皖平的疑问行为"有事没"和李琼的直接回答"我没什么事"相关联），所以语境效果也越大。又如：

李皖平：你今天有事吗？

李琼：我不太舒服。

李皖平要理解李琼的话语意义，首先必须恢复李琼话语中所隐含的前提，相比于平常，李琼今天不舒服，没有精神。因此，在此基础上推导出李琼所想表达的真正含义——话语的隐含结论：今天，她不想做任何事。

语言交际是发生在一定语境基础上的。当说话人与听话人双方同处于一个语境的时候，彼此会最大限度地理解对方的话语，会话也会顺利进行下去。当说话双方不在同一语境下就可能产生"幽人一默"的效果。如：

几个人在看日出，一个人指着树梢说："我看见了！"其他人也说看见了。

这时树后有个人提着裤子出来："看见了就看见了，嚷嚷什么呀！"

几个人同处的语境是"正在欣赏日出，看到太阳升起来了"。树后出现这个人的语境是"正在方便，怕别人看见"。树后出现的这个人因为在方便，所以不了解前几个人的语境；但他却认为自己正在方便时被他们看见了，于是才会说"看见了就看见了，嚷嚷什么呀"。树后这个人的这番责怪自然会引发众人的大笑。

① Sperber D, Wilson D. Relevance: communication and cognition[M]. Oxford: Blackwell-Publishers, 1986.

思考与练习

一、请根据言语行为的理论说明下列句中的言内行为、言后行为与言外行为。

1. Shall we go to GuiYang? （我们去贵阳，好吗？）

2. It's a great idea.（这个主意太好了！）

3. 杨桃弟对他老婆说："出门不要忘记锁门。"

老婆大怒："你把我当小孩子吗？"

4. 张志祥看见他妻子头上有一根白发，于是对他妻子说："你头顶有一根白头发"。他妻子火冒三丈，跟张志祥吵了起来。

二、比较题

据扬州某报纸报道：57岁的卞云珠右腿残疾。2019年7月8日下午4时许，她驾着电动三轮车载着小孙女去接在界首补课的大孙女。当时，电闪雷鸣，大雨倾盆。刚出家门不远，雨天路滑，卞云珠一不留神，连人带车翻入村口的灌溉河中，电动三轮车卡着卞云珠的左腿动弹不得。"救命啊，救命啊……"睿睿呼救的这一幕，正好被在狄奔村吉祥组进行电力施工的翁红兵看到。"不好，有人掉河了，救人要紧！"翁红兵向同事赵玉斌大喊。赵玉斌与3名电力施工人员迅速从杆上爬下来，跟在翁红兵后面小跑。他们齐力托住翻入河中的三轮车，翁红兵上前施救跌进河里的睿睿。"你们先救我的奶奶吧，她是个残疾人。"睿睿大声地说。翁红兵他们分成两组，一组救大人，一组救小孩，又合力将车拉上了岸。如果小孙女这样说："你们先救我吧，我是小孩子。"你认为，这呼救语可以吗？请从语用的角度比较上面两句呼救语的异同。

三、请从语用学角度来分析下面例句中的"还可以"。

一天去学校外边市场买菜，周丹看见一苗族人在卖青椒，很是新鲜，便问"这个辣椒辣不辣？"答曰："还可以吧。"

四、如何取消下列句子的预设。

1. 谢苗苗的华为手机坏了。

2. 杨秀美真后悔写硕士论文时没有参考何自然先生编著的《语用学概论》。

3. 杨锦，你几年级停止欺负女同学的？

五、请用关联理论来分析下列幽默。

1. 有个书呆子叫朱芳灿，他习惯边走边看书。一天，在路上不小心与一头猪撞上了，朱芳灿头也不抬便说："对不起，女士。"后来发现竟然是一头猪。第二天，朱芳灿果真与一位女士相撞，这回他边看书边喃喃说："这是谁家的猪？今天怎么又放出来了？"

2. 妹妹："姐姐，沉鱼落雁是什么意思啊？"

姐姐："沉鱼落雁的故事说，西施长得太美了，连鱼都自觉比不上，所以沉到水底……"

妹妹："怪不得我哪一次都钓不到鱼。"

六、我们经常见到商店大甩卖，标有这样"最后一天"类的词语，从语用学的角度你如何理解的？

在银河商城斜对面，有家服装店打出了"全场打折，最后一天"的标语。记者与一位营业员聊了几分钟，她悄悄说："挂出'最后一天'的招牌，这确实是商家的无奈之举。如店面租期到了、转行或急需将商品处理掉……没想到这一招还很灵，因为消费者的购买心理就是喜欢买便宜。这顾客一多，人气一旺，就什么商品都卖了。"接着，另一位服务员告诉记者，这"最后一天"促销活动已经快一个月了，即从上月初就开始"最后一天"了。

七、运用预设理论分析下面该例句。

黔东南州西江千户苗寨又开始打击非法一日游了。

八、请运用语境法来解释下列公务员考试试题。

1. 历史认识的局限性成就了历史研究的魅力。历史认识有局限性，才需要人们不断拷问、修正和创新。如果研究者因此而敬畏研究对象，兢兢业业，_____，这正是历史研究的幸事。反之，如果把历史认识的局限性作为规避责任的遁词和主观臆断的托词，人们就会愈发相信历史毫无_____可言。依次填入画横线部分最恰当的一项是：

  A. 身体力行；科学性   B. 恪尽职守；公平性

  C. 如履薄冰；客观性   D. 谨言慎行；系统性

2. 在联合国教科文组织通过的《文化多样性宣言》和《保护非物质文化遗产公约》里，文化的多样性都被比喻成生物的多样性。因为人类的文化创造和遗存就像人类的基因，包含了过去世代累积的信息和发展的可能性。有些看似_____的东西，今天不知道它有什么重要性，但以后可能会影响到人类的发展。填入画横线部分最恰当的一项是：

  A. 司空见惯   B. 转瞬即逝

  C. 微不足道   D. 一成不变

3. 科学精神的核心是求真务实，我们的一切实践都需符合规律、切合实际。规律指引下的世界变动不居，我们不能_____，应敢于质疑、善于包容、勇于创新。填入画横线部分最恰当的一项是：

  A. 刚愎自用   B. 沾沾自喜

  C. 妄自菲薄   D. 因循守旧

4. 近几十年来，多个职能部门和研究机构发布过的促进和保证青少年健康的调查报告和各种建议、要求已经数不胜数。关于青少年的健康状况，虽然具体数据_____，但是，我国青少年健康状况_____，一些重要指标趋向负面，则是共识。依次填入画横线部分最恰当的一项是：

  A. 不尽相同；不容乐观 B. 大同小异；每况愈下

  C. 一言难尽；显而易见 D. 迥然不同；差强人意

5. 百万年来，我们的大脑演化出了攫取利益、逃避伤害的本能，也演化出了我们引以为傲的理性和意志力。不幸的是，本能近乎_____，意志力则极为有限。填入画横线部分最恰当的一项是：

  A. 与生俱来   B. 无穷无尽

  C. 一言难说   D. 迥然有同

6. 全球页岩气储量丰富，开发潜力巨大，在资源日益_____、能源需求增长、价格_____的大背景下，其作为常规天然气的有益补充，重要性_____。依次填入画横线部分最恰当的一项是：

  A. 匮乏；高涨；不可小觑 B. 匮乏；高企；不言而喻

  C. 缺乏；高企；不言而喻 D. 缺乏；高涨；不可小觑

7. 在生命中，习难最初似乎是＿＿＿＿，但后来却是＿＿＿＿。因为一个被生活习难过的人，都知道该怎样与世界＿＿＿＿，也明白生活有时是一门＿＿＿＿的艺术。依次填入画横线处最恰当的一项是：

    A. 伤害；成全；周旋；妥协　　　　B. 危险；机遇；战斗；坚守

    C. 障碍；机会；斡旋；放弃　　　　D. 挑战；成功；妥协；坚持

8. 高原冻土是青藏铁路施工必须＿＿＿＿的难题，其特殊性和复杂性在世界上独一无二。填入画横线处最恰当的一项是：

    A. 面对　　　　　　　　　　　　　B. 面临

    C. 攻取　　　　　　　　　　　　　D. 攻克

9. 有研究表明，生物的灭绝在历史上发生过二十几次，大约每2600万年发生一次，似乎具有＿＿＿＿。对于物种大灭绝的发生是否真的如此频繁和有规律，还有争议。但即便是最＿＿＿＿的估计，也认为至少有5次物种大灭绝是非常明显的。依次填入画横线部分最恰当的一项是：

    A. 必然性；乐观　　　　　　　　　B. 规律性；简单

    C. 突发性；粗略　　　　　　　　　D. 周期性；保守

10. 当站在童年面前的时候，我们是童年的欣赏者——不只是欣赏他们的＿＿＿＿和有趣，更欣赏他们＿＿＿＿生命里还有那么多空场地。我们对树下的孩子是有责任的：不但要把安全的绿色给他们，还必须给他们诗意的大红、＿＿＿＿的金黄、开阔的湛蓝。依次填入画横线部分最恰当的一项是：

    A. 天真；幼稚；尊贵　　　　　　　B. 懵懂；幼小；高贵

    C. 无知；稚气；灿烂　　　　　　　D. 幼稚；青葱；大气

11. 资本的自然属性是逐利性，但资本也承担相应的社会功能。当资本的逐利性与其社会功能不能共存时，这就要求政府充当社会属性的执行者和监管者，因为政府是公共利益的代表者。依次填入画横线部分最恰当的一项是：

    A. 必须；和平　　　　　　　　　　B. 必需；和谐

    C. 必需；和平　　　　　　　　　　D. 必须；和谐

九、怎样看待下列指示语。

1. 吃罢饭，俩人说起正事。马占山说："咱村的人就是这，前些年弄矿发了财，这几年矿石挖完了，苹果呢，价钱直往下跌，咱村人不下劲，果子长得孬，更卖不上钱，大家手里都缺钱花。统筹提留又不能少，组里一年没一分钱收入，以前三兴贷的款大家都不知道。这回一亮家底，村里就炸了锅。铁山、二秃还有不少人提出来，说老刘的果园有了收入就得交承包款。我正要找你商量商量哩。狗日蚊子，这青草蚊子咬人真疼。"（董陆明《荒地村事》）

2. 像荒地村这种情况，要是三兴死在收了统筹款以后，新组长十有八九要拖到下一次收统筹款的时候才能诞生，可这一次因为急着收统筹款，干部们下山的第三天，村里的小喇叭里就传出村主任的声音，村主任哇啦哇啦说了半天，荒地村的村民只记住了一句，这就是：荒地的组长让马占山当了。（董陆明《荒地村事》）

3. 刘顺明解劝道："别太想不开了，一个白度使您失去了生活下去的勇气，这也太不值了"。（王朔《王朔文集·谐谑卷》）

4."你太骄傲了，太喜欢自己了。这在大多数时候是一种美德，但有的时候就变成一种固执。"（王朔《王朔文集·玩的就是心跳》）

第二节　合作原则理论

一、合作原则内容[①]

美国著名的语言学家、哲学家格赖斯（H. P. Grice）1967年在哈佛大学做了三次演讲。他提出，为了保证会话顺利进行，谈话双方必须共同遵守一些基本原则，特别是"合作原则"（cooperative principle）。合作原则的基本原理是：言语交际的双方都遵守或者违背合作原则，相互理解和配合。如果有一方违反合作原则，另一方没有识破，就会形成虚假信息，导致上当受骗。如果一方出于礼貌，违背了合作原则，对方明白这一点后，会超越内部信息、字面含义，到外部去检索相关信息，推导出发话人的用意。格赖斯认为人们在谈话中遵守的合作原则包括四个范畴，每个范畴又包括一条准则和一些次准则。[②]

（1）质准则。

质准则保证所发出的信息的真实性，即努力使你说的话是真实的，特别是：

① 发出的信息是不虚假的，不要说自己认为是不真实的话；

② 不要说自己缺乏足够证据的话，信息要有足够的证据。

（2）量准则。

量准则即是要求所给予的信息量要适度，以实际需要为标准。

① 话语应包含交际所需的必要信息，使自己所说的话达到交谈现在目的所要求的详尽程度；

② 话语信息量不超过所需要的信息，不应使自己所说的话包含超出需要的信息。

（3）相关准则。

说话要贴切，即要求说话双方所说的话切合话题，不要顾左右而言他。

（4）方式准则。

要清楚明白，特别要：

① 避免晦涩的词语，尽可能倾向于明确；

② 避免歧义；

③ 说话要简练（避免赘述）；

④ 说话要有条理，要言之有序。

[①] 本章内容主要参考了何自然《语用学概论》（湖南教育出版社，1988年）、何兆熊《新编语用学概要》（上海外语教育出版社，2000年）、蒋华《笑话中的语言学》（湖南大学出版社，2008年）、蒋华《言语幽默的多维研究》（黑龙江人民出版社，2011年）、蒋华《广告语言多维探究》（黑龙江人民出版社，2019年）、杨安红《春晚小品语言多维研究——以赵本山小品语言为例》（中国传媒大学博士论文，2014）的研究成果。

[②] Grice H. P. Logic and Conversation in Cole and Morgan, Syntax and Pragmatics[M]. New York: Academic Press.1975.

合作原则的本质是信息的关联性，交际双方都假定对方发出的信息在当前语境当中具有合理性和关联性，是可以根据信息储备、预设等背景信息推断出来的。质的准则、量的准则和相关准则与人们在交谈时"说什么"有关，方式准则则与"怎么说"有关。具体来说，合作原则便是要求每个参加交谈者在整个交谈过程中所说的话符合这一次交谈的目标或方向，正是交谈者的这种合作使得他们能够持续地进行有意义的语言交际。

质准则规定了说话的真实性，也就是要求说话人说真话，不说假话，不说没有根据的话。真话是指说话人认为是真实，不否认会存在说话人自认为是真实的，但实际上却不真实的情况。在这种情况下，说话人是无意识地说谎，但他仍然在遵守这条准则的。

量准则规定了我们说话时所传递的信息量，说得准确、明白。说话时不应少说，也不要多说，也就是交谈的对方要求或期待你说的，你知道多少就说多少，但不能把对方不要求或不期待你说的也都说出来。

相关准则规定了说话要切题，不要说和话题无关的话。

方式准则在表达方式上提出要求，要求说话人简明扼要，不要用语义含糊的词语，力求避免冗词赘句。

合作原则的遵守，不单表现在会话中，在其他社会活动中也同样适用。格赖斯说过，在质准则方面，如果我做蛋糕需要糖，我不希望你把盐递给我。如果我需要一把匙子，我不希望你把一把橡皮做的玩具匙递给我。在量准则方面，如果你在帮我修车，我需要四颗螺丝钉，我希望你递来四颗，而不是两颗或者六颗。在相关准则方面，如果我正在调和做蛋糕的各种原料，我决不希望你此刻递给我一本好书，或者一块烤箱布。在方式准则方面，我希望合作者讲清楚他能做些什么事，并希望他动作敏捷，把事情做得井井有条。①

社会现实总是复杂的，社会现实总是多变的，并不会时时刻刻出现人们理想中的符合合作原则的交际情形。也就是说，在很多情况下，人们在交际时不得不打破或者说是违反合作原则。有时，这种违反合作原则的交际并没有使交谈终止，相反带来不少人生的趣味。

二、质准则的违反与其表达效果

在我国传统伦理文化中，"诚"的理论源远流长。荀子在《荀子》中有这样一段论述："古者禹、汤本义务信而天下治，桀、纣弃义倍信而天下乱。故为人上者，必将慎礼义、务忠信然后可，此君人者之大本也。"

古代圣王禹、汤，循义讲究诚信而天下大治；暴君桀、纣，弃义背弃信用，即不讲究诚信而致天下大乱。可见，诚信是治国之本。

左丘明《左传·昭公八年》记载："君子之言，信而有征，故怨远于其身；小人之言，僭而无征，故怨咎及之。"

---

① Grice H. P. Logic and Conversation in Cole and Morgan, Syntax and Pragmatics[M]. New York: Academic Press. 1975. 亦可参何自然《语用学概论》（湖南教育出版社，1988 年）、何兆熊《新编语用学概要》（上海外语教育出版社，2000 年）、蒋华《笑话中的语言学》（湖南大学出版社，2008）等。

这表明，诚信是区别君子与小人的标志。

由此可知，我国人民很早就了解和运用质的准则。但在实际的生活情形中，有很多违反质的准则的情形，形成了不同的语用效果。

（一）表达爱慕之情

宋丹丹："你一天到晚瞅都不瞅我一眼，天天搁电视机跟前等着盼着见倪萍，我不说你拉倒吧！"

赵本山："说那啥用啊，那赵忠祥一出来你眼睛不也直吗？"

宋丹丹："赵忠祥咋地，赵忠祥是我的心中偶像。"（《昨天今天明天》）

在小品《昨天今天明天》中，宋丹丹话语中的"（你）天天搁电视机跟前等着盼着见倪萍"是缺乏足够证据的，不真实，在事实上是虚假的。事实上，赵本山不可能时时刻刻地搁电视机跟前等着盼着见倪萍，但宋丹丹这句话却向我们展现了赵本山对主持人倪萍的喜爱程度。

（二）掩饰自己的行为

赵晓娟："说实在的，我多么希望有个人帮我一把。能贴心地和我说说话，可它是个完整的家呀。"

赵本山："完了，让我给导哭了。哭啦！"

赵晓娟："没有。"

赵本山："生活像一杯二锅头，酸甜苦辣别犯愁，往下压。"（《我想有个家》）

本来，在小品中，赵晓娟在赵本山的诱导下的确哭了，而且哭得较为真诚，因为可能有时候确实一个人过得太难；但赵晓娟却极力否认，显然，赵晓娟的话语违反了质的真实性准则；这是为什么呢？大概是因为：赵晓娟突然意识到，在一个陌生人面前（她跟赵本山不熟，只是刚刚才认识）诉说自己失去丈夫后的悲惨境遇，有些莽撞，有些冒失。

（三）表明自己非同寻常

法国佬夜宵。（位于湖南永州零陵区，2001年我们在永州调研时发现的店名）

在2001年，在经济较为落后的零陵区来说，没有法国人在零陵开店，也少有法国人在此地旅行。据实地调查，此店也并非法国人所开。可知，此店名是虚假的，但店主为何要取该名称呢？据我们的调查，店主说是为了追求新奇、洋气的需要，也是为了显示自己异域风情的需要。

（四）显示自己优秀

车到山前必有路，有路必有丰田车。（丰田汽车广告语）

"车到山前必有路"不实，假设在一座高峻险陡的巨大山体前，丰田车是开不过去的，也是没有路的。"有路必有丰田车"也不实，假设在乡间的小路上，怎么开丰田车呢？这不实违反了质的准则，正是这夸张性的表达显示出丰田车的广泛适用性以及其市场的无限广阔。又如：

> 夏天里的一场雪。（某空调广告语）

夏天阳光强烈，十分炎热，故有"炎炎夏日"之说。一般来讲，夏天是不可能下雪的。"夏天里的一场雪"是虚假的。历史故事《窦娥冤》中的"六月飞雪"是冤假错案造成的，在现实中似乎不太可能。但这违反了质的准则的广告语凸显了"美的空调"良好的效果：犹如在酷热的夏天下了一场大雪那般使人凉爽，这样就于无形中激发了消费者的购买欲。

（五）形成谐趣

> 有个秀才想买一匹马，骑着进京赶考。刚来到马市，一个卖主就迎上来说："相公，我这马是千里马，一口气能跑千里，你买了吧！"秀才急忙摆手说："不行不行，京城离此才九百里，你的马一气能跑千里，那一百里难道让我走回来吗？"（《千里驹》）

在《千里驹》中，"我这马一口气能跑千里"中的"千里"的"千"不是实指，是虚指，在此处表示很多里，这违反了质的准则。秀才却按其实指来理解，"跑一千里"就是"一千里"的距离，故而说出"你的马一气能跑千里，那一百里难道让我走回来吗"这番话来，让人忍俊不禁。

三、量准则的违反及其表达效果

《墨子·修身》中有这么一句话："无务为多而务为智。"这句话说的是说话提供的信息充分而不多余。实际上，在人们的工作和生活中，时有违反量的准则的情形出现。

（一）形成悬念

在广告中，少给信息会让广告语形成悬念。如：

> 在迷人的夜晚……（某香水广告）
> 只有您品尝之后……（某饮料广告语）

香水广告语"在迷人的夜晚……"，信息量过少，这让人疑惑，同时也给人思考和想象的空间和余地。人们可以尽情地想象，在那迷人的晚上，在那迷魂般、令人欲仙欲醉的香水的"熏陶"中，人们似乎更有"味"道，这时不妨与恋人去看一场大片，一起与恋人去河边漫步，而这一切，正是少给信息所赋予的。饮料广告语"只有您品尝之后……"，该广告语信息量过少；此空白广告语不把顾客品尝过后的感受说透了，不把顾客品尝过后的美妙感觉说明白了，而是给人留下来许多思考的余地，这充分展现了商家的自信。[①]
又如：

> 你将不会再有债务烦恼。（日本一保险公司广告语）
> 味道好极了！（一咖啡的广告语）

---

① 参考蒋华《空白广告特色研究》(《社会科学家》，2015 年第 11 期)。

日本保险公司广告语"你将不会再有债务烦恼"令人费解，为什么不再有债务烦恼？信息量不足，但正是因为信息量不足，才让人思考，结果才发现，原来是因为有了日本这一保险公司。咖啡的广告语"味道好极了"信息量不足，违反了量的准则；但它给人们提供了无限的想象空间，让人们明白此咖啡味道的不同寻常。[①]

（二）产生误会

先看一则小品中的内容：

> 赵本山："妈呀，这外国啤酒劲太大了！"
>
> 范伟："这不是啤酒，这是洋酒。"
>
> 赵本山："我见过，你别幽默我，我也是有身份的人。有一次我到大酒店消费去，我就喝这种酒。我往那一坐，我说'上酒'，小姐'咔——'就把这酒拿出来了。我说'多少钱？'她说'1880'，她问我'你开吗？'我说'开'，她'嘭'就启开了，我说'你开玩笑呢'。"（《送水工》）

由于小品《送水工》中的赵本山第一次去大酒店，陌生而胆怯，但却对新鲜事物充满了好奇。由于紧张，赵本山本想说"开玩笑"，但只说了一个"开"字。相对于"开玩笑"来说，"开"字显然信息量不足。而服务小姐则在听了赵本山这信息量不足的词"开"之后，自以为是赵本山让她打开酒瓶，于是就这样打开了酒瓶。显然，这是因为信息量不足导致的误会。[②]

（三）突出功能

> 说话人在说话时有意或者无意增加不必要的信息量，可以起到突出的功用。如：
>
> 崔永元：那，大妈刚才说"人山人海"？
>
> 赵本山：哎呀妈，一听说白送的全乡都去取书去了，回去全糊墙了，那家伙，是左一层右一层，左一层右一层，后来，上厕所一看，还有这么厚一摞儿书呢。（《说事儿》）

"那家伙，是左一层右一层，左一层右一层"信息量过多，说"那家伙，是左一层右一层"的信息量才是最适中的。但此处为什么赵本山有意多说一个"左一层右一层"呢？这表明，宋丹丹写的书犹如废品，毫无价值，即使人们用它来糊墙也丝毫不吝惜。又如：

> 肤美灵，灵，灵，灵！（一美容化妆品广告语）

"肤美灵，灵，灵，灵！"信息量过多，其实，只需说"肤美灵，灵！"即可。这则广告语不断地重复"灵"字，是为了突出肤美灵的效果，给消费者信心。

（四）增加记忆

> 旺旺旺餐吧。（位于湖南永州零陵区，2001年我们在永州调研时发现的店名）

---

① 参考蒋华《空白广告特色研究》（《社会科学家》，2015年第11期）。

② 参考杨安红《春晚小品语言多维研究——以赵本山小品语言为例》（中国传媒大学博士论文，2014）。

来来去去读书社。（位于湖南永州零陵区，2001年我们在永州调研时发现的店名）

心理学的研究表明，人们对自己熟悉事物有更多的好感，因此，持续不断地大量地展示某种品牌也能使人们对该品牌产生积极、正面的态度。"旺旺旺餐吧"中的"旺"一下出现三次，令人奇怪。这个餐饮直接用"旺餐吧"也能让人明白个中含义，但这店家却不断重复"旺"，自然是违反了量的准则。"来来去去读书社"中的"来、去"重叠相继使用，"来、去"也是多余的。其实，用"来去读书社"也能让人们明白个中含义，便这家却使用两次"来""去"，这显然违反了量的准则，但正是利用"来、去"的不断重复，形象地显示出人们争相购书或者用餐的场景；表明此店是有竞争力的，能够给消费者信心，同时，能够帮助消费者识记店名中的信息，并且长久地保持对这些信息的持续记忆；因此增加来此书店购书或者来此餐厅用餐的机会。①

四、相关准则的违反及其表达效果

在人们的交际中，一方所说的话与另一方所说的话应该某种关联，即是有这种或那种关联，而不能答非所问，更不能离题万里。但有时候为了传递某些信息，说话人却故意拉开某种距离，在允许的范围内把话题拉远，以便让听话人去理解某种相关信息。

（一）避免尴尬

先看一则幽默：

小伙子想给女朋友买一枚戒指，到首饰店看了半天，指着一枚钻石的问售货员小姐："这个多少钱？""一千美元。"小姐说。

小伙子没想到这么贵，惊异地吹了一声口哨。他又指着另一枚问道："这一枚多少钱？"

小姐看着他，小声地说："三声口哨。"（《三声口哨》）

在《三声口哨》中，售货员话语中的"三声口哨"不是价钱，自然与"这一枚要多少钱"的提问语无关，但正是这不相关的答语及语境暗示青年人，这枚戒指需要三千美元，不是小伙子你能承受的，也正是这售货员的"三声口哨"使得这位男青年不至于太难堪，同时让人哑然失笑。

（二）展现自信

先看一则广告语：

你不会有第二次机会给人留下第一印象。（某洗发水广告语）

初看这则广告语与洗发水关系不大。洗发水的效果与人们的视觉紧密相关，而在人们的交往过程中，第一印象十分重要，这让我们联想到，用了该洗发水后，头发飘飘，美丽动人，展现出完美、自信的"我"，就是给他人留下很好的第一印象的机会。为什么没有第二次呢？因为用了该洗发水之后，你的形象太好了，就不会再有第二次了，这样

---

① 参考蒋华《广告语多维探究》（黑龙江人民出版社，2019年）。

就让人们在含蓄中领悟到了这则广告语的真正用意。又如：

快给你的肠子洗洗澡吧！（某减肥茶广告语）

这则广告语表面看起来与减肥茶无关，减肥是以减少人体过度的脂肪、体重为目的的行为方式。这则广告语显示自己是通过肠道清洁来达到减肥的功效，出人意表，但也展现出该减肥茶强烈的自信。又如：

谁家的盘子会唱歌，我家的盘子会唱歌。（某洗洁精广告语）

"谁家的盘子会唱歌，我家的盘子会唱歌"，这则广告语令人费解，盘子怎么能有唱歌的本事？原来是因为只有那些洗得干干净净的盘子才会摩擦有声，才会发出悦耳而又动听的声音；这样就将该洗洁精的功能完美地表达出来了，让人赏心悦目。"谁家的盘子会唱歌，我家的盘子会唱歌"这则广告语看似与洗洁精不相关，实则是体现了该洗洁精良好的效果，让人过目不忘。[①]

（三）形成理解上的困难

有时，店名会出现违反相关准则的情况。如：

manmonthy。（位于湖南永州零陵区，2001年我们在永州调研时发现的店名）

美丽人生休闲所。（位于湖南永州零陵区，2001年我们在永州调研时发现的店名）

"manmonthy"不是英语单词，也不是某品牌的名字，与它所卖的衣服没有丝毫联系，也就是说，这两者并不相关，令人费解。"美丽人生休闲所"，初看此店名时，可能认为它是一个放松精神、让人休息的场所，但事实上它却是一个网吧；这两者毫不相关，令人费解，让人伤神。

（四）形成幽默

顾客："我的菜怎么还没有做好呢？"

侍者："请问您定了什么菜？"

顾客："炸蜗牛。"

侍者："噢，原来是这样，请别着急。"

顾客："我已经等了四十五分钟了。"

侍者："只是因为蜗牛是行动迟缓的动物。"（《别着急》）

在《别着急》中，顾客抱怨服务员上菜太慢，这与服务员的答语"别着急，只是因为蜗牛是行动迟缓的动物"不相关，但正是因为服务员故意违反相关准则，以"蜗牛行动迟缓，自然做的菜也就慢了"让顾客消气，为顾客平添几分愉悦的心情。

（五）形成警告

本城一无医院，二无医生，三无药品。（墨西哥某城市的交通安全广告语）

交通安全提示语，大多是"礼让行人""不要开快车"之类的，而"本城一无医院，

---

① 参考蒋华《广告语多维探究》（黑龙江人民出版社，2019年）。

二无医生，三无药品"似乎与交通安全提示无关。细思之下，如果出了交通事故，得去医院看医生，还得需要药品；而墨西哥此城却并"一无医院，二无医生，三无药品"，这样发生了车祸的司机的生命安全就失去了有效的保证，所以司机在驾车时不得不更加小心，不得不遵守交通规则。这则安全交通提示语表面上与安全不相关，实则是对开车而不遵守交通规则司机强有力的警告。

五、方式准则的违反及其表达效果

方式准则包括四项次准则：避免晦涩、避免歧义、力求简洁和力求有序。方式原则要求所说的话尽可能明确，但实际上却并不如此，有的含蓄，有的则模糊，有的歧解。[①]

（一）力求晦涩

E网情深。（位于湖南永州零陵区，2001年我们在永州调研时发现的店名）

独衣52。（位于湖南永州零陵区，2001年我们在永州调研时发现的店名）

"E网情深"中的"E网"一词，代替了成语中的"一往情深"中的"一往"。店主故意利用"E网情深"来制造晦涩，让大家明白原来是该网店跟来该网店上网的人情谊深厚。这样，该网店"E网情深"用众所周知的词语别解形成双关，新颖而风趣。"独衣52"，猛一看，似无法解释，有点让人看不懂；实则是与"独一无二"相谐，表现出此店的衣服有自己独到之处。

农夫山泉有点甜。（一矿泉水广告语）

广告语中的"有点"违反了合作原则中的方式准则中的明确原则，"有点"中的"点"到底是多少，"有点甜"，到底甜到什么程度，不十分明确，较为晦涩。广告故意利用"有点"去激发消费者的心思，让消费者去品尝，去感受到底甜到何种程度。

无中生有。（一生发素广告）

"无中生有"是一成语，表示"把本来不存在的事情说成确有实事"，用于生发广告语中则让人费解。但细思之后才发现，这有意的晦涩实际是告诉消费者在用完该生发素之后效果良好，在没有头发的地方长出来头发。

（二）利用歧义欺骗消费者

方式准则中有一项次准则就是避免歧义，但现在有的商家故意利用歧义来做广告，利用语义的可此可彼来欺骗消费者，这样就造成了虚假广告。先看下面一实例：

一房地产商为推销房地产，打出"买房子送家具"的广告后，某人买了一套新房，装饰一新后去领家具。"老板，我们买了你的房，来领家具了。""先生，对不起，我们只承诺帮你把家具送回家，没说白送给您家具。"

从双方的对话中可以看出，他们的意见很不一致。广告语"买楼送家私"有两层意思，一层是买楼送家具，另一层是买了楼买了家具帮忙运送。房产商老板利用了歧义，

---

① 参考何自然《语用学概论》（湖南教育出版社，1988年）、何兆熊《新编语用学概要》（上海外语教育出版社，2000年）。

违反了合作原则中的方式准则，从而达到推销房屋的目的，实是狡猾。

现在商家流行"买一送一"的促销方式，实则是买一大包洗衣粉送一小包洗发水，买一大桶油送一小瓶油，买一箱牛奶送一盒牛奶。

这样的"买一送一"存在歧义，违反了合作原则中的方式准则，有误导和欺骗消费者的嫌疑。

（三）委婉地表达自己的见解

先看一则小品：

赵本山："我不后悔，我想有个家，有一个温暖的家。"

赵晓娟："一号二号。"

赵本山："你还录吗？"

赵晓娟："你呢？"

赵本山："我上了电视，肯定会相拥啦，到时就麻烦了。"

…………

赵本山："找个环境优秀，闲人免进的地方练练。"（《我想有个家》）

在小品《我想有个家》中，赵本山在心里实际上已然看上前来电视征婚的赵晓娟了，于是他不想让赵晓娟再参加电视节目录制，以免她被别的男人看上给牵走了。于是，赵本山说出了这句"环境优秀，闲人免进的地方"，这句话的内容委婉、含蓄，实际上是赵本山暗示赵晓娟我已经很中意你了，我们可以再找个僻静之处深入了解一下。[1]

思考与练习

一、你如何理解合作原则的内涵。

二、请用合作原则来分析下列幽默。

（1）一个顾客在饭店点了菜之后左等右等都不见服务员给他上菜，过了很久之后才有一名服务员上来告诉他鱼一两分钟就会到，于是这位特别有涵养的顾客不怒反喜，故作很感兴趣的样子问服务员："能告诉我你们用的是什么鱼饵吗？"

（2）从前，有一个人很怕老婆。有一天，他趁老婆不在家的时候偷吃了一盒年糕。晚上被老婆发现了，把他狠狠骂了一通，又罚跪三更才准许睡觉。第二天，他越想越想不通，不知自己的命为什么这么不好，便到街上找算命先生给自己算算命。算命先生问："请问贵庚多少？"他赶忙回答："没有跪多久，只跪到三更。"算命先生道："我不是问这个，我是问你年高几何？"他说："我还敢偷吃几盒？我只吃了一盒。"弄得算命先生哭笑不得。

（3）李成家的鹅被人偷了，他急急忙忙找到法官，说："法官呀，我家的肥鹅给邻居偷走了，可我不知道是谁，您要为我做主啊！"法官回答："好吧。"集体宣讲那天，法官宣布说："诸位中间有一个偷了邻居家的鹅的人，他的头上仍粘着一根鹅毛。"偷鹅人赶

---

① 参考杨安红《春晚小品语言多维研究——以赵本山小品语言为例》（中国传媒大学博士论文，2014）。

紧用手在头上摸了一摸，法官即刻命令道："抓住他，他就是偷鹅贼。"

（4）隋朝时，有一个人内心特别敏慧，但却有个天生的缺陷——口吃。越国公杨素每逢闲闷时，便把他召来畅谈取乐。有一年腊月，杨素与这人在府中闲坐。杨素戏问道："您多智多能，现在问您一事：今天家中有人被蛇咬了脚，您说应该怎么医治呢？"这人应声回答："取五月五日南墙下雪……雪……涂……涂即……即治。"杨素问："五月哪里能有雪？"这人笑着反问道："既然五月没……没有雪……雪，那么……么腊月何处有蛇咬？"杨素听了，笑得前仰后合，把这人打发走了。

（5）有个喜欢找麻烦的顾客进了洗染店，对老板说：请把我的这件衬衣染成世界上没有的那一种颜色。

"好的。"老板略加思索后说。

"哪一天来取呢？"

"除了星期一、星期二、星期三、星期四、星期五、星期六、星期天以外，你哪一天来取都行。"

三、请用合作原则来解释下列英语对话。

（1）A: " I can jump as high as the BurjKhalifa Tower. "

B: "Can you?"

A: "Yes，because buildings don't jump at all. "

（2）A: "Where is the grilled fish?"

B: "The cat looks happy. "

（3）Teacher: "Why you always below Angela in math?"

Peter: "Her father is an accountant，and my father is a lawyer. "

（4）Journalist: "You are the last in every race, being a champion in this race, wow-congratulations. What is the secret to your success? "

Sportsman:"Er…… er…… er…… A dog is chasing me. "

四、请用合作原则分析下列广告语。

（1）多付几分钱……可是天壤之别啊。（美国某威士忌广告语）

（2）从今以后不必用牙齿了。（某开瓶器广告语）

（3）夏天，并不可怕。（某饮料广告语）

（4）无后顾之忧。（某计算机集团公司维修服务部广告语）

（5）远不止温暖。（某手套公司广告语）

（6）它是一种味道。（校园某蛋糕店广告语）

（7）这个月二十二，下个月一十八。（校园某护肤品广告语）

（8）新随我动。（校园某饮料广告语）

五、请用合作原则分析下列小品。

（1）范伟："老姑父你说什么呢，这是？我说你们啦，肯定是有事。"

高秀敏："没啥事，我们都是小事，乡长您说您这一年的事太多了，您给我们全乡办了多少好事啊，从普及科学种田到开发粮食项目，今天跑银行，明天闯科委。你真是操碎了心，磨破了嘴，身板差点儿没累毁。"（《三鞭子》）

（2）崔永元："挖社会主义墙角！"

白云："是，给我定的罪名就叫薅社会主义羊毛。"

崔永元："这罪过不轻啊。"

黑土："他心眼太实，你说当时放五十只羊，你薅羊毛偏可一个薅，薅的这家伙像葛优似的，谁看不出来呀？"（《昨天今天明天》）

（3）高秀敏："大哥，我求你帮我个忙吧。"

赵本山："帮啥忙，说吧。"

高秀敏："给我儿子装爹。"

赵本山："给你儿子装爹？"

高秀敏："就是给我装老伴。"

赵本山："啥意思？"

高秀敏："这 20 块钱给你，你先把那衣服脱了。"

赵本山："你别……"

高秀敏："你把那衣服脱了。"

赵本山："你干啥玩意，我可是正经人呢。"

高秀敏："哎呀，大哥，谁不是正经人呢？"

赵本山："正经人，你花 20 块钱就扒老头衣服，啥玩意！"

高秀敏："大哥，你误会了，你把那个脱下来，把这个穿上，我儿子马上到家，来不及了。"（《送水工》）

（4）高秀敏："哎呀，下来了。"

赵本山："嗯，因为啥呀？腐败啦？"

范伟："啊，是这么个事。"

高秀敏："你别说了，你下不下来我们不管，今天我们俩来呢就是想知道知道这个鱼塘咱们乡里究竟包给谁了。"

范伟："我不是说了吗，过了年，你就明白了。"

高秀敏："啊呀呀呀呀也不别过了年了，谁听不明白呀，现在我就明白了，那还用问呐，肯定是包给你小舅子了，你俩合伙包的，我说三胖子。"

赵本山："三胖子？"

范伟："啊啊啊，我小名叫三胖子，哈哈……"

赵本山："哦，我小名叫狗剩子。"

高秀敏："三胖子，不是我说你呀，作为老乡你是真不够意思啊，你说你当乡长当这么多年搂够了，临下台之前把小舅子安排明白了，得罪人的事儿让下届领导说，你里外装好人，不是我说你三胖子，像你这样的领导干部啊。"（《拜年》）

（5）赵本山："今天我见到你我怎么说啊。"

宋丹丹："怎么的？"

赵本山："感谢啊。"

宋丹丹："谢啥呀？"

赵本山："半年了我没这么高兴过，半年了，没说过这些话。"

宋丹丹："真的呀？"

赵本山："谢谢，啥也不说了，非常感谢你。"

宋丹丹："大哥，你你你抽烟吗？"

赵本山："我不喝水。"

宋丹丹："喝水么？"

赵本山："我不抽烟。"

宋丹丹："你你你坐呗？"

赵本山："我不坐了。大妹子，你忙呢，我得回去了，啊？"

宋丹丹："这是你家呀？"

赵本山："可不是呀！"（《钟点工》）

第三节　礼貌原则理论

本节我们将主要叙述面子理论、Leech 礼貌原则、徐盛恒礼貌原则和顾曰国礼貌原则。本节内容主要参考了已有的研究成果。[①]

一、面子理论

在生活中，人人都要面子。我国人自古以来注重脸面。脸，即个人遵守社会道德而得到的尊重。面，即个人成功而得到的认可。在我国，有"看我的面子""不看僧面看佛面""遇事留一线，日后好见面""做事要留个面子，别绝情绝义"之类的说法。

20 世纪 50 年代，戈夫曼（Goffman）从社会学角度提出了"面子"问题。Goffman 认为，面子是社会交往中人们有效地为自己赢得的正面的社会价值，是个体按照社会赞许的标准表现的自我形象。他注意到"脸面工作"渗透于人际交往过程中，人的行为受到面子的约束，人们也期待交际对象对面子给予考虑。[②]"脸面工作"是相互配合的。交际双方的面子始终掌握在对方手中，如果要不伤害自己的面子，最好的办法就是不伤害他人面子。[③]

　　一位教授参加宴会，在餐厅的啤酒杯中发现了一只苍蝇，侍者立刻显得很尴尬。教授对侍者说："以后请将啤酒和苍蝇分开放置，由喜欢苍蝇的客人自行将苍蝇放进啤酒里，你觉得怎样？"大家听后立时笑了起来。

一般人发现"啤酒杯里有一只苍蝇"，或者要求换一杯啤酒，或者大闹，有的人甚至要求整桌饭免单；如果这样做，可能会伤害侍者和餐厅老板的面子。而教授此番话语却有效地保全了侍者和餐厅老板的面子，自然也达到了自己的诉求（侍者定会帮他换一杯

①　本节内容主要参考了何自然《语用学概论》（湖南教育出版社，1988 年），何兆熊《新编语用学概要》（上海外语教育出版社，2000 年），吴炳章、徐盛恒《认知语用学研究》（上海外语教育出版社，2011 年）等的研究成果。

②　参考刘润清《关于 Leech 的"礼貌原则"》（《外语教学与研究》，1987 年第 2 期）。

③　参考何自然《语用学概论》（湖南教育出版社，1988 年）、何兆熊《新编语用学概要》（上海外语教育出版社，2000 年）等。

啤酒的)。

将礼貌原则真正引入并成为持久的语言学学术讨论的是英国人类学家布朗和列文森（Brow& Levinson）。他具体地阐述了面子理论，其核心观点是：

（1）首次对"礼貌""面子"进行了系统探讨，将"面子"定义为"每一个社会成员意欲为自己挣得的一种在公众中的个人形象"。通过与他人的交际，这种形象可以被损害、保持或增强。

（2）提出面子理论有跨越不同文化的特点，"具有普遍性"。每个交际参与人都有两种面子：积极面子和消极面子；上述两个方面相互联系。Negative face：the rights to territories，freedom of action and freedom from imposition；essentially the want that your actions be not impeded by others.（消极面子，即个人拥有行动自由、不受干涉的权利）；Positive face：the positive consistent selfimage that people have and want to be appreciated and approved of by at least some other people（积极面子即个人的正面的自我形象或个性，包括希望这种自我形象受到赞许的愿望）。积极面子是希望得到别人的赞同、喜爱、欣赏和尊重。消极面子是不希望被别人强加干涉，自己的行为不受干涉、阻碍，有自己选择的自由。

（3）几乎所有言语行为都是面子威胁行为。每一次谈话说话双方的积极面子和消极面子会面临威胁，因此几乎所有言语行为都是面子威胁行为，而礼貌的会话功能就在于保护面子，削弱面子威胁行为的程度。[①]

> 刚一上班，大伙儿就不约而同地围住尼古拉七嘴八舌地问个没完。"听说昨天你们两口子打了一架，最后谁胜了？"一位好事者首先问。"那还用说，当然是我了，我老婆都给我下跪了！"尼古拉不无自豪地说。"她都对你说什么了？"另一个人马上接过了话头。她说，"你这个胆小鬼，快给我从床底下爬出来！"（《下跪》）

人人都爱面子，与大伙儿在一起时更甚。尼古拉与妻子打架，在大伙儿面前他不承认自己打输了，自己老婆都下跪了，这是尼古拉追求"积极面子"的需要，即树立正面的自我形象的需要。然而在别人的追问下，他才不得不道出事实的真相：自己被妻子给追打到床底下去了。自己树立起来的积极面子塌了下来，变成了消极面子。

> 牢房里，两个犯人在聊天，其中一人问另一人："你是怎么被抓进来的？"
> "因为感冒。"
> "怎么回事？"
> "很简单，我偷东西时打了一个喷嚏，保安就醒了。"（《感冒被抓》）

人都会维护自己的面子，小偷也不例外。在犯人被问及被抓进来的原因时，说是因为感冒，这是为了面子，是维护自己正面形象的需要。稍有点常识的人都知道，任何人都不可能因感冒而被抓进监狱。在另一个犯人的追问下，他才不得不道出事实的真相——偷东西，这让他苦心经营并维护的正面形象轰然倒塌。

以上表明，"面子"是有其积极作用的，是积极面子；但现实生活中也有很多"面子"现象为消极面子。如香港著名实业家李嘉诚有这样的话语："当你放下面子赚钱的时候，说明你已经懂事了。当你用钱赚回面子的时候，说明你已经成功了。当你用面子可以赚

[①] 参考刘润清《关于 Leech 的"礼貌原则"》（《外语教学与研究》，1987 年第 2 期）。

钱的时候，说明你已经是人物了。当你还停留在那里喝酒、吹牛，啥也不懂还装懂，只爱所谓的面子的时候，说明你这辈子也就那样了。"世界著名通讯科技公司华为总裁任正非也有一句名言："只有不要脸的人，才会成为成功的人。"又如，"死要面子活受罪"。毫无疑问，这些"面子"是消极的，不利于人与人之间的和谐相处。

二、Leech 礼貌原则[①]

德国有一句谚语："你怎样冲森林叫嚷，森林就会给你怎样的回声。"它说明，我们如何对待别人，别人就会怎样对待我们自己。这就是"回声原则"，尽可能对别人有礼貌，这样我们也会得到更多礼貌的回报。

礼貌原则（the politeness principle）是利奇（英国著名语言学家，语料库语言大师）在 20 世纪 80 年代提出的，作为对格赖斯的合作原则的补充。在利奇（Leech）看来，很多情况下，会话者在讲话时的隐晦都是出于礼貌。人们违反合作原则时，礼貌原则可作为唯一的补救手段使得谈话能够顺畅地进行下去。Leech 的礼貌原则包括六条准则：策略准则（又称"得体原则"）、宽宏准则（又称"慷慨原则"）、赞扬准则（又称"赞誉原则"）、谦虚准则（又称"谦逊原则"）、赞同准则（又称"一致原则"）和同情准则。

（1）The Tact maxim（得体准则）（用于指令和承诺）：减少表达有损于他人的观点。这可以表示成为：① Minimize the cost to others（尽量让别人少吃亏）；② maximize the benefit to others（尽量让别人多受益）。请比较下面两句话：

  a. 把我的行李带走！

  b. 不知是否方便把我的行李带走。

句 a 是祈使句，命令对方带走我的行李。句 b 则是恳求对方把行李带走，更容易让对方接受。可知，句 b 与句 a 相比，符合得体准则。[②]

（2）The Generosity maxim 慷慨准则（用于指令和承诺）：减少表达利己的观点。这可以表示为：① Minimize the benefit to self（尽量让自己少受益）；② maximize the cost to self（尽量让自己多吃亏）。请比较下面两句话：

  a. 我把车借给你。

  b. 你把车借给我。

句 a 是自己吃亏，对方获益；句 b 是对方吃亏，自己获益。可知，句 a 与句 b 相比，符合慷慨准则。[③]又如：

  网购店客服："您好，已经为您修改好了价格，一共是 128 元，您方便时付款就可以了，感谢您购买我们的商品。"

---

① 这部分内容主要参考了何自然《语用学概论》（湖南教育出版社，1988 年），何兆熊《新编语用学概要》（上海外语教育出版社，2000 年），吴炳章、徐盛恒《认知语用学研究》（上海外语教育出版社，2011 年），顾曰国《顾曰国语言学海外自选集：语用学与话语分析研究》（外语教学与研究出版社，2010 年）等的研究成果。

② 参考何自然《语用学概论》（湖南教育出版社，1988 年）、何兆熊《新编语用学概要》（上海外语教育出版社，2000 年）。

③ 参考何自然《语用学概论》（湖南教育出版社，1988 年）、何兆熊《新编语用学概要》（上海外语教育出版社，2000 年）。

网店客服答复客户的询问时，使用了"方便"两字更有礼貌，"方便"比要求对方在具体的时间完成付款的表达要"柔和"，让听话者有"选择的余地"。"已经为您修改好了价格"突出让客户受益的一面，减少客户的"受损"，符合慷慨原则，这样的表述得体，还给足了客户面子，很好地表达出"客户是上帝"的理念，营造出良好的交际氛围。

（3）The Approbationmaxim 赞誉准则（用于表情和表述）：减少对他人的贬损。这可以表示成为：① Minimize dispraise of others（尽量少贬低别人）；② Maximize praise of others（尽量多赞扬别人）。请比较下面两句话：

    a. 他表现真不错！

    b. 我觉得他表现一般。

句 a 是夸赞别人，表扬别人；句 b 是贬低别人，少了赞扬。可知，句 a 与句 b 相比，符合赞誉准则。[①]

需求层次理论是人本主义科学的理论之一，由美国心理学家亚伯拉罕·马斯洛在 1943 年在《人类激励理论》论文中所提出。书中将人类需求像阶梯一样从低到高按层次分为五种，分别是生理需求、安全需求、社交需求、尊重需求和自我实现需求。销售人员在服务过程中，要学会使用"赞誉"来满足客户的"受尊重"的需要。如客户试穿一件衣服，在镜子前欣赏。

    销售人员："您身材真好，穿上这件衣服显得特别有气质，可惜我就没有这样的身材……"

"您身材真好""穿上这件衣服显得特别有气质"，这些话语符合赞誉原则，销售人员赞美对方的身材和衣着，又通过贬低自己"没有这样的身材"的话语，通过比较来达到赞誉对方、抬高对方的目的。

（4）The Modesty Maxim 谦逊准则（用于表情和表述）：减少对自己的表扬。这可以表示成为：① Minimize praise of self（尽量少赞扬自己）；② Maximize dispraise of self（尽量多贬低自己）。[②]请比较下面两句话：

    a. 没给您买什么，只是一个小小的礼物。

    b. 送个贵重的生日礼物给您，感谢您多年来的帮助。

句 a 是贬低自己所买的礼物；句 b 是赞扬了自己所买的礼物，从"贵重"两字即可看出。句 a 与句 b 相比，符合谦逊准则。下面是一段销售人员与客户的对话：

    一客户想买个手机，因上了年纪，没听明白销售人员的讲解，不知如何操作。

    客户："这个手机怎么这么麻烦呀？"

    销售人员："这么简单，你都不会呀，现在小学生都会玩智能手机，你落伍了。"

销售人员的一句"这么简单，你都不会呀"，充分显示自己对相关信息了解的优越感，实则是贬低对方，赞美自己，这利己而不符合谦逊准则。

（5）The Agreement Maxim 一致准则（用于表述）：减少自己与别人在观点上的不一

[①] 参考何自然《语用学概论》（湖南教育出版社，1988 年）、何兆熊《新编语用学概要》（上海外语教育出版社，2000 年）。

[②] 参考何自然《语用学概论》（湖南教育出版社，1988 年）、何兆熊《新编语用学概要》（上海外语教育出版社，2000 年）。

致。这可以表示成为：① Minimize disagreement between self and others（尽量减少双方的分歧）；② maximize agreement between self and others（尽量增加双方的一致）。[①]请看下面一段老蒋和老秦的对话。

老蒋："祁博士这个人真孝顺，不仅把爹妈接过来，还耐心地伺候。"

老秦："是啊，祁博士真不错。"

老蒋和老秦都认为祁博士这个人极其孝顺，符合一致准则。

（6）The Sympathy Maxim 同情准则（用于表述）：减少自己与他人在感情上的对立。这可以表示成为：① The Sympathy Maxim（尽量减少双方的反感）；② Maximize sympathy between self and others（尽量增加双方的同情）[②]。请比较下面两句话：

张女士："我外祖母把腰给摔骨折了，起码要三个月后才能走路。"

肖女士："哟，真不幸。那得小心啊，毕竟年纪这么大了。"

肖女士与张女士的对话符合同情准则。

比如我们在面对抱怨等得太久的客户，销售员说：我非常理解您的心情，换作是我要等这么久，我也会生气的。

销售人员面对客户的抱怨在情感上与对方"感同身受"，能换位思考，理解他人想法，减少对方的反感，表示同情，话语中表达出对客户心情和感受的理解，赢得客户的好感，有助于建立良好的人际关系。

客户："这衣服好是好，就是太贵了。"

导购："是的，是的，如果我是你也会有同样的感觉，大家都希望花小钱买好的东西。但您看，您穿上我们这款衣服多有气质呀，衣服有价，气质和魅力是无价呀。您一看就是职业女性，一年买几件好的衣服，穿上身，让自己有魅力、有信心，工作起来也才更有劲呀！"

销售人员在与客户的对话中，面对客户认为价格太贵的看法，先与客户保持相同的看法，不反驳客户，这样有效地减少分歧或对立，然后在一致的基础上再提出自己的观点，说服客户。

从人际沟通理论来看，人们建立人际关系的基础是吸引力，产生吸引力的原因之一是"相似性"，从另一个角度来看，就是符合一致性原则。物以类聚，人以群分，相似性越多，吸引力更大，人际关系就越好。

在我国，研究礼貌原则负有盛名的当属徐盛恒和顾曰国两位先生。下文引述他们的观点。

三、徐盛恒礼貌原则[③]

在利奇（Leech）礼貌原则基础上，徐盛恒提出了促进各方关系和为此采取的策略方

---

① 参考何自然《语用学概论》（湖南教育出版社，1988 年）、何兆熊《新编语用学概要》（上海外语教育出版社，2000 年）。

② 参考何自然《语用学概论》（湖南教育出版社，1988 年）、何兆熊《新编语用学概要》（上海外语教育出版社，2000 年）。

③ 这部分内容主要参考吴炳章、徐盛恒《认知语用学研究》（上海外语教育出版社，2011 年）的研究成果。

面的礼貌原则。

（一）促进各方关系

1. 注意自身一方

说适合自己身份地位的话，话语倾向于谦让。

> 王熙凤受贾珍所托到宁府协理秦可卿的丧事，初见宁府总管来升媳妇时有这样一段话：

> 既托了我，我就说不得要讨你们嫌了。我可比不得你们奶奶好性儿，由着你们去。再不要说你们这府里原是这样的话，如今可要依着我行，错我半点儿，管不得谁是有脸的，谁是没脸的，一例现清白处理。

王熙凤定位准确，在这段时间内，她不再把自己定位为荣府的少奶奶，而是内宁府的主事者。"既托了我，可要依着我行"，明确告诉对方自己的位置同时也要是让对方正视这一点，这段话语显示出，一位厉害的管家奶奶就树立在宁府上上下下面前了①。王熙凤协理宁国府的成功与这段话不无关系。

> 朋友说起办公室里的极品同事。一位"85 后"，刚入职没多久，可见了谁都是一副领导派头。"你好啊！""今天心情不错啊！""又去腐败了吧！"那种口气，那种派头，还有那种擦身而过的优越感，俨然他是领导，你是下属，他是资深，你是小辈。

这位同事之所以称为极品，是因为他说话不符合自己的身份，明明一个小字辈，却像经理；这样会影响他以后与同事、领导的相处。

2. 尊重对方

说适合对方身份地位的话，话语较为尊重或客气，尊重客气的程度与下列几个因素相关：与对方跟自己疏远的程度成正比；与对方付出代价的程度成正比；与对方要求他人付出代价的程度成反比。②

> 刘姥姥一进荣国府时由于是初次见面，面对一个乡下老太太，凤姐还是相当客气的，刘姥姥走时不仅给了二十两银子及车马费还对刘姥姥说："改日无事，只管来逛逛，方是亲戚们的意思。到家里该问好的问个好罢。"

凤姐这一番话语透露着尊重与客气，也符合刘姥姥乡下老太太的身份，十分得体。③

3. 考虑第三方

交际时，应当尊重、考虑在场的第三方，说适合他们身份地位的话。

中国人有句话叫"言者无心，听者有意"。有时听话者不一定只包括交际对方很有可能还有第三方，这时候说话者说话时就需要考虑第三方的存在，尽量使自己的话不仅使

---

① 参考梅园《从语用学中的礼貌原则和面子理论分析〈红楼梦〉人物语言》(《许昌学院学报》，2011 年第 6 期)。

② 参考吴炳章、徐盛恒《认知语用学研究》(上海外语教育出版社，2011 年)。

③ 参考吴炳章、徐盛恒《认知语用学研究》(上海外语教育出版社，2011 年)。

对方乐于接受，尽量做到皆大欢喜。如：

> 凤姐初见黛玉，上下细细打量了一回便笑道"天下真有这样标致的人物，我今儿才算见了，况且这通身的气派，竟不像老祖宗的外孙女儿，竟是个嫡亲的孙女。怨不得老祖宗天天口头心头一时不忘。"接着对黛玉又有一连串的问话："妹妹几岁了？可也上过学？现吃什么药？在这里不要想家！想要什么吃的！什么玩的，只管告诉我。丫头老婆们不好了也只管告诉我。"

凤姐的这番话语"天下真有这样标致的人物，……怨不得老祖宗天天口头心头一时不忘"是对林黛玉而说，是夸赞她美丽无比；从内容上也是说给在场的第三方贾母听的。可知，凤姐的这番话十分得体、恰当。又如：

> "妹妹几岁了？可也上过学？现吃什么药？在这里不要想家！想要什么吃的！什么玩的，只管告诉我。丫头老婆们不好了也只管告诉我"。

这些对黛玉无微不至的关心的话语让黛玉感受到凤姐火一样的热情。其实，当时在场的第三方（贾母、王夫人等）何尝不想给远道而来的林黛玉以家的体贴和温暖？凤姐的这番真正说进了贾母和王夫人的心坎里，着实礼貌。又如：

> 朱元璋做了皇帝以后，一天，他儿时的一个伙伴来京求见。朱元璋很想见见他的老朋友，可又怕他讲出一些以前一些不大光彩的事情，犹豫再三，还是让传了进来。那人一进大殿就大礼下拜，高呼万岁，说："我主万岁，当年微臣随驾扫荡庐州府，打破罐州城。汤元帅在逃，拿住豆将军，红孩子当兵，多亏蔡将军。"朱元璋听完他的这番话，心里非常高兴，重重地封赏了这位老朋友。
>
> 消息传出，另一个当年一块放牛的伙伴也找上门来了，见到朱元璋，激动万分，指手画脚地在金殿上说道："万岁，你不记得吗？那时候咱俩都给人放牛，有一次，我们在芦苇荡里，把偷来的豆子放在瓦罐里煮着吃，还没等煮熟，大家就抢着吃，把罐子都打破了，撒下一地的豆子，汤也泼在泥地里，你只顾从地下抓豆子吃，结果把红草根卡在喉咙里，还是我的主意，叫你用一把青菜吞下，才把那红草根带进肚子里。"当着文武百官的面，这番描述让朱元璋又气又恼，哭笑不得，只好喝令左右把他拉出去斩了。

同样是老友，一封官一被杀，差别为什么就这样大呢？差别就在于没有考虑第三方（大臣们）的感受，没有顾及朱元璋已是皇帝的身份，没有注意到封建社会官场规矩"为尊者讳"。

（二）运用礼貌策略

1. 积极策略

说适度谦让、尊重或客气的话。常用的言语手段有敬语、礼貌套语、吉利话、谦语、赞颂语等。[①]如两个同事之间的对话：

> 大明：你那篇文章写得真好，特别是后一个问题很有新意。
> 大华：谢谢！

---

① 参考吴炳章、徐盛恒《认知语用学研究》（上海外语教育出版社，2011 年）。

大明以具体化的语言赞美大华，让大华感受到大明的真诚。赞美他人的话语有时需要具体一些。

> 一九七五年三月四日，风靡全球达半世纪的喜剧泰斗卓别林以八十五高龄在英国白金汉宫被伊丽莎白女王封为爵士之尊荣。在封爵仪式中，女王对兴奋的卓别林说："我观赏过许多你的电影，你是一位难得的好演员。"事后有人询问卓别林受封的感受，他有点遗憾地说："女王陛下称赞我演得好，可是她没有说出哪部电影哪个地方演得好。"

尽管是赞美，卓别林也感受到了荣耀，但卓别林仍然感到遗憾，觉得有不足。这不足就是伊丽莎白女王赞美得不太具体；在于伊丽莎白女王的赞美太抽象，太空洞了。

2. 消极策略

说适度中和的话，避免使用激化矛盾的词语，维持客气氛围。[①]

> 贾母的丫头在大观园中拾得一个春意香袋，王夫人在盛怒之下疑是凤姐之物便来到她房中质问，王熙凤说："太太说的固然有理，我也不敢辩我并无这样的东西，但其中还要求太太细详其理。"

表面上王熙凤说自己不敢辩，但话中却以迂回、含蓄的方式替自己辩解。这些适度中和的话比起直来直去的反驳要委婉，更容易获得王夫人的理解。[②]在凤姐的这一番话后，王夫人就叹道："我也知道你是大家小姐出身，焉得轻薄至此，不过我气急了。"可见王夫人已经有了愧疚之义了。

四、顾曰国礼貌原则[③]

顾曰国对利奇（Leech）的礼貌原则的策略准则和慷慨准则进行了修订，他认为，礼貌在汉文化中有四个基本要素：尊敬他人、谦虚、态度热情和温文尔雅，并且提出了制约汉语言语行为的五种礼貌准则：称呼准则、贬己尊人准则、雅言准则、求同准则和德言行准则。

1. 称呼准则

用适当的称呼问候对方。汉文化中，讲究"上下有异，贵贱有分，长幼有序"，人们在人际交往中使用适当的称呼语被认为是最起码的礼貌原则。汉语的称呼中经常出现"老"字，因为"老"是经验和知识的象征。"老司机""老爷爷""赵老"等称呼体现了对年长者的尊重，这样便充分照顾到年长者的面子，体现出和谐融洽的人际关系。

2. 贬己尊人准则

对自己或与自己相关的事物时要"贬"、要"谦"，对听者或与听者有关联的事物要

[①] 参考吴炳章、徐盛恒《认知语用学研究》（上海外语教育出版社，2011 年）。

[②] 参考梅园《从语用学中的礼貌原则和面子理论分析〈红楼梦〉人物语言》（《许昌学院学报》，2011 年第 6 期）。

[③] 这部分内容主要参考了顾曰国《顾曰国语言学海外自选集：语用学与话语分析研究》（外语教学与研究出版社，2010 年）。

"抬"，要"尊"。中国传统文化中的"夫礼者，自卑而尊人"（《礼记》），也体现了汉文化中的谦虚品质。汉语中经常听到"我的礼物非常菲薄，不成敬意""我聊备一点薄礼，不成敬意，还请您笑纳""粗茶淡饭请海涵""鄙人拙见"等类似的客套话，把对自身的贬损夸大，用来表示礼貌。

> 且说次日午间，人回道："请的那张先生来了。"贾珍遂延入大厅坐下。茶毕，方开言道："昨承冯大爷示知老先生人品学问，又兼深通医学，小弟不胜钦仰之至。"张先生道："晚生粗鄙下士，本知见浅陋，昨因冯大爷示知，大人家第谦恭下士，又承呼唤，敢不奉命。但毫无学识，倍增汗颜。"贾珍道："先生何必过谦。就请先生进去看看儿妇，仰仗高明，以释下怀。"（《红楼梦》）

此段对话发生在贾珍和医生之间。贾珍对医生十分有礼貌，对医生"尊"和"抬"，称赞对方精通医术，自己十分敬仰；对自己采取了"贬"的手段，称自己为"小弟"。而医生也很有礼貌，对贾珍也采取"抬"和"尊"，称贾家为"大人家第"；对自己则采取了"贬"的手段：称自己为"晚生""下怀"，称自己"粗鄙""知见浅陋""毫无学识"。可知，贾珍和医生均贬己尊人，十分礼貌。

下文是钱锺书《围城》方鸿渐与唐晓芙之间的对话：

> "我后天想到府上来拜访，不挡驾吗？"
>
> "非常欢迎，就只舍间局促得很，不比表姐家的大花园洋房。你不嫌简陋，尽管来。"

在称呼唐晓芙的"家"时，为了抬高对方，方鸿渐礼貌性用上了"府上"一语；唐晓芙讲求礼貌，贬低自己，在形容自己的居室用了"简陋"一词。

中西方礼貌存在一定程度上的差别。如当受到他人赞美时，西方人会感到高兴，从而说"thank you"，这样就避免损害对方的积极面子，符合礼貌准则。当别人赞美中国人时，他们往往说"不敢当"，这样则否定了对方的赞美，贬低自己，以示自谦。"不敢当"这种回答在西方人看来，是"虚伪"，也是"缺乏自信"，西方人认为，自己赞美中国人的话语被直接否决，这样很不礼貌。

在西方国家，年龄是一个比较敏感的问题。西方人忌讳"老"字，因为"老"就意味着衰迈，就意味着死亡。因此在英语当中表示"老"的单词不用"old"，而用 senior citizen（资深公民），elderly people（年龄较大的人）。在汉语中，"老"则表示经验丰富，是尊称。"老太太"是古今对老年妇女的一种尊称；对德高望重的人的敬称，如"秦老"。

3. 雅言准则

出言要高雅。在汉文化中，文质彬彬往往被人认为是懂礼貌、有教养。文雅准则的重要内容是"用雅言，用委婉语"，这也是说话人自身修养的体现。

对一个学习较差的学生，如果老师在课堂上用"差生"来评价他，那么这就意味着老师给学生贴上了一个"差"的标签，否定了该名学生其他方面的优点，会使他自卑和消沉。如果用"还有很大的进步空间"来评价这名差生，会让他觉得有希望赶上来。

又如在单位有位小伙子未婚同居，领导找他谈话，又开不了口，只能半开玩笑地说，"听说你无证驾驶了"，这话语较为委婉，把令人难堪的事实隐于言语幽默之中，顾及了对方的面子，表明了该领导不赞成此种行为。

4. 求同准则

注意人的身份和社会地位要保持相称，说话双方力求和谐一致，满足对方的要求，赞同对方。它体现了汉文化的"尚同""恭敬不如从命"的礼仪。

有个叫许允的人在吏部做官，提拔了很多同乡人。魏明帝察觉之后，便派人去抓他。他的妻子为了把这件事争辩过来，赶出来告诫他说："明主可以理夺，难以请求。"于是，当魏明帝审讯许允的时候，许允直率地回答说："陛下规定的用人原则是'举尔拔右'。我的同乡我最了解，请陛下考察他们是否合格，如果不称职，臣愿接受处罚。"魏明帝派人考察许允提拔的同乡，他们都很称职，于是将许允释放了，还赏了一套新衣服。

许允提拔同乡，根据是封建王朝制定的个人荐举制的任官制度。不管此举妥与否，它都合乎皇帝在其身份地位上所认可的"理"。这与皇帝的需求是一致的。许允的妻子深知跟九五之尊的皇帝打交道，难于求情，却可以"理"相争，于是叮嘱许允以"举尔所知"和用人称职之"理"，来抵消提拔同乡、结党营私之嫌。

5. 德言行准则

在行为动机上尽量减少他人付出的代价，尽量增大他人的利益。在言词上尽量夸大别人给自己的好处，尽量缩小自己付出的代价；这体现了汉文化中"有德者必有言"以及"君子耻有其词而无其德，耻有其德而无其行"的传统思想。

先看《史记·廉颇蔺相如列传》中的一段：

……既罢归国，以相如功大，拜为上卿，位在廉颇之右。廉颇曰："我为赵将，有攻城野战之大功，而蔺相如徒以口舌为劳，而位居我上，且相如素贱人，吾羞，不忍为之下。"宣言曰："我见相如，必辱之。"相如闻，不肯与会。相如每朝时，常称病，不欲与廉颇争列。已而相如出，望见廉颇，相如引车避匿……

廉颇曰话语"相如素贱人，……必辱之"（"之"指代"相如"）不符合雅言原则，也不符合求同准则，即不符合他赵将军的社会地位和身份。"已而相如出，望见廉颇，相如引车避匿"即是蔺相如给廉颇好处，增大廉颇的利益，符合德言行准则。

思考与练习

一、请用礼貌原则分析如下话语，下面的例子取自生活实例。（背景是这样的：A 寄宿 B 家，B 七十岁）

A：去早市啦？

B：嗯，6 点多就去了。（实际上是差十几分七点去的。）

A：买菜去了？

B：啊，花了我 80 块。（实际上是 72 块。）

二、中国古代的"礼"与西方的"礼貌原则"有何区别？

1.《左传·僖公二十六年》："（重耳）及郑，郑文公亦不礼焉。"

2.《论语·乡党》："（孔子）见冕者与瞽者，虽亵必以貌。"

3.《管子·五辅》："为人君者，中正而无私；为人臣者，忠信而不党；为人父者，慈惠以教；为人子者，孝悌以肃；为人兄者，宽裕以诲；为人弟者，比顺以敬；为人夫者，敦懞以固；为人妻者，劝勉以贞。"

三、你如何理解下列对话。

1.A: "Your wife is so beautiful？"

B:"Where？ Where？"

A:"Oh？ Everywhere."

2.一个下雨天，一个中国留学生好心地对外国留学生 Jenny 说 "You should wear more！" Jenny 很是气愤。为什么？

四、请用中国学者提出的礼貌原则解释如下语言现象。

1. 老师问学生："我讲得怎么样？"

学生答："还可以。"

2. 有一个爱炫耀学问的英国人马克。一次一位来英国商务访问的中方处长，与英方谈判之后夸奖马克的汉语水平高，马克赶忙学着中国人的谦虚劲回答："你真是太过奖了，全是废话、废话。"那位处长先生当即一脸惨白地走开了。

五、请用利奇的礼貌原则分析下面两个事例：

1. 销售员："小姐，我觉得您很会打扮。您穿的衣服显得很高雅，很有气质。这是今年最流行的款式，今年正好流行紫色系列的衣服。"

顾客："谢谢！"

销售员："您时髦的穿着配上这一款最时髦的皮鞋，对您来说有如锦上添花。"

顾客："哦？哪一款？"

2. 顾客 A（剪发后）："头发留得太长了。"

理发师："头发长，使您显得含蓄，这叫藏而不露，很符合您的身份。"

顾客 B："头发剪得太短了。"

理发师："头发短，使您显得精神、朴实、厚道，让人感到亲切。"

顾客 C："剪这个头发花时间挺长的。"

理发师："为'首脑'多花点时间很有必要，您没听说'进门苍头秀士，出门白面书生'。"

顾客 D："动作挺利索啊，20 分钟就解决问题。"

理发师："如今，时间就是金钱，顶上功夫速战速决；为您赢得了时间和金钱，您何乐而不为？"

六、请以下列生活中的现象谈谈你对面子的理解。

1. 据《世说新语·容止》载，三国时曹操接见匈奴使臣，"自以形陋，不足雄远国，使崔季珪代，帝自捉刀立床头。"接待完毕，曹操派人问使臣对魏王的印象如何，使臣回答："魏王雅望非常，然床头捉刀人，此乃英雄也。"

2. 武松来到景阳冈，读了印信榜文，才知道山上确有老虎，店家不是吓唬自己，本打算原路返回，却想到了自己的面子："我回去时，须吃他耻笑，不是好汉，难以转去。"于是"怕甚么鸟！且只顾上去，看怎地！"

3. 2000 多年前，楚汉相争，垓下一战，项羽兵败，唱罢《垓下歌》退至乌江西岸，身边只剩二十八名将士，十万楚兵烟消云散。在对岸守望的乌江亭长，特意驾小船来接应，用乡音劝项羽：江东虽小，可还有千里土地，几十万民众，足可以供大王养精蓄锐、东山再起。他还请项羽放心，别的船都已被凿沉，即便汉军追来，也无法渡江。可项羽却谢绝了亭长的好意，"无颜见江东父老"，最终自刎。

七、下列是国人日常生活中的一些行为，请你从礼貌原则的角度来加以分析。

1. 本来家里存款还不过 500 块钱的人，出去找人办事，要买个 10 块钱的香烟，但他平常在家里就抽 1 块钱的。

2. 穷人家的孩子娶媳妇，就是再穷也要托关系花大钱租用借用一些高档轿车来撑门面，大家也知道这车只不过是个驴粪蛋，一辆也不是自家的，婚后该受穷还得受穷。

3. 生活中，人们常常用表示直接血缘关系的名词去称呼非亲属，如"邻里""好友"，将比自己年长的非亲属称为"爷爷""奶奶"，将比自己年幼的非亲属称为"哥哥""姐姐"。这是为什么？

第三章 现代汉语歧义专题①

　　歧义研究的历史非常长，其源头可以追溯到古希腊时期。据历史记载，古代希腊哲学家柏拉图是第一个从事歧义研究的哲学家，他把歧义看作是诡辩和错误推理的主要原因。希腊著名思想家亚里士多德对歧义进行了全面的研究，他认为促使歧义产生的原因有三：同音字、多义字、形式和表达。后来，希腊语言哲学家盖伦提出了一套更为全面的歧义理论。他认为，语言是传达信息的工具，语言的表达效果有三种，即"好的""坏的""不相关的"，语言的谬误均是由歧义而引发，歧义被归入"坏"的语言表达效果，歧义是语言的恶魔。②

　　若干年之后，美国描写语言学兴起，歧义成为描写语言学家最感兴趣的课题之一。我国著名语言学家朱德熙先生说过，语言系统中的各种错综复杂和精细微妙之处常常会在歧义中得到充分的反映，歧义的分析会使我们对于语法的观察、分析更深入。转换生成语法学派代表人物乔姆斯基（他所著的《句法结构》被认为是 20 世纪理论语言学研究上最伟大的贡献）更是把歧义的解释推向了极致，他认为，一种语法理论的精当性，就在于它解释歧义的能力。吕叔湘先生曾指出，多义并不是一种稀有的现象，词典里的单词，除专门名词外，很少不是多义的；而单词组合也往往可以做不止一种分析。

　　据报载，第二次世界大战结束前，战败局面早定的日本之所以挨了两颗原子弹，原因之一就与日本政府针对"波茨坦公告"发表的声明中存在歧义有一定关联。日本政府称自己对"公告"的态度是"默杀"。"默杀"这个词在日语中是多解的，可以理解为"不予理睬"，也可以理解为"暂不做评论"，声明没有对此做出限定。如此，美国可以做第一种理解，就用原子弹结束了战争。

　　歧义句是在理解上会产生两种可能但在当时语境中只利用其中一种含义的句子；换句话说，就是可以这样理解也可以那样理解的句子，但不确定究竟在表达哪种意思。可以看出，一般人们理解歧义只有两种含义，其实有时，歧义也有三种不同的含义。如"杨玉凤要学习文件"至少有三种句义，其原因主要在于"要""学习文件"都可能是多义的，它们同时出现在一个句子中形成多种语法关系，按不同的关系去理解，因此就有了完全不同的解释：

　　（1）杨玉凤需要学习的文件。（"杨玉凤要学习文件"中，"要"表示"索取"）

---

① 本章内容主要参考了朱德熙《汉语句法中的歧义现象》（《中国语文》，1980 年第 2 期）、吕叔湘《歧义类例》（《中国语文》，1984 年第 5 期）、李晓燕《现代汉语中的歧义现象刍论》（《云南师范大学学报》，2005 年第 2 期）、蔡国妹《汉语语义结构歧义研究》（福建师范大学，2012 年硕士学位论文）、戴黎刚《歧义研究》（福建师范大学，2002 年硕士学位论文）、宋彦云《现代汉语歧义研究》（西北师范大学，2007 年硕士学位论文）、郑海翠《歧义的语用研究》（苏州大学，2003 年硕士学位论文）等的研究成果。
② 参考张禄彭《管窥俄语学界的歧义研究》（《新余高专学报》，2007 年第 2 期）。

（2）杨玉凤应该学习相关的文件。（"杨玉凤要学习文件"中，"要"表示"应该"）

（3）杨玉凤打算学习相关的文件。（"杨玉凤要学习文件"中，"要"表示"打算"）

有这样一份电报：我已出发三日即到。这份电报至少可以有两种不同的理解：

（1）我已经出发了三天了，马上就到了。

（2）我已经出发了，三天以后就到了。

这样的话，接到这份电报的人肯定着急了，到底发电报的人哪天才到呢？到底哪天去车站接发电报的人才恰当呢？

第一节　歧义形成之因

歧义形成的原因是多方面的，可能是经济原则所致，可能是词的多义，可能是指代不明，还有可能是施受事的不同和重音不同等。

一、经济原则引发歧义

对于经济原则，法国语言学家马尔丁内指出，语言运转的基本原理是语言经济原则，言语活动中存在着从内部促使语言运动发展的力量，这种力量可以归结为人的交际和表达的需要与人在生理上（体力上）和精神上（智力上）的自然惰性之间的基本冲突。[①]经济性原则主要体现为省力原则的有效选择论。美国语言学家齐普夫（Zipf）在1949年对省力原则做了精辟的阐述。他认为，当人们用语言表达思想时，就像受到来自两个方向的力的作用：单一化的力和多样化的力的作用。这两种力在说话或写文章的时候同时起作用，一方面希望尽量简短，说话人以只用一个词来表达概念为最省力；另一个方面又要让人能够理解起来最省力。储泽祥先生（中国社会科学院语言研究所著名教授）等在《汉语联合短语研究》（湖南师范大学出版社，2002）中曾清晰地描述过经济性原则：人们在用语言描述某些相同的特征、动作或状态时，并非按照人类的认识过程那样，叙述完一个事物或一个动作再叙述另一个事物或另一个动作，而是要遵守经济性原则，将几次认知化为一次表述，即用一个句子把具有某些共同之处的两个事物或两个动作都表述出来。

人们尽可能运用尽可能少的文字来表达同样丰富的意思，这样难免会产生歧义，如"修改计划"。"修改计划"中，如果"修改"是动语，"修改"是支配性的动作行为，"计划"是宾语，是"修改"的对象；那么"修改计划"就是动宾短语，表示"（我们将要）修改计划"。"修改计划"中，如果"修改"是修饰性词语，是定语，"计划"是中心语，那么"修改计划"是偏正短语，表示"（修改好了的）计划"。

二、结构层次或结构关系引发歧义

吕叔湘先生在《歧义类例》（《中国语文》，1984年第5期）中指出造成歧义的原因之

---

① 参考冯志伟《现代语言学流派》（陕西人民出版社，1999年）。

一是"由于同一片段可以分析成几种结构"。朱德熙先生曾指出，有些歧义形成的原因，正是在于语言结构的表层语法关系和深层语义关系的不一致造成的。语言中的结构有限，而语义无穷，用有限的结构去表达无穷的意思，就会出现一种结构表达多种语义内涵的语言现象。①根据歧义形成的句法因素，可以从结构上把歧义分为以下几类。

（一）结构层次相同，结构关系不同

"炒芹菜"存在歧义。"炒"和"芹菜"是动宾关系，其义是把芹菜放在锅里加热并不断翻动使之熟。"炒"和"芹菜"也可以是定中关系，指炒好了的芹菜。"炒（定语）芹菜（中心语）""炒（动词）芹菜（宾语）"结构层次相同，但结构关系不同。

"我们国家"存在歧义。"我们"和"国家"两个词语之间形成复指关系，即同位关系，指我们这个国家；图示为"我们=国家"。"我们"和"国家"两个词语之间形成定中关系，"我们"是定语，"国家"是中心语，指我们的国家。表示定中关系的"我们""国家"与表示复指关系的"我们""国家"结构层次相同，但结构关系不同。

（二）结构关系相同，结构层次不同

"系好领带"存在歧义。"系"和"好领带"是动宾关系，"好"和"领带"之间是定中关系，"好"做定语，"领带"是中心语，指系上质量上乘的领带，不要系质量低劣的领带；"系好"和"领带"结构关系是动宾关系，"好"与"系"发生直接关系，"好"做补语，与动词"系"形成中补短语；提醒人们要把领带给系好。"系（好）领带""系〈好〉领带"的结构关系相同，都是动宾关系；但因内部层次不同而产生歧义。

（三）结构关系不同，结构层次也不同

"哥哥和妹妹的朋友"。如果"哥哥"和"妹妹的朋友"是联合关系，就是指哥哥和妹妹的朋友，不包括妹妹在内；如果"哥哥和妹妹的"和"朋友"是定中关系，就指哥哥和妹妹共同的朋友。可以表示为：

哥哥和妹妹的朋友
联 + 合
定语 中心语

也可以表示为：

哥哥和妹妹的朋友
定语 中心语
联 + 合

可知，"哥哥和妹妹的朋友"存在歧义，其原因是其内部结构关系不同，结构层次也不同。

"放弃美丽的女人让人痛苦。"如果把它理解成"（男人）放弃了美丽的女人（男人）

---

① 转引自杜兆金《言语歧义的语用研究》（曲阜师范大学硕士学位论文，2006）。

很痛苦","放弃美丽的女人"中,"放弃"是动词,"美丽的女人"是宾语,"放弃美丽的女人"是动宾短语。如果理解成"女人放弃了追求美丽的权利,那可真是令人痛苦不堪","放弃美丽的女人"中,"放弃"是动词,"美丽"是宾语,"放弃美丽的女人"是定中短语。可以表示为:

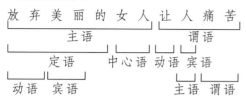

也可以表示为:

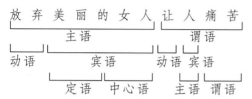

可知,"放弃美丽的女人让人痛苦"存在歧义,其原因是其内部结构关系不同,结构层次也不同。

三、词的多义引发歧义

多义词是指一个词语拥有两个或两个以上的义项。在特殊的情况下,一个词所拥有几个义项都能被理解,这时便会产生歧义。例如:

　　我的奶奶高艮秀已经走了三天了。

这句话存在歧义的原因在于"走"有多个义项。"走"可以做"行走"来解释,这句话就表示,我的奶奶高艮秀已经行走了三天。"走"也可以做"离开"来理解,这句话就表示"我的奶奶高艮秀已经离开了三天了"。"走"也可以做"指人死(婉辞)"来理解,这句话就表示"我的奶奶高艮秀已经去世了三天了"。又如:

　　这菜不热了。

这句话有歧义的原因在于"热"的多义。"热"可以理解成"温度高",这句话就可以表示"这菜已经凉了"。"热"又可以理解成为"加热、使……热",这句话就表示"这菜不用加热了"。

四、指代不明引发歧义

词指代不明会引发歧义,短语指代不明也会引发歧义。

(一)词指代不明引发歧义

　　王小琬在路上遇到吴昕昕,她跟她要五百块钱。

这句话有歧义,根本原因在于"她"指代不明。后一分句中的第一个"她"如果指代王小琬，那么这句话就可以理解为"王小琬跟吴昕昕要五百块钱"。后一分句中的第一个"她"如果指代吴昕昕，那么这句话就可以理解成"吴昕昕跟王小琬要五百块钱"。又如：

昨天班主任胡老师又在班会上表扬了自己，但是我觉得革命尚未成功，应当继续发扬苦干的作风。

这句话有歧义，根本原因在于"自己"指代不明，是指代"我"还是指代"胡老师"呢？如果"自己"指代"我"，那么整句话就可以理解成"昨天班主任胡老师又在班会上表扬了我，但是我觉得革命尚未成功，应当继续发扬苦干的作风"。如果"自己"指代"胡老师"，那么整句话就可以理解成"昨天班主任胡老师又在班会上表扬了胡老师自己，但是我觉得（他）革命尚未成功，应当继续发扬苦干的作风"。又如：

华为公司这个产品 11 毫米的厚度给人们的感觉，并不像小米公司的产品那样，有一种比实际厚度稍薄的错觉。

例中的指示代词"那样"指代不明，存在模棱两可的情况。该例句既可以理解成"华为公司这个产品 11 毫米的厚度给人们的感觉，有一种比实际厚度稍薄的错觉，不像小米公司的产品"；也可以理解成"华为公司这个产品 11 毫米的厚度给人们的感觉，没有小米公司的产品那种比实际厚度稍薄的错觉"。

（二）短语指代不明引发歧义

短语指代不明，也可能会引发歧义。如偏正短语指代不明引发的歧义：

贵州省图书馆收藏着著名小说家钱锺书的书。

"钱锺书的书"可以有不同的理解，可以理解成"书是钱锺书著的"，也可以理解成为"书并非钱锺书所著，而是钱锺书先生所收藏的，后来他捐献给贵州省图书馆的"，所以"贵州省图书馆收藏着著名小说家钱锺书的书"也就存在不同的理解。又如：

小彦佳一进门就看见爸爸和他的妹妹在阳台看风景。

"他的妹妹"可以有不同的理解，指代的对象不同。"他的妹妹"如果理解成为"爸爸的妹妹"，那么这句话就可以理解成为"小彦佳一进门就看见爸爸和他的姑姑在阳台看风景"。"他的妹妹"如果理解成为"小彦佳的妹妹"，那么这句话就可以理解成为"小彦佳一进门就看见爸爸和小彦佳的妹妹在阳台看风景"。

"的"字短语指代不明也可能会引发歧义。如：

晚上十点了，汽车还没修好，修车的急死了。

"修车的"指代不明，存在歧义。"修车的"可以是汽车的老板，他想急于等车修好了赶紧回家；也可以是修车的师傅，晚上十点了还修不好，怕耽误了车老板回家。

五、施受事的不同引发歧义

施受事不同可能会引发歧义。如：

在 2018 赛季，广东宏远队战败了新疆广汇队获得了冠军。

如果"在 2018 赛季，广东宏远队战败了新疆广汇队获得了冠军"是主动句，那么"广东宏远队"是"战败"动作的发出者，是施事。这句话就可以理解为"在 2018 赛季，广东宏远队打败了新疆广汇队，广东宏远队获得了冠军"。如果"在 2018 赛季，广东宏远队战败了新疆广汇队获得了冠军"是被动句，"广东宏远队"是"战败"动作的承受者，是受事。这句话就可以理解为"在 2018 赛季，是广东宏远队被新疆广汇队战胜了，新疆广汇队获得了冠军"。又如：

　　老师对小子怡的批评是有充分思想准备的。

　　"对小子怡的批评"可以理解为老师批评小子怡，老师是施事，小子怡是受事；那么这句话就可以理解为"老师批评小子怡，老师是有充分思想准备的"。"对小子怡的批评"可以理解为小子怡批评老师，老师是受事，小子怡是施事；那么这句话就可以理解为"小子怡批评老师，小子怡是有充分思想准备的"。又如：

　　秦元旭老师连我们的校长也不认识。

　　如果秦元旭老师是施事，那么这句话就可以理解成：秦元旭老师不认识我们的校长。如果秦元旭老师是受事，那么这句话就可以理解成：我们的校长不认识秦元旭老师。

六、重音不同，引发歧义

　　重音不同，句子的意义可能会有别。如：

　　你最好生一个。

　　在此例句中，如果重音放在"生"上面，意思是指"你要生一个，而不是领养或其他的方式"；如果重音放在"一个"上面，则表示"你只生一个就行了，无须多生"。又如：

　　凯里大十字商场有的是化妆品。

　　在此例句中，如果重音放在"有的是"上，那么这句话就表示表示凯里大十字商场化妆品不计其数；如果重音放在"化妆品"上，那么这句话就表示：凯里大十字商场只有化妆品，没有别的商品。又如：

　　吴文琼一个晚上就写了三篇文章。

　　在此例句中，如果"就"轻读的话，那么这句话的意思是：吴文琼文章写得快；暗示吴文琼工作效率高，水平高。如果"就"重读的话，那么这句话的意思是：吴文琼工作效率低，一个晚上只写了三篇文章；暗示吴文琼水平不行。

七、兼类词，引发歧义

　　在现代汉语中，有的兼类词存在不同的词性，这样就可能发生歧义。

　　周泽黎家里的门没有锁。

　　此例句中，"锁"既可以指实体的锁，"锁"是名词，这句话的含义是"周泽黎家里的门的锁不存在"。"锁"也可以指动作"上锁"，"锁"是动词，此句话就表示"周泽黎家里的门有锁，但是没有锁上"。又如：

　　尽管手机可以上网，但在每周星期三，杨卫国还是会背着班主任和班长在放学途中到网吧玩游戏。

　　在此例中，"和"可以理解为连词，也可以理解为介词。"和"如果理解为连词，这句话就表示，杨卫国背着班主任、班长，一个人在星期三的放学途中到网吧玩游戏；"和"

如果理解为介词，这句话就表示，杨卫国背着班主任，跟班长两个人在星期三的放学途中到网吧玩游戏。

八、限定范围不明，引发歧义

词语的限定范围不同，句子的意义也可能有别。如：

数百名空难死者的直系亲属出席了这次特别的葬礼。

此例句存在歧义。如果定语"数百名"修饰"死难者"，该例句就表示：这次空难死了数百人，他们的直系亲属出席了这次特别的葬礼。如果定语"数百名"修饰"直系亲属"，该例句就表示：这次空难死了一个人，这个人的数百名直系亲属出席了这次特别的葬礼。又如：

这次凯里学院苗侗博物馆的开工典礼，尽职尽责的领导和记者都来了。

该例句存在歧义。如果定语"尽职尽责"修饰"领导"，该例句就表示"这次凯里学院苗侗博物馆的开工典礼，记者和尽职尽责的领导都来了"。如果定语"尽职尽责"同时修饰"领导""记者"，该例句就表示"这次凯里学院苗侗博物馆的开工典礼，尽职尽责的领导和尽职尽责的记者都来了"。

九、停顿位置不同，引起歧义

停顿位置不同，句子意义也可能不同。如：

杨玉凤找不到在凯里高铁站候车的爸爸妈妈心里很着急。

如果此句在"找不到"后停顿，那么这句话表达的意义是"杨玉凤找不到，在凯里高铁站候车的爸爸妈妈心里很着急"。如果此句在"爸爸"后停顿，那么这句话表达的意义是"杨玉凤找不到在凯里高铁站候车的爸爸，妈妈心里很着急"。如果此句在"妈妈"后停顿，那么这句话表达的意义是"杨玉凤找不到在凯里高铁站候车的爸爸妈妈，杨玉凤心里很着急"。在此句中，停顿的位置不同，心里很着急的对象有别。又如：

州里通知说，让姚仁海校长本月16日前去做培养人才的报告。

如果此句在"16日前"后停顿，那么这句话表达的意义是：州里通知说，让姚仁海校长本月16日前，去做培养人才的报告。如果此句在"16日"后停顿，那么这句话表达的意义是"州里通知说，让姚仁海校长本月16日，前去做培养人才的报告"。在此句中，停顿位置不同，姚仁海校长去州里的时间也不同。又如：

炎炎夏日，西江千户苗寨的水珍贵，我们把它留给晚上来的客人喝。

如果此句在"晚"后停顿，那么这句话表达的意义是"炎炎夏日，西江千户苗寨的水珍贵，我们把它留给晚一点才上来的客人喝"。如果此句在"晚上"后停顿，那么这句话表达的意义是"炎炎夏日，西江千户苗寨的水珍贵，我们把它留给夜晚才来的客人喝"。

思考与练习

一、有人认为，歧义是语言的恶魔。你怎样理解？
二、举例说明歧义产生的原因。

三、除了文中提及的歧义产生原因，你认为还有哪些？

四、下列歧义是因为层次不同而导致的吗？请具体分析。

1. I heard the child crying.

2. John is a poor mechanic.

3. 这是一个十分有趣的人，他的幽默讲不完。

4. 王向然回到了宿舍，发现朱芳灿和他的朋友仍然坐在那里聊天。

5. 董事长看到总经理非常高兴，不由分说地把他拉到了办公室里。

6. 讲台上只有一架收音机，一边还站着一个人。

7. 热爱人民的总理。

8. 姚健要热饭。

9. 任翠席在火车上写字。

10. 对售货员陈京墨的意见。

11. 女工工作做得好，可以解决一些女工特有的切身问题。

12. 屈勇军去上课。

五、请分析下列幽默的成因。

某公的儿媳要入京，正赶上某公卧病在床，某公把儿媳喊到床前说："我年纪大了，老怕头中风，你到京城给我买一只头巾寄回。"第二天儿媳准备登程，亲戚们都来送行。某公忽然对儿媳喊道："千万别忘了昨天咱们俩枕边的话。"亲戚们惊骇，问某公到底是怎么一回事。某公说明了情况，亲戚们大笑不止。

六、下列歧义是因为兼类词而导致的吗？请具体分析。

1. 医生看到我们很高兴，就把我们拉到他的办公室去坐。

2. 小彦佳找不到爸爸妈妈心里很着急。

3. 记得我们认识她的时候，还只是七八岁的小孩子，天真烂漫，无拘无束。

4. 到了高三下学期，班里又转来一名复读生，这个人连班主任医生都不认识。

5. 他没有听取旁人的劝告，对那个玩忽职守的医生提出控告，要求赔偿。

6. 日夜思念着我的慈祥的母亲。

7. 总结宣传先进的经验。

8. 在座的人，谁都说不清楚这件事情的来龙去脉。

9. 据广州铁路局统计，在办理客货运营前八个月中，已运输了大量物资。

10. 大家一致认为张彤和李云的师傅说出了自己想说的话。

11. 研究余华的文章。

七、下面是我们从某学者的论著中摘录下来的几段文字，请谈谈你对它的理解。

在所有语言中，歧义和谐音都是常有的事，以致很少进入人们的意识层面。1978年，语言心理学家布鲁斯·布里顿（Bruce Britton）梳理了共计一百万单词的英语文本语料库，并做出保守估计：至少32%的英语单词是多义词。在最常用的100个单词中，多义词占到93%，有的甚至有30个义项。语言学博客作者杰夫·普勒姆（Geoff Pullum）的一个提问巧妙地捕捉到了这种一词多义的现象："支柱、职位、电池端子、军营、博文、耳钉的钉身、贸易站和邮寄信件"这些词跟广告牌、记账、保释及指派外交官有何共通之处？你可能要沉思片刻才能反应过来：以上事物都指向同一个英语单词"post"。

语言心理学家迈克尔·叶（Michael Yip；音）和伊爱玲（Eiling Yee；音）提到这样一种印象：说中文的人更倾向于澄清潜在的歧义，哪怕根据上下文，其所指已经非常明显。伊爱玲举了个例子："我的房贷该续签了，所以约了银行（英语单词为 bank）——就那金融机构，不是说河岸（英语单词也为 bank）。"这种对同音歧义的敏感若是中文使用者的共性，那么，它必然也契合谐音在中文中的显著地位。

普勒姆认为，语言绝不会企图绕过歧义，相反，"语言酷爱歧义。它们热烈地追求着歧义，就像小狗一样，在歧义的草地上打着滚"。罗彻斯特大学语言心理学家史蒂夫·皮安塔多西（Steve Piantadosi）对此表示认同。他和同事们论称，歧义非但不是语言的漏洞，还是一种有用的语言特征。通过重复利用某些最普遍、最顺口的发音组合，最终形成丰富的词汇。没有歧义，我们就得创造更长的单词，用以区分不同的意义，或者发明一个庞大的语音集合；在发音和区分不同的语音方面，我们也得更加娴熟才行。

八、下列歧义是因为停顿而导致的吗？请具体分析。

1. 小彦佳看见医生很紧张。

2. 过了这么长的时间，朱婷婷终于想起来了。

3. 大明和大亮的导师。

4. 你们这次考试 quánbù 合格。

5. 一切向 qián 看。

6. 超市已经关门了。

7. 总结宣传先进的经验。

8. 学校领导对他的批评是有充分思想准备的。

9. 这苹果不大好吃。

10. 彦佳把钱还给牛牛时，他和他笑了笑。

11. 这个人连余秋雨都不认识。

第二节　歧义分析法

歧义分析法主要有层次分析法、语义指向分析法、多义词分析法、施受事不同的分析法等。

一、层次分析法

层次分析法前文已有详细论述，可参看。层次分析法是分析歧义的重要手段之一，主要是从层次结构方面来达到分化歧义的目的。

（一）主谓短语内部层次不同分析法

我们三个一组。

"我们"作主语，"三个一组"作谓语，表达"我们这些人三个人作为一组"。可以图示为：

```
 ┌─我们─┐ ┌─三个─一组─┐
   主语       谓语
```

也可以"我们三个"作主语，"一组"作谓语，表达"我们三个人一起作为一组"。可以图示为：

```
 ┌─我们三个─┐ ┌─一组─┐
    主语        谓语
```

"我们三个一组"层次划分不一样，因此意义有别。

（二）动宾短语与定中短语纠结层次分析法

　　　　咬死了猎人的狗。

　　该例句是各种语法著作中出现次数最高的，也可以说是经典例句。它可以理解为由动宾短语构成的句子，"咬死"是动语，"猎人的狗"是宾语；"咬死了猎人的狗"的意思是猎人的狗被咬死了，死的是狗。可以图示为：

```
 ┌─咬死了─┐ ┌─猎人的狗─┐
   动语        宾语          （第一层）
 └─┘└─┘   └─┘ └─┘
 动语 补语   定语 中心语       （第二层）
```

　　它也可理解为由偏正短语构成的句子，"咬死了猎人"做定语，"狗"是中心语，"咬死了猎人的狗"的意思是猎人被狗给咬死了，死的是猎人。可以图示为：

```
 ┌─咬死了猎人的─┐ ┌─狗─┐
       定语        中心语   （第一层）
 └─┘  └─┘
 动语    宾语                （第二层）
 └─┘└─┘
 动语 补语                   （第三层）
```

（三）定中短语内部层次不同分析法

　　　　一部分医生和工人。

　　如果"一部分"修饰"医生和工人"，整体上是定中结构，那么它表示的是"一部分医生和一部分工人"。图示为：

```
 ┌─一部分─┐ ┌─医生和工人─┐
   定语         中心语
              └─┘ └─┘
                联　合
```

　　如果"一部分"修饰的是"医生"，那么它的两部分"一部分医生"和"工人"之间是联合关系，"一部分医生和工人"的整体含义是工人和一部分医生。图示为：

```
 ┌─一部分医生─┐ 和 ┌─工人─┐
      联            合
 └─┘ └─┘
 定语 中心语
```

评论哥德巴尔赫猜想的文章。

如果动语是"评论"，宾语是"哥德巴尔赫猜想的文章"，那么"评论哥德巴尔赫猜想的文章"就构成了动宾关系，其含义即是评论哥德巴尔赫猜想这篇文章。图示为：

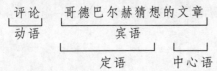

如果动语是"评论"，宾语是"哥德巴尔赫猜想"，那么"评论哥德巴尔赫猜想的文章"就是偏正关系的名词短语，其含义是（这些）文章是用来评论哥德巴尔赫猜想的。图示为：

评论哥德巴尔赫猜想的　　　文章
　　　　定语　　　　　　　中心语
动语　宾语

（四）复指短语与定中短语的纠结层次分析法

我们必须打击少数贪污贿赂的人。

"少数贪污贿赂的人"如果是复指短语，即"少数"与"贪污贿赂的人"所指相同，那么该例句可以表示参与贪污贿赂的是少数人，对占社会少数的这些人必须打击。图示为：

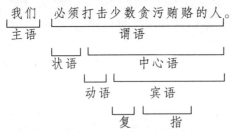

"少数贪污贿赂的人"如果是定中短语的话，即"少数"修饰"贪污贿赂的人"，那么该例句就表示打击贪污贿赂的人中的少数人，对多数贪污贿赂的人不打击之义。

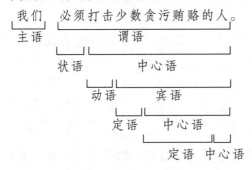

二、语义指向分析法

语义指向指某一语言结构中的一部分和另一部分在语义上产生某种联系（参黄伯荣、廖序东《现代汉语》，高等教育出版社，2017 年）。语义指向分析法可以用来分析词或短语中的歧义。

（一）词的语义指向分析法

> 谷咏平、赵山、伍淑芳三个人就抬了一船衣服。

这句话存在歧义，我们可以采用语义指向分析法来分析。副词"就"在语义上如果指向"谷咏平、赵山、伍淑芬三个人"，表示谷咏平、赵山、伍淑芬三个人抬得太多了，不敢相信；副词"就"在语义上如果指向"一船衣服"，则表示谷咏平、赵山、伍淑芬三个人抬得太少，太不像话了。

> 午饭幼儿园的孩子们都吃了。

这句话存在歧义，我们可以采用语义指向分析法来分析。"都"指向"午饭"，这句话的意思是孩子们把午饭都吃干净了，没有剩下。"都"指向"幼儿园的孩子们"，这句话的意思就是所有幼儿园的孩子都吃过午饭了，没有落下的。

（二）短语的语义指向分析法

> 小孩问大人"铁锤锤碗锤不破"的问题，有人说锤得破，有人说锤不破。
> 到底能不能锤破呢？小孩真拿锤子把碗砸碎了，之后去质问说锤不破的大人，
> 大人说："你的锤子有破吗？"

"铁锤锤碗锤不破"存在歧义，其关键在于"锤不破"的语义指向不同，故我们可以采用语义指向分析法来分析。如果"锤不破"指向"铁锤"，那么这句话的意思就是"铁锤锤碗，碗破了，锤子是不会破的"。"锤不破"如果指向"碗"，那么这句话的意思就是"铁锤锤碗，碗肯定会破，哪有锤不破的碗？"

> 我校医学院八个医生的孩子都已经解决了就业问题。

这句话有歧义，原因在于数量短语"八个"的语义指向不同；故我们可以采用语义指向分析法来分析。数量短语"八个"如果指向"医生"，那么这句话就可以这样来理解：我校医学院八位医生的孩子都已经解决了就业问题。如果"八个"指向"孩子"，那么其含义就是"我校医学院医生的八个孩子都已经解决了就业问题"。

三、多义词分析法

动词、名词、形容词均可能存在多义的情况，于是我们可以采用多义词分析法来分析歧义。有时，"和"也存在介连词难以区分的情形。

（一）动词多义分析法

动词的不同理解可能导致整个句子存在歧义。

> 张培遂烧了一车木炭。

"烧"有两种理解，可表达"消除""获得"义。如果"烧"表示"消除"，那么这句话的意思"张培遂把一车木炭烧完了"。"烧"如果表示"获得"，那么这句话的意思就是"张培遂烧成了一车木炭"。又如：

躺下去没多久，唐忠玉想起来了。

动词"想"可表达"回忆、打算、希望"的意义。如果"想"是"回忆"之义，那么此句话就是"躺下去没多久，唐忠玉就把忘掉的东西回忆起来了"。如果"想"是"打算、希望"之义，那么此句话表示"躺下去没多久，唐忠玉就不愿意再躺下去了，打算坐起来了"。又如：

科长陈汝才也该检查。

"检查"是个多义词，可作"为了发现问题而用心查看，翻检查考（书籍、文件等），检讨"等来解释。如果"检查"理解为"检讨"，那么此句话意思就是"科长陈汝才也应该做检讨"。如果"检查"理解为"为了发现问题而用心查看"的意思时，那么此句话就表示"科长陈汝才也该为了发现问题而用心查看"，"科长陈汝才"是施事；也可以表示"为了发现问题也该检查科长陈汝才（的工作）"，"科长陈汝才"是受事。

（二）形容词多义分析法

因为在句子中形容词存在不同的理解，所以可以采用形容词多义法来分析句子中的歧义。

Jordan is a poor worker.

如果 poor 的含义是"贫穷的"，那么该例句就可以理解成为"Jordan 是一个工人，但是他能支配的钱很少，所以很穷"。如果 poor 的含义是"糟糕的"，那么该例句就可以理解成为"Jordan 是一个技术糟糕的工人，没有什么竞争力"。又如：

这真是好球。

如果"好"理解成为"精彩"，那么该例句就可以理解成为"这真是个精彩的球"。如果"好"理解成为"质量好"，那么此句话就可以理解成为"这真是个质量好的球"。

（三）名词多义分析法

一个句子中，名词可能存在不同的理解，所以可以用名词多义法来分析整个句子的歧义。

这本书是黄色的。

"黄色"可以指书的颜色，也可以指书的内容。如果"黄色"指书的颜色，那么此句话就可以理解为"这本书的封皮是黄色的"。如果"黄色"指书的内容，那么这本书的内容就是色情的。又如：

贵州省毕节市的山上有许多杜鹃。

"杜鹃"可以指花，也可以指鸟。如果"杜鹃"是一种花，那么这句话就表示贵州省毕节市的山上有很多的杜鹃花。如果"杜鹃"是一种鸟，那么这句话就表示贵州省毕节市的山上有很多杜鹃鸟。

（四）"和"的多义

因为句子中的"和"存在不同的理解，所以可以根据"和"词性的不同来区分整个句子的歧义。

甲替乙代购一台宇通客车，双方协定"乙方跟甲方一同看货"。看完货后，乙方即将款子汇出后不久，所收到的客车并不是原来双方所看之货。乙方因此要求甲方退货并追回车款。可甲方指出"看货是同行的"。乙方反诘"虽是同行，但是以甲方为主的"，因此坚持退货追款一定要由甲方负责。

出现贸易纠纷的根子在于"跟"，歧义主要是签约双方谁主谁从的问题。如果"跟"是连词，那么甲方提出的由乙方自己处理退货追款是合理的；如果"跟"是介词，那么乙方坚持退货追款的要求也站得住脚。又如：

蒋舜遥背着信用社社长和副社长偷偷把这笔款拨了出去。

如果"和"是连词，那么该例句表示的是：蒋舜遥背着"信用社社长和副社长"，他私下地把这笔款拨了出去。如果"和"是介词，该例句则表示：背着"信用社社长"，蒋舜遥和信用社副社长把这笔款拨了出去。"和"的词性不同，他"背着"的对象有别。

四、施受事分析法

在一个句子中，一个词可以充当施事，也可以充当受事。这时，区别施受事，就可以区分歧义。如：

陈胤家的鸡吃了。

"陈胤家的鸡吃了"中的"鸡"是"吃"动作的发出者，即是施事，该例句的意思是陈胤家的鸡已经喂过（食物）了；"陈胤家的鸡吃了"中的"鸡"是"吃"动作的承受者，即是受事，该例句的意思是陈胤家的鸡被（人们）吃掉了。又如：

开刀的是杨增飞。

"开刀的"如果是施事，即主刀的医生，那么此句话的意思是杨增飞是主刀医生，在给他人治病。"开刀的"如果是受事，是病人，那么该例句表示杨增飞是病人，需要做开刀这种手术治疗。

五、指代对象分析法

指示代词、人称代词等在句子中，指代的对象可以不同，因此可以用指代对象分析法来分析歧义。

（一）指示代词指代的对象不同

英国政府表示仍然强势支持欧元，但这到底只是嘴上说说还是要采取果断措施，经济学家对此看法是否定的。

如果"此"指代"嘴上说说"，那么该例句表示"英国政府表示仍然强势支持欧元，但这到底只是嘴上说说还是要采取果断措施，经济学家对嘴上说说的看法是否定的"。如果"此"指代"要采取果断措施"，那么该例句表示"英国政府表示仍然强势支持欧元，但这到底只是嘴上说说还是要采取果断措施，经济学家对采取果断措施的看法是否定的"。"此"指代的对象不同，故整个句子的语义有别。

（二）人称代词指代的对象不同

> 我不知道我母亲怎么了，她怎么能这样？

配以具体的语境，我母亲与别人吵架。句子的"她"可以指代我的母亲，那么该例句的意思就是"我不知道我母亲怎么了，我的母亲怎么能这样"。如果句子的"她"可以指代"跟我母亲吵架的人"，那么该例句的意思就是"我不知道我母亲怎么了，跟我母亲吵架的人怎么能这样？"又如：

> 小王看到小张正在跟他的孩子玩耍。

在该例句中，"他"如果指小王，那么表示的是小王看到小张正在小王的孩子玩耍。如果"他"指小张，那么表示的是"小张正在和他的孩子玩耍"。句中的歧义可以用"他"的指代对象来区别。又如：

> 工人们很喜欢老李师傅，一来到这里就十分高兴。

该例句中，"一来到这里"前如果出现的主语是"工人们"，那么此句话就表示"工人们很喜欢老李师傅，工人们一来到这里就十分高兴"。如果"一来到这里"前如果出现的主语是"李师傅"，那么此句话就表示"工人们很喜欢老李师傅，李师傅一来到这里就十分高兴"。

六、多音词分析法

句子中某个词是多音的，在书面表达中可能有歧义；故在分析句子的歧义时，我们可以分析词的多音。

> 廖加伟他这个人好说话。

"好"如果读作"hào"，即"喜欢、爱好"之义，那么这句话的意思就是"廖加伟这个人很喜欢跟别人讲话"。"好"如果读作"hǎo"，是"易于、便于"义，那么这句话的意思就是"廖加伟这个人性格好，容易接受别人的话"。

> 吴某与姚某是好朋友，吴某生意上急用钱，向姚某借了五万块钱，没有借条。后来，吴某还了姚某壹万元钱，写下收条：吴某还欠款壹万元。姚某签收。不久，姚某急用钱，问吴某要，吴某不给。姚某把吴某告上法庭，曰：吴某借四万元逾期不还，请法庭判还。吴某曰，已还，并有收条为证。姚某拿出收条，吴某指着收条说，明明只欠你一万块钱，怎么能说还有四万呢？法官目瞪口呆，无法判案。

收条"吴某还欠款壹万元"中的"还"读成"hái"，那么这收条内容就可以理解成"吴某至今还欠款壹万元"。如果收条中的"还"读"huán"，那么这收条内容就可以理解成"吴某已经还了壹万元的欠款"。

七、同音词分析法

汉语中有许多同音词，这种同音现象使一些句子在口头表述时可能产生歧义。这时区分歧义的手段之一是分析同音词。

乙："你是交大的？那你是北京交大的，还是上海交大的？"

甲："都不是，我是外婆教大的。"（中央电视台春晚小品《招聘》）

词语"交"与"教"同音，让人在理解上产生歧义，形成笑料。又如：

这是一种 zhì ái 的食物。

"zhì ái"在口语表达容易引发混淆。因为它既可以是"治癌"，也可以是"致癌"。因此，这句话可以理解成为"这是一种食物，能治疗癌症"，也可以理解成为"这是一种食物，能导致癌症"。

八、句中停顿分析法

标点符号是书面语言的不可分割的一部分，是书面语言的重要辅助工具，它能帮助人们准确地理解句子的含义（参黄伯荣、廖序东《现代汉语》，高等教育出版社，2017年）。在一个句子中，标点用在不同的句法位置上，整句话的语义可能不同。因此句子中的停顿处不同，也可以区分歧义。

张莉去店家买家具，店家说可送货，并在销售单上注明"货送到楼下付现款"。张莉给了店家送货地址，并约定第二天送货。第二天店家如约将货送至张莉住宅楼下，打电话给张莉下来收货付款。张莉说："送上来呀。"店家说："我们只送货到楼下，单上有注明货送到楼下，付现款。"张莉说："你单上不说注明'货送到，楼下付现款吗？'"

"货送到楼下付现款"这句话，如果停顿不同，其语义方面就存在差异：一是货送到楼下，付现款；一是货送到，楼下付现款。正因为这句话的停顿不同，导致了顾客张莉和店家的理解不一致。又如：

这份《现代汉语》学习效果调研报告，张黔今写不好。

此句话如果停顿之处不同，整个句子含义也不相同。如果在"写"后停顿，就变成了"这份《现代汉语》学习效果调研报告，张黔今写，不好"。这句话表示说话人不赞成张黔今来写，可能是他水平不够；或者另有更好的人选。如果在"张黔今"后停顿，就变成了"这份《现代汉语》学习效果调研报告，张黔今，写不好"。这句话就表示张黔今没有把握把这份《现代汉语》学习效果调研报告写好。

思考与练习

一、有人说，停顿可以区分下列句子中的歧义，是这样吗？你如何看待。

1. 这份报告蒋新军写不好。

2. 你说不过蒋新民也得说。

3. 政府有关部门明令禁止取缔药品交易市场。

4. 教师节中老师希望学生别送礼品送祝福。

5. 祁爱群看见组织部新来的援藏干部很高兴，于是两人亲切地交谈起来。

6. 我看到你那年才六岁。

二、有人说，下列歧义可以用施受事不同来分析，你同意他的看法吗？

1. 这个精致的灯笼将作为今天得分最高的嘉宾的礼品赠送给他。

2. 部长嘱咐几个医院的领导，新年的工作一定要有新的起色。

3. 幸福是一个人在一定的社会关系中，对生活产生的种种愉快、欣慰的感受，以及对人生意义的理解和评价。

4. 本市著名电视节目主持人杨凡和蒋新辉一起到边疆地区去，参加扶持发展文化事业的志愿服务活动。

三、下列句子可以采用层次分析法来分析吗？为什么？

1. 巴勒斯坦游击队对以色列的进攻是早有准备的。

2. 独联体国家看不上 2006 年世界杯足球赛。

3. 老师不适当地布置作业是不对的。

4. 甲在乙先离开。

5. 热带鱼。

6. 我要炒肉丝，你把油拿来。

7. 这个粮店的大米保管没有问题。

8. 这次外出比赛，我一定说服老师和你一起去，这样你就不会太紧张了，可以发挥得更好。

9. 他借我 100 元钱。

四、下列句子中均存在歧义，请问采用何种分析法来分析更恰当？

1. 这是名模杨欢摄于 2019 年 11 月的照片。

2. 杨锦在某杂志生活栏目上发表的那篇关于饮食习惯与健康的文章，批评的人很多。

3. 有一次朱芳坤遇上两个鬼子，一枪撂倒一个。

4. 他刚来不久，许多人不认识。

5. 头发剪短一些。

6. 一辆乳黄和深红色的电车飞驰而过。

7. 现全渠已勘测完毕 144 华里。

8. 校长、副校长和其他学校领导出席了这届迎新会。

9. 一个外商投资的工厂今年底将在这里建成投产。

10. 每逢休息日他都不会丢下哥哥和弟弟去观看演出。

五、下列句子中的逻辑重音不同，语句含义也有别，是这样吗？

1. I heard the child crying.

2. John is a poor mechanic.

3. 这是一个十分有趣的人，他的幽默讲不完。

4. 小王回到了宿舍，发现老朱和他的朋友仍然坐在那里聊天。

5. 董事长看到总经理非常高兴，不由分说地把他拉到了办公室里。

6. 讲台上只有一架收音机，一边还站着一个人。

7. 热爱人民的总理。

8. 小彦佳要热饭。

9. 小王在火车上写字。

10. 对售货员的意见。

11. 女工工作做得好，可以解决一些女工特有的切身问题

12. 王晚霞去上课了。

六、下列句子中的歧义是由什么造成的呢？

1. 他看医生去了。

2. 我借他一本书。

3. 王二妮租我一间房子。

4. 蒋佳妮，下回我再找你算账。

5. 我发现他脸色不好。

6. 朱芳灿和潘小江真是一对难兄难弟。

7. 大莉莉倒了一杯水。

8. 校门口，一边站着一学生。

9. 请你跟朱行长谈谈吧。

七、说说下面这则幽默中丈夫的回答为什么可笑。

丈夫从商店中偷了东西回家，妻子责问丈夫："你干这种事时，为什么不替我和孩子想一想？"丈夫回答："当时我想到了，只是店里没有女人和孩子的衣服。"

八、下列广告语有歧义吗？为什么？

1. "双星"令足下生辉。（某足球鞋广告语）

2. 做女人挺好。（某乳霜广告语）

3. 开开衬衫，领袖风采。（某衬衫广告语）

4. 中意冰箱，人人中意。（某冰箱广告语）

5. 共创美的前程，共度美的人生。（美的空调广告语）

6. 生活中离不开这口子。（某白酒广告语）

九、试运用语义指向法分析下列歧义现象。

1. 发现鬼子的哨兵回宿舍了。

2. 他们研究所不需要进口设备。

3. 王向辉有一个孙子，很骄傲。

十、下列歧义语言现象，是由于停顿造成的吗？为什么？

1. 你说不过他也得说。

2. 要说小莉的妈妈不爱她家里人谁也不相信。

3. 老师不适当地布置作业是不对的。

4. 有一个医生医德不好，有一次他过生日，有人送他一副贺联：这位医生好看病祛病不害民此店药物多利人益人少肥己。

5. 政府有关部门明令禁止取缔药品交易市场。

6. 教师节中教师希望学生别送礼品送祝福。

7. 大彦佳看见组织部新来的援黔干部很高兴，于是两人亲切地交谈起来。

8. 我看到你那年才三岁。

9. 弟弟找不到爷爷奶奶非常着急。

十一、下面一道题是某年度全国公务员考试试题，请根据要求作答。

大舅去二舅家找三舅说四舅被五舅骗去六舅家偷七舅放在八舅柜子里九舅借十舅发

给十一舅工资的 1000 元。

请问：1. 究竟谁是小偷？　2. 钱本来是谁的？

十二、下列是微信中的例子，你能说出其中的歧义来吗？原因又是什么呢？

1. 能穿多少穿多少。

2. 谁都看不上。

3. 喜欢一个人。

十三、请你说说看，下列故事中大家为什么笑？

某游行筹备小组开会，筹备小组里的一位女同志宣布："今年游行，女同志一律不准穿裤子！"顿时哄堂大笑。

第三节　广告歧义与标题歧义

一段时间以来，大多数语言学家认为歧义是消极的，容易造成交际中的障碍。正如英语著名的语言学家威廉·恩普森（William Empson）所说"Ambiguity is the enemy we have to watch"（歧义是我们必须警惕的敌人）。我国著名语法学家吕叔湘、朱德熙著的《语法修辞讲话》中认为歧义是一种表达上的毛病，应当避免。

也有学者认为歧义是积极的。古罗马著名的修辞学家昆兰（Quinlian）认为，歧义是法庭中极有力的武器，也是语言本身一种优越的特征。理查兹（Richards）在《修辞哲学》中指出，歧义是诗歌和宗教中不可缺少的手段。其实，歧义在广告中也有所应用。

一、广告歧义[①]

刘勰《文心雕龙》言"文以辨洁为能，不以繁缛为巧"。某些广告语中语词的使用却模棱两可，以繁缛为巧，常见歧义。在广告语中，创作者充分发挥自己的想象力和创造力，有效地利用歧义，增加了广告语言的生动性，使广告语具有强烈的表达效果。

（一）词的不同理解造成广告语中的歧义

1. 名词的不同理解形成广告语中的歧义

联想电脑广告语：人类失去联想，世界将会怎样？

联想电脑广告语中的"联想"是有歧义的。它可以是专有名词，是联想电脑的品牌名称；"联想"也可以是普通名词，理解成"想象"。联想电脑广告语"人类失去联想，世界将会怎样？"表示，联想电脑对于人类的重要性正如想象对于世界一样，这样消费者会为联想的雄心、联想的抱负所折服，因而信任联想电脑，在购买电脑时会首选此电脑。

广东今日有限公司的广告语：美好祝福来自今日。

[①] 本部分内容主要参考了李静文《广告语蓄意歧义的运用》(《河北交通职业技术学院学报》，2016 年第 3 期）、杨红芳《蓄义歧义策略在广告语中的运用》(《山西师范大学学报》，2010 年第 S3 期）等的研究成果。

"美好祝福来自今日"中的"今日"可以是时间词"今天"，也可以是公司名称，即"广东今日有限公司"。广东今日有限公司的广告语利用"今日"与自己公司名字相同，让人们看到此广告语觉得温馨，从而留给消费者好的印象。

2. 谓词的不同理解形成广告语中的歧义

有一家商店刚开业，挂了一巨幅广告牌，上书六个大字：本店专营假货。

路人纷纷进店查看，呵呵，原来在卖假发、假牙等。

这则广告语"本店专营假货"巧妙地运用了"假"的多义来达到自己的目的。"假"指"假的，不真实的"；又表示"假冒伪劣"之义。显然，商家故弄玄虚，招揽生意。

美容院的丰乳肥臀广告广告语：没有什么大不了的。

美容院的丰乳肥臀广告语中的"大"如果是形容词，那么这句广告语就可以理解成为"没什么关系、没事的"。如果"大"是动词，这句广告语则表示"任何东西都可以大起来，包括乳房、臀部"。这样，"没有什么大不了的"就达到了其丰乳肥臀的效果，也就达到了其美容的效果。

（二）短语的修饰对象的不同造成广告语中的歧义

某润滑油广告语：多一些润滑，少一些摩擦。

"多一些润滑，少一些摩擦"中，"润滑""摩擦"形容的对象是机器的话，该润滑油主要起润滑、冷却、防锈、清洁、密封和缓冲等作用。如果"多一些润滑，少一些摩擦"中的"润滑""摩擦"形容的对象是人际关系的话，那么这样人与人之间会少许多矛盾，人际关系会更加和谐。"多一些润滑，少一些摩擦"运用歧义而形成语义双关，宣扬了一种人生理念，又"润物细无声"地推销了润滑油。

可见，广告商们通过有意无意地利用歧义，将之巧妙地运用于广告中，创作出意蕴丰富的广告语，让人们产生购买欲。

二、标题歧义[①]

在新闻标题中使用带有歧义的词句，能够有效地增强文章的吸引力。

电影演员盖丽丽的博客，标题为《请看我的床上功夫（照片）》，打开一看，原来是她在床上练习形体体操的几幅画。电影演员盖丽丽利用歧义"逗你玩儿"，跟大家逗趣。

某些新闻标题，也存在歧义使用不当的情形。如某青年报有新闻标题《最高法：不是必须判死刑立即执行的均判死缓》。这则标题存在歧义。"不是必须判死刑立即执行的均判死缓"表达两种不同的意思。一是：不是"必须判死刑立即执行的均判死缓"，否定了"判死刑的可以判死缓"。二是表达"不是必须判死刑立即执行的，均可以判死缓"。标题中形成歧义的原因各种各样。

---

① 本部分内容主要参考了马新广《新闻标题产生歧义的原因与对策》（《青年记者》，2016年第18期）、罗莹《网络新闻标题歧义的类型与成因》（《毕节学院学报》，2014年第11期）等的研究成果。

（一）停顿不同引发歧义

某时报文章标题为《美国拉着盟国防中国得不偿失》。

这个标题有歧义，原因在于停顿处不同。如果读成"美国拉着盟国，防中国得不偿失"，那么此标题可以理解为"美国为中国着想，怕中国得不偿失"。如果读成"美国拉着盟国防中国，得不偿失"，那么此标题也可以理解成为"美国防中国，这样做让美国得不偿失"。

某报有这样一新闻标题：500万年前病毒被"唤醒"

这个标题有歧义，其根原在于停顿处不同。如果在此句中的"病毒"之后停顿，该标题就可以理解成为"500万年前的病毒现在被唤醒了"。如果在此句中的"前"之后停顿，该标题就可以理解成为"500万年前，病毒就被唤醒了"。又如：

某报纸标题：康有为子女多是技术型人才。

这个标题有歧义，其原因在于停顿处不同。此标题如果在该标题中的"多"之后停顿，该例句可以理解成为：康有为子女多，是技术型人才。其中的"康有为"与"子女"构成偏正关系，再与"多"构成主谓关系。此标题如果在该标题中的"女"之后停顿，就可以理解成为：康有为子女，多是技术型人才。其中的"康有为"与"子女"构成偏正关系，"多"与"是技术型人才"构成状中关系。

（二）施受事有别引发歧义

不满伊朗拒绝妥协态度（引）

俄罗斯要缓建布什尔核电站（主）

这则新闻标题存在歧义的原因是施受事不同。如果伊朗是施事的话，那么"不满伊朗拒绝妥协态度"可以理解成为"不满——伊朗拒绝妥协态度"，拒绝的动作是伊朗发出的。如果伊朗是受事的话，那么该标题就可以理解成为"不满伊朗——拒绝妥协态度"，拒绝的动作则是俄罗斯发出的。

有时候，受事不同也会导致歧义。如：

公司主任买来麻将机，被副主任砍烂。

这则新闻标题存在歧义的原因是受事不同，被公司副主任砍烂的可能是麻将机，也可能是公司主任；于是此标题可以理解为"公司副主任砍烂的是麻将机"，也可以理解为"公司副主任砍烂的是公司主任"。又如：

贵州某报标题是：救救百里杜鹃。

此标题中的"杜鹃"（即是受事）是花还是鸟呢？如果"杜鹃"是花，那么这标题的含义就是救救那百里杜鹃花。如果"杜鹃"是鸟，那么这标题的含义就是救救那百里杜鹃鸟。如果不看整个报道的内容，我们是很难明确其中的含义的。

有时候，施事不同也会导致歧义。如：

某新闻标题：女子恋上帅哥民警火烧侗寨鼓楼。

到底是谁烧了侗寨鼓楼？是女子，还是民警？这个标题是存在歧义的，其原因在于火烧侗寨鼓楼的施事不一样。此新闻标题可以表示：女子恋上帅哥，民警火烧侗寨鼓楼；也可以表示：女子恋上帅哥民警，火烧侗寨鼓楼。当然，无论在任何情况下，火烧侗寨鼓楼都是不对的。

（三）层次不同

某报的标题：一个中年妇女关于美容问题的烦恼。

这个标题存在歧义。层次不同，这个标题有三种不同的含义，因此"一个"修饰的对象也有区别。图示为：

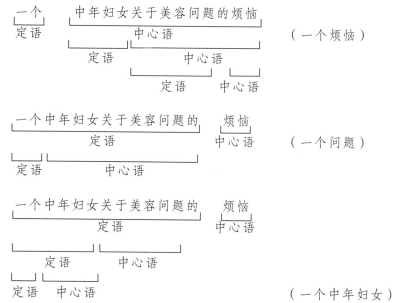

从上面图表可以看出，标题中"一个"修饰的对象不同，整个标题就有三种不同的含义。

（四）短语内部结构关系不同引发歧义

《南刊》杂志标题之一：明星爸爸感人至深。

例中的"明星爸爸"可以理解成为：明星的爸爸，它是一个偏正短语；此标题的内容可以理解为"明星的爸爸感人至深"。"明星爸爸"也可以理解成为"明星=爸爸"，它是一个同位短语，此标题的内容就可以理解成为：既是爸爸，又是明星，他的事迹感人至深。

思考与练习

一、下列标题是否恰当，请分析其原因。

1. 某杂志的标题：迷信书籍本害人不浅。

2. 某年高考作文题：学雷锋的故事。

3. 某日报标题：关于鲁迅的回忆和思考。

4. 某故事的标题：苦恼人的笑。

5. 某书的标题：最佳女性描写辞典。

6. 某电视剧标题：寻找回来的世界。

7. 某幽默的标题：怕死的人。

8. 某日报的标题：广东规定少量使用假币也将被刑拘或劳教。

二、下列标题是否有歧义？为什么？

1. 某文摘报标题：镶两种金属会引起双目失明。

2. 某文摘标题：怎样培养一个无赖。

3. 某青年报标题："绿帽子"哪能想戴就戴。

4. 某网站新闻标题：唐厥二婚妻 16 岁女儿近照曝光。

5. 某日报新闻标题：人在政策在，困难何所惧。

三、请区分下列标题中的歧义。

1. 某网站新闻标题：北京一村干部娶儿媳妇摆宴 250 桌。

2. 某网站新闻标题：女友讽男友被杀。

3. 某网站新闻标题：鄱阳女土豪欠数亿元巨债，公安机关投案自首。

4. 某网站新闻标题：民警父亲患肝癌仍坚守岗位。

四、下列是歧义广告语吗？应当如何避免此类事情的发生。

1. 某房地产厂商打出来广告买楼送家私，房地产厂商说的是买了楼买了家具帮忙运送。

2. 意大利聚酯漆家具，商家的理解是"用意大利聚酯漆刷的家具"。

五、你对下列雷人广告语有何看法？请提出治理措施。

1. 2012 年 6 月以来，重庆多条线路的公交车身上出现了"重庆 42 °C，利川 24 °C""我靠重庆，凉城利川"等广告语，推介利川旅游资源。

2. 这次，真的搞大了（配了一孕妇图片）……

3. 虎年送大礼，买铺子送老婆。（某房地产广告）

六. 下列新闻标题中语意明确的一句是（　　　），并说明原因。

A. 政府有关部门明令禁止取缔药品交易市场

B. 真正优秀的教师无一不是道德修养的典范

C. 独联体国家看不上 2002 年世界杯足球赛

D. 警方对报案人称围观者坐视不管表示愤慨

七、下面广告语是如何运用歧义的，又有着何种表达效果呢？

1. Before you check in, check out。

2. Have a nice trip, buy-buy!

3. Which larger can claim to be truly German? This can.

4. Ask for More.

5. Spoil yourself and not your figure.

6. We don't serve ladies here.

7. We have courses to make grown men young, and young men groan.

8. Coke refreshes you like no other can.

八、请分析下列广告语中的歧义。

1. 湖南长沙新华百货商场广告语：春意（衣）盎然。

2. 东风汽车广告语：万事俱备，只欠东风。

3. 娃哈哈纯净水广告语：我的眼里只有你。

4. 杉杉西服广告语：杉杉西服，不要太潇洒。

5. 飘柔洗发水广告语：飘柔，就是这么自信！

6. 某鞋油广告语：第一流产品，为足下增光。

7. 中国移动电信广告语：到处都说好，中国移动通信。

8. 安徽种子酒广告语：播下幸福的种子，托起明天的太阳。

9. 福满多广告语：福气多多，满意多多。

10. 百年糊涂酒：百年人生，难得糊涂。

九、下列新闻标题均有表述不当的毛病，请进行修改。

1. 一对六十多岁的老夫妻，不堪忍受儿子和媳妇的虐待，要求与儿子分开生活。当老人的要求遭儿子拒绝后，一对老人只好和儿子对簿公堂。某报登出了报道此事的新闻，标题是："六旬夫妇上公堂：我们要分家。"

2. 据我国专家分析，黄河流量近年来正以惊人速度减少，其主要原因是，全球气温升高导致降水减少，蒸发量增大，冰川退缩，冻土层消失，地表水向地下渗透过多。某报对此发表了一篇新闻评述，标题是："黄河流量锐减　全球温暖主因。"

3.《医药卫生保健报》记者在世界戒烟日活动中采访了一位心血管疾病专家，采访结束后写了一篇报道，标题是："吸烟是心血管疾病的大敌。"

4. 据说，国民党军阀何应钦任湖南省代省长时，有一年清明节，他要去给他的母亲扫墓。官方指令，第二天长沙各报均应刊登这一新闻，以显示这个代省长有孝心，是"忠孝仁义信义"的信徒。指令甚至规定这条新闻的标题，一律应为《何省长昨日去岳麓山扫其母之墓》。次日，长沙有一家报纸登出《何省长昨日去岳麓山扫他妈的墓》。这位堂堂的代省长看了这后大动肝火，却无话可说，为什么？

第四节　小品、幽默歧义

一、小品歧义①

现如今，小品已成为文艺舞台上不可或缺的独特的文艺节目，歧义也成了小品语言的重要手段。如赵本山小品《红高粱模特队》中的一段：

范伟："好，向前齐步走。好，挺胸。收腹。提臀。斜视四十五度。看我干吗，左上角。好，预备，你干嘛了，你这是呀？"

赵本山："范医生，你太有生活了，我服你了。你不让我给果树喷农药吗？"（听众鼓掌，大笑）

范伟："这怎么能是喷农药呢？"

赵本山："刚才你就是不知不觉地导演了一场给果树喷农药的劳动程序。"

范伟："这怎么能是劳动程序嘛？"

赵本山："你这不是让我给果树喷农药么""收腹，是勒紧小肚，提臀，是

① 本部分内容主要参考《春晚小品语言多维研究——以赵本山小品语言为例》）（杨安红中国传媒大学博士学位论文）。

要把药箱卡住，斜视，是要看准果树，这边加压，这边就喷雾，它的节拍是这样的：一刺刺，二刺刺，三刺刺，四刺刺。"

范伟饰演的是一位有名的模特表演服装设计师，是大城市里的名人；而赵本山演的是农村的生产队队长，是一名热爱劳动的农民。不同的生活与生产经历，这使得两个人在生活阅历方面有着较大的不同。"挺胸。收腹。提臀。斜视四十五度"在范伟看来，是可以起到塑造模特身材效果的。而这些动作在劳动者赵本山看来，就是"给果树喷农药"的各种准备工作。再看赵本山小品《功夫》中的片段：

赵本山："别着急，先拨个骚扰电话。（打电话）通了。你好！"

范伟："你好。这里是见你见你一也会也防忽悠咨询热线。我是资深上当者老范。凭借多年上当经验，对你是否被忽悠了做出明确判断。有人卖拐，请按1；有人卖车，请按2；有人出脑筋急转弯，请按3；有人卖担架，直接拨110。"

赵本山："你好！"

范伟："你好！"

赵本山："请问您是范师傅吧？"

范伟："你是哪位？"

赵本山："我是……有一个问题想直接咨询您老一下。"

范伟："嗯。你说。"

赵本山："我家有一头老母猪啊，黑地白花的啊。早晨起来打开家门以每小时80迈的速度向前疯跑。'咣砀'撞树上，死了！"

范伟："撞死了？这头猪的视力是不是有什么问题呀？"

赵本山："两眼睛都是1.5的。"

范伟："会不会有什么心理疾病啊？"

赵本山："心理可健康呢！"

范伟："那怎么会撞死呢？"

赵本山："那头猪脑筋不会急转弯呗！"

"那头猪脑筋不会急转弯呗"中的"那头猪"就是指"猪"，表明"猪"脑筋不会急转弯，径直撞到树上，这样就撞死了。另外，"那头猪"也暗指范伟，说范伟脑筋不会急转弯，这样就撞死了。赵本山在把范伟比作猪，说他死脑筋，捉弄范伟，所以范伟才十分恼火，为下文故事情节的发展奠定了基础。再如赵本山小品《拜年》中的片段：

高秀敏："咳……"

赵本山："你咳嗽它也是五六万，你不用搁那，特别是养甲鱼，一本万利。我告诉你，我给你拿两条。这玩意看好水，掌握好——饲料，我完全自己配制食料！吃啥完应爱长。"

范伟："喝酒。"

赵本山："喝酒不行，喝酒它上头。你给它喝酒，它酒糟都不吃！"

范伟："我说咱爷俩喝酒！"

赵本山："啊，咱俩啊，我寻思你给王八灌酒呢！哎，喝！"（《拜年》）

范伟话语中的"喝酒"是指咱爷俩，即范伟与赵本山两个人。而在赵本山看来，喝酒的对象是"王八"，所以他说喝酒王八上头，王八连酒糟都不吃；这样就形成了歧义。

总之，可以发现，赵本山小品大都是利用歧义有效地展开故事情节，让人在思索中发笑。

二、幽默歧义①

歧义能使幽默内容不落俗套，能够达到含蓄、曲折、生动的效果，使听者感到有风趣，余味无穷；能增强幽默的幽默效果。从语法单位来看，幽默中的歧义可以由词引发，也可以由句子引发。

（一）词引发歧义

幽默中的歧义可以由词引发，词可以是名词。

> 一地方官谒见上司。上司问："听说贵地山村有狗熊，不知都有多大？""大的有大人那么大"，地方官自觉不妥，随即补充道："小的有卑职那么大。"

"大人"一语是歧义词，指成年人；另据《中国历代职官辞典》（赵德义、汪兴明主编，团结出版社出版，1999 年）"大人"词条：清代，称呼高级长官为"大人"。地方官"大的有大人那么大"就表达两种不同的含义，一是大的狗熊有成年人那么大，一是说大的狗熊有高级长官您那么大。当地方说出"大的有大人那么大"时，他实际上已经悟到了这句话的歧义，所以想马上加以更正；但其更正的话语更是弄巧成拙，消除了大人"成年人"的含义，只剩下"大的狗熊有高级长官您那么大"。想必地方官会心里会更加不安的。

> 当一个漂亮的外国妹子刚明白了"方便"有上厕所的意义，这时候有个暗暗喜欢她的中国小伙子问她："我能在你方便的时候跟你合张影吗？"这个漂亮的外国妹子觉得十分尴尬，郁闷地回答："我从来不在方便的时候照相。"

"方便"的常用义是"适宜、便利"，在一定语境下也有"上厕所"的含义。姑娘明白了"方便"的委婉含义，但却未能理解"方便"的常用义（"适宜、便利"），故而产生幽默。

（二）句子引发歧义

> 爸爸："这次数学考试，童童考了 95 分，你考了多少啊？"
> 孩子："我比他多一点。"
> 爸爸："96 分吗？"
> 孩子："不是，是 9.5 分。"

孩子"我比他多一点"这句话存在歧义。在孩子看来，"我比他多一点"是"多了一个小数点儿"的意思；而他爸爸却理解为"比童童的分数多一点"，即是超过 95 分，就是比童童更加优秀，他爸爸自然十分开心。此则对话巧妙运用歧义，幽默感十足。

> 某日，一学生对他的朋友大声喊道："快叫医生，快叫医生！"朋友焦急地问他："你哪儿痛？"学生激动地喊："我从医学院毕业了。"

"快叫医生"在一般人看来，是"快点叫医生来看病（原因是某人得了急病，快不行

① 本部分内容主要参考了蒋华《笑话中的语言学》（湖南大学出版社，2008 年）、蒋华《言语幽默的多维研究》（黑龙江人民出版社，2011 年）的研究成果。

了）"；而在这位医学院的学生看来，这是"快点称呼自己是医生"，自己多年的夙愿实现了，能不激动吗？

　　一穷诗人和一富翁并肩而坐，富翁想侮辱诗人，便问他："告诉我，你跟一头驴能差多少？"诗人目测了一下他俩之间的距离，答："不远，总共只有二十五厘米！"

这则幽默的核心在于对"你跟一头驴能差多少"的理解上。在富翁看来，"你跟一头驴能差多少"，其含义是骂穷诗人是一头驴，"差多少"是虚指，是"差不了多少"的含义，表明穷诗人和"一头驴"的价值相当。而在穷诗人看来，"你跟一头驴能差多少"中的"差多少"则是实指，是指实际的空间距离；于是回答"不远，总共只有二十五厘米！"这答语暗示富翁则是一头驴，自己不是，对富翁的蓄意挑衅是一种有力的回击。

思考与练习

一、请分析下列相声中的歧义，并说明其成因。

1. 甲："你个比我高，'小黄'就不如'大黄'了。我喊你'大黄'"。

　　乙："哎。"

　　甲："谁一听还都知道就是喊你。"

　　乙："对。"

　　…………

　　甲："'大黄'哪去了？'大黄'呢？刚才还在这了，找找呀，'大黄''大黄'"……

　　乙："唉，这是喊谁呢？"（《看不惯》）

2. 甲："哎呀！（唱）我的老父亲，我最疼爱的人！爹呀！爹呀！"

　　乙："别冲我喊！我昨儿刚买的股票！我这么会俩跌停了。"（《不能让他走》）

3. 甲："大爷你好。"

　　乙："没好。"

　　丙："他说生活美好。你说全了，别老丢字。生活美好，美好的生活就是享受，是不是啊？说全它，现场直播呢。"（《捐助》）

二、请分析下列幽默中的歧义。

1. 英军有一个团买了一头驴子作为吉祥物。不幸的是，没有几天驴子就死了。由于团长出差在外，于是副团长便打了个电报给团长："驴子不幸逝世。再买一头，还是等你回来？"

2. 在历史课堂上，老师问一个学生："屈原是什么人？""是医生。"学生回答。"胡说！""怎么胡说呢，书上说他是大夫嘛！"

3. 甲："你可知道，人类先有男人还是先有女人？"

　　乙："先有男人呗。"

　　甲："根据什么？"

　　乙："这都不知道，男人称先生，不就是一个铁证吗？"

4. 老师："小明，请上来做这道二元一次方程。"

　　小明："老师……我只有一元钱……"

5. 音乐课上老师弹了一首贝多芬的曲子。

小明问小华："你懂音乐吗？"

小华："是的。"

小明："那你知道老师在弹什么吗？"

小华："钢琴。"

6. 一位刚学了几句汉语的英国男人，她看一位中国姑娘长得很漂亮，于是对中国姑娘说："你长得很漂亮。"中国姑娘说："哪里。"英国男人想了想，于是说："你的嘴巴很性感"。中国姑娘说："哪里"。英国男人很是郁闷，中国人怎么也爱这么较真啊，非要问个明白不可。

三、请举例说明歧义幽默的语用效果。

四、谈谈你到下列歧义幽默的理解。

1. 妻子："为什么打靶瞄准时，非得闭上一只眼睛？"

丈夫："要是两只眼睛都闭上了，不就什么都看不到了吗？"

2. 在一辆非常拥挤的车上，一个小男孩不停地吸着鼻涕，吸得站在他对面的一个女人实在受不了啦。她好心地问道："你有手绢吗，孩子？""有又怎么样？"小男孩生气地冲她喊道，"我不借给你！"

3. 古时，一个性急的王员外有次宴请四个客人。可是过了约定时间了，客人只到了三个，而另一个却迟迟不露面。王员外不由地说了一句："该来的怎么还不来？"一客人听了心里不是味："难道我是不该来的？！"乃拂袖而去。王员外着急了："不该走的走了。"另一客人暗忖："原来我是该走的。"也扭头离去。王员外不由地喊了声："我又没说你！"最后一位客人待不下去了："讲了半天，却是指我。"拔脚就走。只剩下王员外一人待在那里。请同学们想一想，可怜的王员外是在什么地方出问题了？

五、下列幽默是由何种原因引发，为什么？

1. 一个年轻人常在街上行乞。一天，一位贵妇人对他说："你这么年轻，实在应该到工厂去。""我去过很多工厂，夫人。"乞丐说，"可他们什么也没给我！"

2. 有位男青年正与女友热恋，带着女友和她的妈妈一同划船。女友问："如果我和我娘都掉下水，那么你先救谁？"女友和女友的妈妈都在紧紧地盯着他，不容他不回答：说先救女友，岳母肯定不高兴；说先救岳母，女友又不答应。聪明的小伙子想出了一个点子："当然先救未来的妈妈了！"

第五节　对联歧义①

对联又称楹联，始于明代，源于桃符，是利用汉字特征撰写的一种民族文体，它与美妙的书法相结合，是中华民族绚烂多彩的艺术独创。对联是不加标点的，歧义如果用到对联中，会使对联生发出诙谐、幽默的味道。

---

① 文中对联与故事主要来源于钱剑夫《中国古今对联大观》(上海文化出版社，1993 年)、马光中《中国对联大观》(海天出版社，2006 年)。

一、词多义引发歧义的对联

先看一刻字店对联：

群书传四海，一刻值千金。

词语"刻"存在歧义，可以理解成为名词"时刻"，"一刻值千金"表明"时间极其珍贵，一刻钟的价值就达到千金"。词语"刻"也可以理解成为"雕刻"。"一刻值千金"可以理解为"刻一个字就价值千金"，这表明该店技艺十分高超。该刻字店对联还化用了白居易的诗句"春宵一刻值千金"，来吸引大家的眼球，从而给顾客留下深刻的印象，吸引潜在顾客。

一日，曹尚书邀解缙进府，想试试解缙（明朝三大才子，明朝首辅，曾主持编纂《永乐大典》）的水平。于是出一上联："庭前种竹先生笋。"解缙立即对曰："庙后栽花长老枝。"

曹尚书上联"庭前种竹先生笋"中的"先生"存在歧义。"先生"可理解为"先生出来"，因此上联可以解释为"庭前的竹子还未长出，竹笋已经生出来了"；"先生"也可以用于自谦，因此上联可以解释为"庭前种竹，竹笋是属于先生的"。解缙下联"庙后栽花长老枝"中的"长老"存在歧义。"长老"如果理解成为"长得快，老了"，那么下联就可以解释为"庙后栽的花长得很快，已经有了老枝"；"长老"如果理解成为"年纪大的人"，那么下联可以解释成"庙后栽的花，树枝是属于年纪大的人的"。

在唐朝时候，在湖南宝庆府，一官员经常利用职权，贪污钱财。一天，在路上见一儿童在翻读《春秋》，准备参加考试。考官见他一身破破烂烂，衣帽不合时令，于是就对他说："小孩，我出个对联，你对得上，你就去考试；对不上，你去了也没用。"儿童说："你出吧。"考官脱口而出："小童子，戴冬帽，穿夏裳，不知春秋。"儿童回答："大宗师，坐宝庆，考童子，必想东西。"

在考官的话语"小童子，戴冬帽，穿夏裳，不知春秋"中，"春秋"是有歧义的。如果"春秋"理解成为"春天""秋天"，上联表明童子胡乱穿衣，衣服不合时令。如果"春秋"指《春秋》（战国时鲁国的编年史，中国现存最早的一部编年体史书），上联表明童子无知，是看不懂《春秋》这部书的，翻读《春秋》不过是做样子罢了。儿童下联"大宗师，坐宝庆，考童子，必想东西"中，"东西"存在歧义，可以理解成"各种具体或抽象的人、事、物"，也可以理解成"物产"。如果理解为前者，童子下联是赞扬考官心系国家，想得宽；如果理解为后者，童子下联就是嘲笑考官贪得无厌。

据2009年9月15日《重庆商报》报道，重庆北碚交通局大门上贴了一副对联。上联为"怕辛苦莫入此门"，下联为"图轻松另谋他路"。人们对此联议论纷纷。

为何此联让人们议论纷纷呢？原因在于这副对联存在歧义，让人产生无限遐想。它既可以理解成为"告诫去交通局办事的人，办事很辛苦；怕辛苦莫入此门，那么就应该走后门；图轻松另谋他路，就是送红包"；它又可以理解为"勉励员工辛苦工作，告诫员工上班不要怕辛苦"。

二、断句不同引发歧义的对联

在古时，对联是不加标点的。故有些对联，在不同的断句方式下，联意会发生很大变化。

传说，明代学者祝允明作一对联：

明日逢春好不晦气
终年倒运少有余财

这对联由于点断不同，语义也有别。我们可以将其点断成"明日逢春，好不晦气；终年倒运，少有余财"。这样，这副对联表达的是来年倒霉、晦气。我们也可以将其断成"明日逢春好，不晦气；终年倒运少，有余财。"这样，这副对联就表示来年运气好，能赚不少钱。

相传有个刻薄的富翁造了一栋高楼，请明代学者祝允明写一对联。祝允明写下了此副对联：

此屋安能久居
主人好不悲伤

这副对联如果标点成"此屋安能久居？主人好不悲伤！"这对联可以理解为"此屋怎么能够安居呢？住在其中的主人会悲伤不已！"这对联如果标点成"此屋安，能久居；主人好，不悲伤"，就可以理解成为"此屋能使人安心，能够长久居住"。可见，此对联标点不同，竟然关系到此屋能不能居住。

一个读书人给一财主写了副对联：

养猪大如山老鼠头头死
酿酒缸缸好造醋坛坛酸

这副对联可以如是点断"养猪大如山老鼠，头头死；酿酒缸缸好造醋，坛坛酸"；它表达的含义是财主不走运，诸事不顺。这副对联也可以点断成"养猪大如山，老鼠头头死；酿酒缸缸好，造醋坛坛酸"；它表达的含义是财主走运，诸事顺利。可见，此对联点断不同，财主时运与事业竟然因此而不同。

思考与练习

一、下面是四副不同的对联，请问如何理解？

1. 望全家福禄不见鬼怪病痛多有银帛收入断绝子孙忤逆祖宗保佑年年如此

2. 论书谁似陈公博
娶女当如宋子良（此为民国时陈布雷在酒宴上的戏作）

3. 有一个医生医德不好，有一次他过生日，有人送他一副贺联：这位医生好看病祛病不害民；此店药物多利人益人少肥己。

4. 便宜不便宜便宜，实惠不实惠实惠（横批：物美价廉）

二、请根据下列内容做一歧义对联广告语，引得万千游客到剑河来旅游。

剑河温泉位于贵州省黔东南州剑河县城20千米，温泉在山脚之下，泉水晶莹清澈，每秒钟流量 10 公升，各泉眼温度大概在 38 ℃ 至 50 ℃ 左右，含微量放射性元素氡的温泉，故称之为氡泉，对疗养、健身有显著的疗效。

三、下文是梁章钜《巧对录》中的一对联故事，其中的歧义，你如何理解？

话说在清乾隆年间，在某地有位秀才，颇有名气。虽然这位秀才家境贫寒，自己也没有考上个功名，但为人厚道，品行端正，深受百姓的爱戴。与此相对的是，当地有个土财主，平日为富不仁，常常鱼肉百姓，惹得百姓怨声载道，秀才就帮不少百姓写诉状，告发财主，所以财主对这个秀才恨之入骨。

后来财主实在是咽不下这口气，打算置秀才于死地，方可除去自己一个"心腹大患"，后来直接"诬告"秀才，把秀才送到公堂。县令了解秀才的为人，知道这是财主的诡计，并不打算为难秀才。思量一番之后，县令告诉秀才，若可以在一炷香时间内对出对联的话，便可当堂释放，既往不咎，如果答不上来，就只好打入大牢，择日开刀问斩。

于是县令便出上联："云锁高山，哪个尖峰敢出？"周围看热闹的百姓为秀才捏了把汗，秀才则苦思冥想半天，都没有想到下联，突然发现在个不起眼的墙角处有个洞口，阳光从中透进来，秀才立马脱口出下联："日穿洞壁，这条光棍难拿！"

第六节　歧义消除法[①]

要使语言的表述准确、生动，尽可能排除歧义，这是一件使人感到踏实的事情。歧义的消除手段是多种多样的，可以适时停顿，适当添加或者改变词语，可以增设语境，可以改变句子结构，还可以调整语序等。

一、适时停顿

适时停顿可以消除歧义。如：

这一桩发生在普通家庭中的杀人悲剧在亲戚当中也有着不解和议论，要说小莉的姐姐不爱她家里人谁也不相信（某年度高考试题）。

该例句是因为停顿不同而产生歧义。故我们可以这样停顿：

这一桩发生在普通家庭中的杀人悲剧在亲戚当中也有着不解和议论，要说小莉的姐姐不爱她，家里人谁也不相信。

也可以这样停顿：

这一桩发生在普通家庭中的杀人悲剧在亲戚当中也有着不解和议论，要说小莉的姐姐不爱她家里人，谁也不相信。

又如：

2019 年亚冠联赛中，广州恒大队打败了山东鲁能队取得了胜利。

---

① 本章内容主要参考了李顶华《"加、减、换"法消除歧义》(《语文月刊》，2002 年 Z2 期)、徐安华《歧义句歧义消除办法》(《中学语文》，2000 年第 1 期) 等的研究成果。

该例句是因为停顿不同而产生歧义。故我们可以这样停顿：

2019年亚冠联赛中，广州恒大队打败了，山东鲁能队取得了胜利。

也可以这样停顿：

2019年亚冠联赛中，广州恒大队打败了山东鲁能队，取得了胜利。

又如：

一个人外出谋生，写封家书报告情况，结果父母看了，父亲哭了母亲笑了。

内容是这样的：我在外面过得好痛苦一点也没有粮食多病少挣了很多钱。

父母一个哭一个笑，其原因就在于这封家书内容存在歧义，在于父母对这封家书的理解不同而造成的。

我在外面过得好痛苦，一点也没有粮食，多病，少挣了很多钱。

这样标点的话，就表明儿子在外面过得很不开心；父亲就是这样来理解的，所以他哭了。

我在外面过得好，痛苦一点也没有。粮食多，病少，挣了很多钱。

这样标点的话，就表明儿子在外面过得很开心；母亲就是这样来理解的，所以她笑了。

可见，在一个句子当中，适时停顿可以消除歧义。

二、词语的添加或改变

歧义也可以通过添加某些词语或者改变某些词语来消除。

（一）词语的改变

两个厂里的领导都来了。

此例句存在歧义，要消除歧义可以改变其中的某些词语，既可以改成"厂里的两位领导都来了"，也可以改变成"两个厂的所有领导都来了"。又如：

三个学校的教师都到校了。

此例句存在歧义。如果把"三个学校的教师都到校了"中的单位量词"个"字换成"位"，那么就表示"三位学校的教师都到校了"。如果把其中的"个"成"所"字，也能消除掉歧义，该例句表示"来自三所不同学校的教师们都到校了"。

（二）词语的添加

连著名语文教育专家李瑶林都不认识。

此例句存在歧义。我们可以添加受事，变成：连著名语文教育专家李瑶林都不认识他（"李瑶林"是施事）；我们也可以添加施事，变成：连著名语文教育专家李瑶林他都不认识（"李瑶林"是受事）。又如：

你们领导应该来检查检查。

该例句存在歧义。要消除句中的歧义，我们可以在其中添加"这些"，即为"你们这些领导应该来检查检查"；也可以添加"的"，即为"你们的领导应该来检查检查"。又如：

我看见小彦佳那年才八岁。

该例句存在歧义。要消除歧义，我们可以添加某些词语，写成"我看见小彦佳的那一年，小彦佳才八岁"；也可以添加另外一些词语，即为"看见小彦佳的那一年，我才八岁"。

三、增设语境

语境即语言环境，它包括语言因素，也包括非语言因素。上下文、时间、空间、情景、对象和话语前提等与语词使用有关的都是语境因素（可参考黄伯荣、廖序东《现代汉语》，高等教育出版社，2017年）。语境对句子的歧义有良好的制约作用。如：

　　穿好裤子。

该例句存在歧义。我们能够增设不同的语境来加以区别。

假设赋予语境"杨露都上三年级了，还不会穿裤子，今天上学的时候，她妈妈提醒她要穿好裤子"，该例中的"穿好裤子"是指把裤子穿好。假设赋予另一语境"我们发展社会主义市场经济，目的就是要让大家穿好衣服，穿好裤子，吃好饭，让大家体面风光"。这里的"穿好裤子"是指"穿上时髦又好看的裤子"。

一般来讲，歧义是随着语境内容的增多而逐渐减少乃至消除的；相反，语境内容越简单，句子有歧义的可能性会越大。如：

　　今天晚上杨婉秋不吃猪肉了。

这句话存在歧义。我们可以通过增加下文语境来消除歧义，如"今天晚上杨婉秋不吃猪肉了，中午吃多了"；也可以增加这样的语境，变成"今天晚上杨婉秋不吃猪肉了，吃点牛肉吧"。又如：

　　小彦佳的笑话讲不完。

这句话存在歧义。我们可以通过增加上下文语境来加以消除，如增加上文，即为"小彦佳是一个很幽默的人，他的笑话特别多，讲不完"；也可以增加下文，即是"小彦佳这个人常常闹笑话，他闹的笑话很多，讲不完"。

四、改变句子结构

有时，改变句子结构能消除歧义。

　　围剿日本军国主义的部队。

这句话存在歧义。要消除其歧义，可以改变其结构，变成"日本军国主义的部队被围剿"，也可以变换成"部队围剿日本军国主义"。又如：

　　这是一位知识十分渊博的王老师的弟子。

这句话存在歧义。消除歧义我们可以改变其结构，将此句改成"王老师的知识十分渊博，这是王老师的一个弟子"；也可以改变成"这是王老师的一个弟子，他的知识十分渊博"。又如：

　　我能给赵光慧安排好工作。

这句话存在歧义。要消除其歧义，可以改变其结构，可以变换为"我能把工作给赵光慧安排好",也可以变换为"我能把一个好工作安排给赵光慧",这两个例句所表达的意思不一样。人们可以根据自己想要表达的内容选用不同的句式来变换句子。

五、调整语序

语序是指各级语言单位在组合中的排列次序。对那些由于递加定语修饰关系不明而造成的歧义,可以用调整词语顺序来消除歧义。如:

> 两个同学送的杜鹃花。

这句话存在歧义。要消除歧义,可以调整其语序。可以为"杜鹃花是两个同学送的";也可调整为"同学送的两盆杜鹃花"。又如:

> 在凯里学院主席台就座的还有几个芯片公司技术革新小组的代表。

定语"几个"的位置不当造成歧义,既可以理解为"就座的有若干个芯片公司技术革新小组的代表",也可以理解成"就座的是一个芯片公司技术革新小组的几个代表"。把"几个"挪到"代表"的前面可消除歧义。

思考与练习

一、下列句子都有歧义,请问用何种手段可以化解其歧义?

1. 马路的一边站着一个孩子。

2. 遗产纠纷已告王兴花。

3. 张艺借我一本书。

4. 天快黑了,客车还没修好,修车的急坏了。

5. 游击队对敌人的袭击有充分的准备。

6. 山西和河南的部分地区遭到水灾。

7. 罗荣桓在屋顶上发现了他。

8. 孩子们很喜欢离休干部李琼,一来到这里就有说有笑,十分高兴。

9. 刘慧有一个女儿,在医院工作。

10. 这份报告,李皖平写不好。

11. 你说不过刘丽芳也得说。

12. 庞森看到他很不高兴。

13. 本市市长、市委书记和其他市领导同志出席了揭幕仪式。

14. 请彭思思不要在桌子上写字。

15. 我们没有做好的事情。

二、下列句子是否存在歧义?如有,如何消除呢?

1. 我们最近雇用了两个独联体成员国的服务员。

2. 一般来说,姜楠在吃饭的时候是不用勺子的。

3. 老人坐了下来,妈妈对小舒惠说:"快叫爷爷!"

4. 有很多同龄的孩子所不曾有过的感受。

5. 杨桃弟是原岭南化肥厂厂长。

6. 杨樱谁都不认识。

7. 雪儿背着妹妹买回了几张宣纸。

8. 杨瑜荣看着那些人面带难色。

三、消除歧义，除了书本上讲述的外，还有哪些手段？

第四章

现代汉语广告语专题①

　　袁国在《论广告语言的修辞之美》一文中指出，广告语是一种宣传用语，通过各种不同的媒体和招贴形式向公众介绍商品、文化等内容。美国著名的广告学家大卫·欧格威说得好，广告是词语的生涯。词语是广告中最为核心的要素，能否合理地使用词语决定着广告能否吸引消费者的命运。暨南大学中文系教授黎运汉先生在《广告文化学》中指出，广告是多种艺术于一体，是多种艺术的结晶，但是"龙有千鳞不如点睛之笔"，点睛之笔，全赖语言；因此语言是广告的灵魂和支柱。

　　古人云："情欲信，辞欲巧。"著名语言学家陈望道先生在《修辞学发凡》中指出，辞格把语辞运用的可能性发扬光大了，能形成超脱寻常文字、寻常文法以至寻常逻辑的新形式，从而使语辞呈现一种动人的魅力。广告为了求得不同寻常的效果，为了给公众留下难忘的印象，往往要利用修辞来表现其中含义，从而使广告语优美动人，使之意义深远而又引人入胜。

第一节　（类）析字广告语

　　陈望道先生在《修辞学发凡》中指出，析字是以字的形、音、义三个方面相契合、相连带的关系，随即借来代替或推衍一种意思，来曲折表意的修辞方法。析字分为化形、借音、衍义三种情形。其中"化形"是变换字形的析字。有分离合析字，增损析字和借形析字三种。"化形"之核心就是离合析字，离合析字指离合字形，即在字形结构上进行分解变化，重新组合后而得出新的字，构造出一种临时性新的意思的一种析字手法。②析字与类析字在广告语中多有运用，能使广告语曲折有致，并增添广告的语言美。

一、析字广告语

　　台湾有一个提醒人们保护森林的广告，整个广告由四幅画组成，第一幅画是"森"字，第二幅是"林"字，第三幅是"木"字，第四幅是"十"字。

---

① 本章内容主要参考了吴为善《广告语言》（上海教育出版社，2007 年）、于根元《广告语言概论》（中国广播影视出版社，2007 年）、曹炜等《广告语言学教程》（暨南大学出版社，2007 年）、张英岚《广告语言修辞原理与赏析》（上海外语教育出版社，2007 年）、蒋华《广告语多维探究》（黑龙江人民出版社，2019 年）、唐桂兰《广告修辞学》（合肥工业大学出版社，2014）等的研究成果。
② 参考陈望道《修辞学发凡》（上海教育出版社，2001 年）。

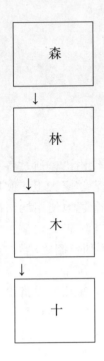

"森"可以拆分为"林"与"木","木"字可以拆分为"十"与"八"。"森"一路拆下去，只剩下"十"字架。该广告语说明了一深刻的道理：如果人们一天天地破坏森林，就等于破坏了自身的生存环境，最终落得个"十字架"（十字形的木架，是罗马帝国时期的一种刑具，将犯人的手脚钉在其上，让犯人慢慢死亡。传说耶稣就是被钉死在十字架上的，所以基督徒把"十字架"当作标志），即毁灭的下场。

2003年，由中国医学工作者首先命名的传染性非典型肺炎，简称"非典"。世界卫生组织将其定名为严重急性呼吸综合征（缩写为 SARS）。有一家广告公司，别出心裁，将这几个字母重新组合成一句话：Smile and remain smile. 由于它的独出心裁，使之迅速成为"抗非"的著名广告语："微笑，并保持微笑。"这一巧妙的拆分启示人们：单词，可以换一种方式拼写；而生活也可以换一种思路来对待：如果我们笑对生活，并且坚持到底的话，就一定能战胜这种可怕的病魔。

上述两则广告语把汉字或者英语单词巧妙地加以拆分，显示了析字的迷人魅力。

二、类析字广告语

类析字广告语就是类似于析字一样的广告语，就是把词语拆开，使词语重新巧妙配合，使之形象生动，余味无穷。类析字广告语是人们智慧的展现，也是丰富的内涵和优美词语的结合体。类析字广告语中，用来拆分的词语主要包括名词、形容词和固定短语之一的成语。

（一）名词

名词类析字广告语可以分为专有名词类析字广告语和普通名词类析字广告语。

1. 专有名词类析字广告语

    今世缘酒广告语：今世有缘，今生无悔。

"今世缘"是专有名词，是某品牌酒的名称，一般来讲是不能拆开来的。而在此广告语中却将"今世缘"拆分开来，不仅起到了介绍、宣传和推销这种美酒的功用，而且其中的"缘"字将人与酒之间的情感联系起来，拉近了"今世缘"与人们之间的距离。

    华强音响广告语：华在其表，强在其中。

"华强"是某品牌音响的名称，是专有名词，原本是不能拆分开来的。但此广告语却巧妙地将专有名词"华强"拆开来，用来说明其外表与内在，表明华强音响不仅外表美观，内在质量也十分可靠，能很好地满足了用户的不同需求。

2. 普通名词类析字广告语

    传化洗衣粉广告语：传化洗衣粉，还您领袖风采。

"领袖"是一普通名词，可以解释为：国家、政治团体、群众组织等的领导人。在此广告语中，领袖又可以拆分为"衣领""衣袖"，即"衣领+衣袖"。该广告语说的是传化洗衣粉能洗干净你的衣领、衣袖，让你展现领袖般不凡的风采，一举两得！

（二）形容词

类析字广告语中的类析字的词有的是形容词。

    某袖珍型照相机广告语：不要怨我太轻薄。

"轻薄"在词典中的解释是"言语举动带有轻佻和玩弄意味"，"轻薄"是形容词。而在该袖珍型照相机广告中的"轻薄"是拆分开来的，是"轻+薄"的组合体，表示"又轻又薄"的意义。这样的照相机自然会得到人们的青睐。

    某空调机广告语：冷，静！冷得舒适，静得出神。

"冷静"在词典里的解释是"人少而静，不热闹或是人沉着而不感情用事"，是一形容词。而在该空调机广告语中，"冷静"是拆分开来的，是"冷"（"寒冷"）与"静"（"安静"）不同形容词的组合体，渲染出华宝牌雪莲分体式空调机制冷效果好，噪音特别小。

（三）成语

类析字广告语中的类析字还有可能是成语。

    某生发素广告语：聪明不再绝顶。

"聪明绝顶"是成语，表明一个人非常聪明，它是不能随意拆分的。该生发素广告语中的"聪明不再绝顶"则是把"聪明绝顶"四个字给拆分开来，取其字面义——聪明的人，顶上的头发不会不再存在了；这是因为该生发素这种药物的存在。这样，"绝顶"而聪明的人肯定会去购买这类产品了。

类析字广告语巧妙把名词、形容词和成语等拆分开来，构成一个有意味的场景，让消费者感到亲切与温暖，无形中就缩短了广告主与消费者的心理距离，调动消费者的购买欲。

思考与练习

一、析字、类析字广告语的内涵是什么？

二、贵州黔东南西江千户苗寨是我国目前保存苗族文化最为完整之处，它由十余个依山而建的自然村寨组成。西江的节日如苗年节、吃新节、牯藏节等均名扬四海；西江还有远近闻名的银匠村，全手工制作，工艺水平极高。请为西江千户苗寨创作一则析字广告语，并解释其内涵。

三、请举例说明析字广告语的效果。

四、有学者认为，析字广告是对中国传统文化的最好传承。你如何看待这个观点？

第二节　引用广告语[①]

著名语言学家陈望道先生在《修辞学发凡》一书中指出，文中夹插先前的成语或故事的部分叫引用辞。在广告语中，从引用的完整度来看，有的是完整引用，而有的则是部分引用。如果从引用的对象来看，引用的对象有可能是成语，有可能是诗词，还有可能是俗语等。

一、引用完整与否

在广告语中，如果从引用的完整度来看，有的是完整引用，有的则是变化引用。

（一）完整引用

某电视台在卖月饼的时候径直把余光中《乡愁》搬上了电视荧屏：

小时候，乡愁是一枚小小的邮票，我在这头，母亲在那头。

长大后，乡愁是一张窄窄的船票，我在这头，新娘在那头。

后来呵，乡愁是一方矮矮的坟墓，我在外头，母亲在里头。

而现在，乡愁是一湾浅浅的海峡，我在这头，大陆在那头——两岸情依依，骨肉盼团圆。

吃月饼是我国民间中秋节日的传统习俗。古往今来，月饼是吉祥、团圆的象征，是和谐美满的象征。显然，此月饼广告语完整引用余光中《乡愁》，在这首广告诗中，月饼与外乡游子的思乡之情巧妙地融合在一起，引发人们内心深处的强烈共鸣，从而去购买月饼，在思乡的氛围中感受月饼的美味。

---

① 本节内容主要参考了吴为善《广告语言》（上海教育出版社，2007年）、于根元《广告语言概论》（中国广播影视出版社，2007年）、曹炜等《广告语言学教程》（暨南大学出版社，2007年）、张英岚《广告语言修辞原理与赏析》（上海外语教育出版社，2007年）、蒋华《广告语多维探究》（黑龙江人民出版社，2019年）、唐桂兰《广告修辞学》（合肥工业大学出版社，2014）等的研究成果。

湖南永州零陵城区交通安全广告语：争抢——抢出飞来横祸，礼让——让出海阔天空。

"飞来横祸""海阔天空"是成语，在这则广告语中系完整引用。"飞来横祸""海阔天空"相继相对，显示出"礼让"行人和车辆给人们带来的无限好处与驾车"争抢"给人们带来的突然降临的、意想不到的灾难、祸患。

某密码箱广告语：万无一失。

成语"万无一失"表示"绝对不出差错"，在该广告语中是完整引用。购密码箱是为了保存资料或贵重物品，密码箱的功能与成语"万无一失"的含义相通，这样就会引发想购买密码箱的顾客共鸣，从而来购买该密码箱。

（二）变化引用

1. 广告语可以变化其中的某个词

应知盘中餐，粒粒皆辛苦。（凯里学院第一食堂广告语）

这则食堂广告语引用了唐朝著名诗人李绅所写的诗歌《悯农》中的名句"谁知盘中餐，粒粒皆辛苦"，把诗歌中的词语"谁"替换成了"应"。该食堂广告语告诫在此食堂用餐的学生应该节约食物，盘中餐是农民辛辛苦苦所获取的劳动成果，粒粒均饱含了农民辛劳的汗水，容不得我们浪费。又如：

此音只应天上有，人间能得几回闻？（某收录机广告语）

这则广告语用了唐代"诗圣"杜甫的《赠花卿》诗句"锦城丝管日纷纷，半入江风半入云。此曲只应天上有，人间能得几回闻"，并且把诗句中的词语"曲"换成了"音"，展现出该收录机能播放出只存在于瑶池仙境这样绝妙的乐章，让人羡慕不已。

2. 广告语也可以是截取成语中的某个部分

玉立吸排油烟机。（某品牌油烟机名称）

"玉立吸排油烟机"中，"玉立"截取成语"亭亭玉立"的后半部分，表明该种类型的吸排油烟机高耸直立，与众不同，卓尔不凡。

3. 广告语可以变化成语中某个词语的含义

某生发剂广告语：让秀发从您头顶上无中生有。

成语"无中生有"是"凭空捏造的恶名来指控、陷害他人"的含义。广告语中的"无中生有"不是此义，它表示从没有头发到长出一头秀发；所以这则广告语体现了该生发剂独特而又神奇的功效。

1992年南京穿着商品展销会广告语：在外面望眼欲穿，到里面望眼欲"穿"。

成语"望眼欲穿"本指"盼望真切，把眼睛都望穿了"，而1992年南京穿着商品展销会广告语中的"望眼欲'穿'"则是把"穿"字加了引号，表示（因为看着赏心悦目，盼望着）把衣服等穿在身上。这则广告语体现了1992年南京穿着商品展销会衣服的美丽、高雅与洋气，让人欲"穿"不能。

二、引用对象的来源

如果从引用对象的来源看，有的是成语，有的是诗词，有的是俗语，还有的是歌词等等。

（一）成语

成语是汉民族人民智慧的结晶，其用字古典高雅，独具韵味，气势不凡。因此成语在广告中多有应用。

> 心相印面巾纸。

"心相印面巾纸"中的"心相印"截取成语"心心相印"后面三个字，表明这种纸巾与消费者两者彼此的心意不用说出，就能互相了解。这样犹如知心好友一样给人以柔情、体贴，这样的面巾纸自然会得到人们的青睐。

> 津津豆腐干

"津津"截取成语"津津有味"的前半部分，表示该种豆腐干吃起来很有味道，让人回味无穷。

> 海阔天空时装店

"海阔天空"是成语，指像大海那样广阔，如蓝天那样空旷。该广告表明，此店时装你穿上后无拘无束，给你以无限享受，这样人们自然会愿意到此店来购买时装。

（二）诗词

《毛诗·大序》曰："诗者，志之所之也。"严羽《沧浪诗话》云："诗者，吟咏性情也。"诗歌语言优美，意境深远；因此在广告语中多有引用。

> 红豆服装。

"红豆服装"中的"红豆"让人联想到王维的《相思》"红豆生南国，春来发几枝？劝君多采撷，此物最相思"，这样就把"红豆"潜在的文化价值即故土情、思乡意奉献给了国人，尤其是海外或者他乡的游子；所以"红豆"服装问世后，海外或者他乡的游子尤其喜爱。

> 红酥手美甲店。

"红酥手美甲店"中的"红酥手"让人们联想到南宋著名诗人陆游的凄美动人的词《钗头凤》"红酥手，黄滕酒，满城春色宫墙柳……山盟虽在，锦书难托，莫、莫、莫"，表明此美甲店给人美甲后，那双手会红润酥软，让人爱怜。

> 得月楼。

"得月楼"源于苏麟诗作《断句》"近水楼台先得月，向阳花木易逢春"，表明此"得月楼"距离消费者距离最近，所以我们在用餐时会首先想到此酒楼，然后去此酒楼消费。

> 云想时装屋。

该时装屋中的"云想"源于李白诗作《清平调·其一》中的名句"云想衣裳花想容，春风拂槛露华浓"。该广告把"云想"一词巧妙地嵌入店名，让人明白该时装屋的衣裳等能把人装扮得华丽无比。

又一村休闲中心。

"又一村休闲中心"中的"又一村"让人联想到宋代诗人陆游《游山西村》著名诗句"山重水复疑无路，柳暗花明又一村"，让人想到去了该休闲中心放松后，定会柳暗花明，这样消费者自然会趋之若鹜。

（三）俗语

俗语为人民群众在生活中创造，并在广大人民群众中流传，深得人们的喜爱。因此广告语中，引用俗语也是比较常见的。

　　天堂晴雨伞。

"天堂晴雨伞"中的"天堂"源于人们常说的俗语"上有天堂，下有苏杭"，表明"天堂晴雨伞"给人们带来的好处：避免了在烈日下暴晒、在大雨中淋湿，给人以天堂般的幸福而美妙享受。

　　甲天下香烟。

"甲天下香烟"中的"甲天下"源于俗语"桂林山水甲天下，阳朔山水甲桂林"，"甲天下香烟"反映了该香烟在所有的香烟中首屈一指。

　　食为天餐馆。

"食为天餐馆"中的"食为天"源于俗语"民以食为天，食以安为先"。"食为天餐馆"暗示消费者，吃饭就应当到该餐馆来，这是天底下最重要的事情了。

（四）谚语

谚语是人民群众口头流传下来的，言简意赅的话语，通俗而易懂。谚语在广告中也多有使用。

　　跃进牌载重汽车广告语：路遥知马力，日久见跃进。

"路遥知马力，日久见跃进"源于谚语"路遥知马力，日久见人心"，是变化性的引用。该载重汽车广告语把谚语中的"人心"替换成"跃进"，显示出"跃进"如同"人心"一般，越久就越能体现出该载重汽车良好的质量。

　　某胆舒胶囊广告语：大石化小，小石化了。

"大石化小，小石化了"源于谚语"大事化小，小事化了"，系变化性引用。该广告语把谚语中的"事"替换成"石"，显示出该药良好的效果：结石在药物的作用下逐渐变小以至于消失。

　　某补品广告语：宝树底下好乘凉。

"宝树底下好乘凉"源于谚语"大树底下好乘凉"，是变化引用。该广告语把谚语中的"大"替换成"宝"，表明该补品有如父母的呵护，温馨而温暖。

　　某收录机广告语：眼见为虚，耳听为实。

"眼见为虚，耳听为实"源于谚语"眼见为实，耳听为虚"，是变化引用。某收录机广告语把谚语中的"虚"替换成"实"，"实"替换成"虚"，让人们在强烈的矛盾对比中感受该收音机良好的效果。

（五）歌词

歌词是歌曲的宗旨和灵魂，用以咏唱，人们对经典的歌词总是念念不忘。歌词在广告语中也多有应用。如：

> 某种鱼胶囊广告语：不要问我从哪里来，我故乡在深海。

"不要问我从哪里来，我故乡在深海"源于台湾歌手齐豫演唱歌曲《橄榄树》中的"不要问我从哪里来，我的故乡在远方"，是变化引用。该广告语把歌曲中的"在远方"替换成"在深海"，显示出该胶囊中的鱼由于远离大陆，没有污染，营养又健康。又如：

> 扬子石化公司广告语：古老的东方有条江，她的名字叫长江，中国有座特
> 大的石油化工企业，她的名字叫扬子。

"古老的东方有条江，她的名字叫长江"源于张明敏经典歌曲《龙的传人》中的歌词"古老的东方有一条江，她的名字叫长江"，是直接引用，显示出扬子这家企业的不同凡响。

（六）名人名言

名人名言即经典性的著作和权威性的言论，包括名言、格言等。

> 某抗癌广告语：癌症尚未征服，同志仍需努力。

"癌症尚未征服，同志仍需努力"源于1923年孙中山在中国国民党恳亲大会上的题词中的名言"革命尚未成功，同志仍须努力"，是变化引用。该抗癌广告语把孙中山名言中的"革命"替换成"癌症"，"成功"替换成"征服"，显示出癌症是顽疾，并非一下子可以治疗成功的，仍然需要同志们继续研究。

思考与练习

一、试从引用的完整度方面来探讨下列广告语，并说明其效果。

1. 美菱冰箱广告语：一片冰心在美菱。
2. 某牙刷广告语：一毛不拔。
3. 山西杏花村汾酒广告语：借问酒家何处有，牧童遥指杏花村。
4. 南昌江铃汽车广告语：千里江铃一日还。
5. 某校园食堂公益广告语：一粥一饭，当思来之不易；半丝半缕，恒念物力维艰。
6. 某校园食堂公益广告语：历览前贤国与家，成由勤俭破由奢。
7. 伯龙香水广告语：心有灵犀一点通，俊男倩女用伯龙。
8. 牡丹牌电视机广告语：唯有牡丹真国色，花开时节动京城。
9. 沙洲灯具广告语：东风夜放花千树。
10. 日本某电冰箱广告语：此时无霜胜有霜。

二、请说明下列广告中的引用对象。

1. 湖北白云边酒广告语：且就洞庭赊朋色，将船买酒白云边。
2. 北京牡丹电视广告语：唯有牡丹真国色，花开时节动京城。
3. 某冰箱广告语：众里寻他千百度，你要几度就几度……
4. 上海灵通牌电线广告语：心有灵犀一点通，灵通祝愿你成功。
5. 广东洁花系列洗涤护肤品广告语：洁花，洁花，飞入寻常百姓家。

6. 江西江铃牌汽车广告语：三十功名创传奇，八千里路驰江铃。

7. 台湾自动变速车广告语：恨不相逢未驾时。

8. 某烤鸭店广告语：此味本应天上有，人间难得几回尝。

9. 贵州老来福口服液广告语：人间重晚晴，共享老来福。

10. 某白酒广告语：空杯尚留满室香。

三、请说明下列广告语中的引用来源，并说明其表达效果。

1. 雪豹皮装广告语：年年岁岁雪相似，岁岁年年豹不同。

2. 安酒广告语：银河倒挂三千尺，安酒开坛十里香。

3. 日本丰田汽车广告语：车到山前必有路，有路必有丰田车。

4. 某打字机广告语：不打不相识。

5. 台湾某相机保藏箱广告语：外强中干。

四、下列广告引用恰当否，请说明其中原因。

1. 三九胃泰广告语：谁言寸草心，报得三春晖。

2. 某电风扇广告语：旧时王谢堂前燕，飞入寻常百姓家。今有保健风扇，炎炎盛夏送清凉。

3. 新上海空调商店广告语：欲日空调何处有，人人皆指新上海。

4. 水井坊酒广告语：风声，颂声，声声入耳；雅韵，酒韵，韵韵关情。

5. 某皮鞋广告语：三人行必有我师，三人行必穿我鞋。

6. 爆竹店广告语：爆竹一声除旧岁，桃符万户迎新春。

7. 某饭店广告语：汉三杰闻香下马，周八士知味停车。

8. 某保险公司广告语：助人于困难之时，帮人于危难之中。

9. 某黑发霜广告语：何愁白发三千丈，且看乌云压境来。

五、镇远古镇位于贵州省黔东南苗族侗族自治州境内。史书记载，宋宝祐六年筑黄平城，赐名镇远州，为镇远名之开始。镇远自古为由湘楚入夜郎舍舟登陆要冲，是兵家必争的军事重镇。《苗疆闻见录》有"欲据滇楚，必占镇远"之说。请为镇远古镇创作一则引用广告语，并解释其内涵。

六、你朋友开了一所学校，请你用成语来取一校名来做宣传。你会用什么成语？取什么样的名称呢？为什么？

第三节　双关广告语[①]

黄伯荣、廖序东指出，双关作为一种修辞手段，它是指利用语音和语义条件，有意

---

① 本节内容主要参考了吴为善《广告语言》（上海教育出版社，2007 年）、于根元《广告语言概论》（中国广播影视出版社，2007 年）、曹炜等《广告语言学教程》（暨南大学出版社，2007 年）、张英岚《广告语言修辞原理与赏析》（上海外语教育出版社，2007 年）、蒋华《广告语多维探究》（黑龙江人民出版社，2019 年）、唐桂兰《广告修辞学》（合肥工业大学出版社，2014）等的研究成果。

使语句同时关顾表里和内里两种意思，言在此而意在彼。①双关常被人们称为"语言的精灵"，能使广告语幽默风趣，实现言已尽而意无穷的艺术效果。如在 1930 年左右，东亚公司生产的东亚产品问世。当时正值"九·一八"事变后抗日救亡高潮，东亚公司抓住国人抵制"东洋"货的心理，推出了双羊相抵的"抵羊牌"商品，这产品一问世，广受国人欢迎。原因在于"抵羊牌"商品一语双关（"抵洋"表面上说的是双羊相抵，实则是抵抗洋人的品牌，"东洋"是日本之别称，"羊""洋"在语音上相谐），新颖别致。双关广告语主要有谐音双关广告语、语义双关广告语和语法双关广告语三大类。

一、谐音双关广告语

谐音双关广告语，它主要是通过词语的同音关系，表达表面与内里两种含义，从而达到宣传该产品的目的。

（一）完全谐音

某摩托车商标名称：宗申。

"宗申"与"终生"相谐音。该商标名称表示"宗申"这种类型的摩托车质量好，经久耐用，终生使用都不会坏，会终身受益。

某化妆品商标名称：妆典。

"妆典"与"装点"相谐音，该商标名称显示出"妆典"化妆品的功能，用来修饰自己，使自己的皮肤及毛发滋润、柔软、光滑、富有弹性，使自己的人生美丽。

某爽身粉商标名称：贝舒。

"贝舒"与"倍舒"谐音，"倍舒"即"倍感舒服、舒心"。该商标名称显示出如果你使用了贝舒这种爽身粉之后，就会倍感舒心。

某皮鞋商标名称：森达。

"森达"与"升达"相谐音，"升达"可理解成"步步高升，飞黄腾达"。该商标名称表明，人们只要穿上森达皮鞋后，就会不断升职，飞黄腾达。既然森达皮鞋有如此好的效果，顾客自然会选择这种皮鞋。

（二）部分谐音

安乐瓜子广告语：安乐的瓜子最得"仁心"。

安乐的瓜子最得"仁心"表明，安乐的瓜子果瓜"仁"粒粒饱满，新鲜无比，入口香醇无比。"仁心"与"人心"谐音，安乐的瓜子最得"仁心"可以理解成为"安乐的瓜子最得人心"，即是最受广大消费者的喜爱与欢迎。

香港某去斑灵广告语：趁早下"斑"，请勿"痘"留。

"趁早下'斑'，请勿'痘'留"实则是"趁早下班，请勿逗留"，"斑"与"班"、"痘"与"逗"相谐音，这则广告语别有情趣地宣传了"去斑灵"去除"黄斑黑点"的良好效果。

月季花油广告语：月季花油，肴肴领鲜。

---

① 参考黄伯荣、廖序东《现代汉语》（高等教育出版社，2017 年）。

116

"月季花油，肴肴领鲜"实则是"月季花油，遥遥领先"，"肴肴"与"遥遥"相谐音，"鲜"与"先"相谐音。该月季花油广告语十分自信，突出了月季花油"鲜"美的功效，让人过目不忘。

大维制衣广告语：大维制衣，百衣百顺。

"大维制衣，百衣百顺"实是"大维制衣，百依百顺"，"衣"与"依"相谐音。大维制衣广告语显示出穿上大维衣服挺括、舒适的良好效果；另外，"百衣百顺"还暗示大维制衣厂的经营理念：视顾客为衣食父母，热心、周到地为顾客服务。

必青神帽广告语：戴必青神帽，清凉一夏吧。

"戴必青神帽，清凉一夏吧"实则是"戴必青神帽，清凉一下吧"，"夏"与"下"相谐音。在夏日来临之际，能让红男绿女们清凉一个夏天，想必大家都是十分愿意的。

二、语义双关广告语

广告语的语义双关主要利用某些词语语表意义与语里意义的错位，言在此而意在彼，使广告语产生"一箭双雕"的效果。广告语中的双关有词的双关，也有固定短语的双关。

（一）词的语义双关

在广告语当中，语义双关中的词可以是名词，也可以是动词，还可以是形容词。

1. 名词的语义双关

在广告语当中，语义双关中的词可以是名词的语义双关。

安徽口子酒广告语：过日子，离不开那口子。

"过日子，离不开那口子"中的"那口子"既是品牌名，指安徽口子酒，又指夫妻中的任何一方。在平常生活中，夫妻过日子自然是双方离不开的；另一方面表明，在平常的日子里，我们饮酒离不开安徽口子酒。这样，安徽口子酒广告语通过"那口子"造就了一种独特而美好的情趣，达到了成功推销自己的目的。

佛顶山牌电风扇广告语：清风来自佛顶山。

"清风来自佛顶山"中的"佛顶山"可以是电风扇的品牌名称，也可以是山的名称，这是语义双关。如果它是电风扇的品牌名称，那么这句广告语就表示清清的风来自佛顶山牌电风扇。如果"佛顶山"是山的名称，是普陀山之主山，那么这句广告语就表示清新、凉爽的风来自佛顶山。

2. 动词的语义双关

在广告语当中，语义双关中的词可以是动词的语义双关。

亲亲八宝粥广告语：亲亲八宝粥，口服心服。

"亲亲八宝粥，口服心服"中的"口服心服"一方面是成语，表示心里嘴上都信服，即真心信服。另一方面，"口服心服"中第一个"服"表示"服用"，第二个"服"表示"佩服"，即是口里服用亲亲八宝粥，心里佩服亲亲八宝粥的质量真好。

天仙牌电风扇广告语：实不相瞒，天仙的名气是吹出来的。

"实不相瞒，天仙的名气是吹出来的"中，"吹"有两种不同的解释，分别为：合拢嘴唇用力出气，说大话。如果理解为"说大话"，即"吹嘘"的含义，表示天仙牌电风扇的名气是依靠人们口口相传"吹嘘"出来的。如果"吹"字理解为"合拢嘴唇用力出气"，那么表示天仙牌电风扇好的名气是通过天仙牌电风扇功能而得来的。天仙牌电风扇广告语巧妙地通过"吹"字，"吹"出了名气，"吹"出了销量。

3. 形容词的语义双关

在广告语当中，语义双关中的词可以是形容词的语义双关。

真白美容霜的广告语：真相大白。

真白美容霜的广告语"真相大白"中的"白"语义双关。如果广告语中的"真相大白"是成语，表示彻底弄清楚，真实情况完全弄明白了；那么"真相大白"中的"白"指清楚。如果"白"指嫩白、洁白，那么这则广告语就表示，如果你使用了真白美容霜后，你的面容将会嫩白无比。

（二）固定短语的语义双关

某旅游广告语：不去征服，怎知天高地厚？享受野营，感受自然。

"不去征服，怎知天高地厚？享受野营，感受自然"中的"天高地厚"有双重含义，是语义双关。"天高地厚"是成语，它比喻事情的艰巨、严重，关系的重大；或者事理的错综复杂；"天高地厚"的字面义是"天有多高，地有多厚"义。这则旅游广告语巧妙地"天高地厚"的字面义和成语义，十分风趣。

三、语法双关广告语

在广告语中，利用语法单位的多种可能性做出两种语法解释，从而表达表里双重信息。

某冰箱商标名称：中意。

"中意"如果理解成"合意、满意"，那么它是形容词。如果理解成"中国和意大利"，那么它就是联合短语。该冰箱广告语运用语法双关来表明，由中国和意大利合资出品的冰箱质量上乘，使消费者十分满意。

某汽车商标名称：长安。

"长安"是古西安，是历史上就有名的十三朝古都，是专有名词。如果把"长安"看成是"长久平安"的简省，那么它就是偏正短语。该汽车商标名称告诉大伙儿，它来自中华民族的摇篮，质量过硬，驾车者驾驶长安汽车会长久地平安。

某鞋厂广告语：与时代同步，为足下生辉。

在文言文中，"足下"是表示尊敬的敬语，相当于现代汉语中的"您"，它是一个词，那么这则广告语就是"××鞋厂紧跟时代步伐，为您增添了不少光彩"。"足下"又可以是"足的下面"的简省，即"脚的下面"，那么它就是偏正短语；这则广告语则可以理解成为"兰江鞋厂紧跟时代步伐，为您的脚下增添了不少光彩"。

上海某电梯广告语：上上下下的关怀。

电梯最主要的功能是提供他人方便，供人上下楼使用。"上上下下的关怀"中的"上/下"如果理解为趋向动词，"上上下下"就是趋向动词的重叠形式；那么这则电梯广告语就可以理解成为：该种电梯免去了人们走上楼和走下楼的烦忧，给人们带来了行动上的关怀。"上上下下的关怀"中的"上/下"如果理解成方位词，"上上下下"表示"不同年龄、地位、阶层的人们"；那么这则电梯广告语就可以理解成为：该种电梯能给乘坐电梯的不同年龄、地位、阶层的人们以关怀和照顾。

  台湾某洗牙机广告语：终身大事，没齿难忘。

  "终身大事，没齿难忘"中的"没齿难忘"如果看成是固定短语（成语），那么这则广告语就表示"洗牙这件终身要做的事情，一辈子也忘不了"的含义。"没齿难忘"如果从字面意义上来看，可以理解成为复句，即是"即便没有牙齿了，也难以忘记洗牙这件终身大事"。

  阿里山瓜子广告语：阿里山的瓜子，一嗑就开心。

  "阿里山的瓜子，一嗑就开心"中，"开心"如果理解成为形容词，即"心情愉快舒畅"；那么这则广告语就表示：阿里山的瓜子，我们只要一嗑它就感到很开心（原因是阿里山的瓜子香、果仁大）。"阿里山的瓜子，一嗑就开心"中的"开心"可以理解成为使动词，即"使心开"；那么这则广告语就表示：阿里山的瓜子容易嗑，一嗑瓜子仁就出来，这样也就感到舒心。

思考与练习

一、请分析下列谐音双关广告语，并说明其效果。

1. 一箭如故，一箭钟情。（绿箭口香糖广告语）

2. 骑乐无穷。（某摩托车广告语）

3. 一明惊人。（某眼病治疗仪广告语）

4. 衣名惊人。（某服装广告语）

5. 无胃不至。（某治胃药广告语）

6. 饮以为荣。（某饮品广告语）

7. 天尝地酒。（某酒类广告语）

8. 食全食美。（某酒店广告语）

9. 咳不容缓。（某止咳药广告语）

10. 闲妻良母。（某洗衣机广告语）

11. 默默无蚊。（某杀蚊剂广告语）

12. 百闻不如一试，喝过方知福乐好。（福乐奶粉广告语）

13. 六神有主，一家无忧。（六神特效花露水广告语）

14. 有痔不在年高。（某治痔疮药广告语）

二、请分析下列英语广告语，并指出其双关类型与效果。

1. 某海滨浴场广告语：More sun and air for your son and your heir.

2. 某银行广告语：Money doesn't grow on trees, But it blossoms at our branches.

3. 某香烟广告语：I'm More satisfied.Ask for More.

三、请说明下列双关广告语的类型及表达效果。

1. 联通集团广告：情系中国结，联通四海心。

2. 某打字机广告语：不打不相识。

3. 某臭豆腐广告语：臭名远扬，香飘万里。

4. 某牙刷广告语：一毛不拔。

5. 台湾雅歌牌钢琴广告语：培养琴操，选择雅歌。

6. 某眼药水广告语：点到为止，愈满全球。

7. 某草地公益广告语：小草有生命，足下请留"青"。

8. 我国台湾某孕妇装广告：挺身而出，展露女性最美的曲线。

9. 某发梳广告语：好事从头来。

10. 沱牌酒广告语：悠悠岁月久，滴滴沱牌曲。

四、请举例说明广告语中的语义双关与语法双关的区别与联系。

第四节　对偶广告语①

对偶是指运用字数相等、结构相同、意义对称的词语或句子来表达相对或相近意义的修辞方式（参黄伯荣、廖序东《现代汉语》）。对偶音节整齐匀称，内容凝练，因此倍受广告创作者青睐。对偶能使广告语节奏感强，念着上口，听着顺口，给人以深刻印象。

一、从结构看对偶广告语

对偶广告语如果从组合成分的结构来看，有动宾、偏正和主谓等之分。

（一）动宾结构对偶广告语

对偶广告语可以是动宾结构。

某白酒广告语：感悟天下，品味人生。

从形式上看，"感悟天下""品味人生"是动宾短语，它们音节匀称，节奏感强。该酒广告语让人们在酒中品人生，评论天下。

孔府宴酒广告语：喝孔府宴酒，做天下文章。

孔府宴酒广告语中，"喝孔府宴酒"与"做天下文章"都是动宾短语。该广告语显示喝过孔府宴酒方才拥有过人的才华，才能做出极妙的文章来。

凯里学院图书馆公益广告语：带走满腹知识，留下一架好书。

① 本节内容主要参考了吴为善《广告语言》(上海教育出版社，2007 年)、于根元《广告语言概论》(中国广播影视出版社，2007 年)、曹炜等《广告语言学教程》(暨南大学出版社，2007 年)、张英岚《广告语言修辞原理与赏析》(上海外语教育出版社，2007 年)、蒋华《广告语多维探究》(黑龙江人民出版社，2019 年)、唐桂兰《广告修辞学》(合肥工业大学出版社，2014) 等的研究成果。

该图书馆公益广告语中，"带走满腹知识""留下一架好书"均为动宾短语。该广告语委婉地劝学生好好地对待图书，不要损坏图书。

湖南永州某外滩房地产广告语：品味老上海，享受新外滩。

该房地产广告语中，"品味老上海""享受新外滩"均为动宾短语。该广告语利用老上海的时髦洋气、风情万种与新外滩的现代建筑与设施等吸引购房者，让人感受到该房产充盈着生活的饱满味道而又绚丽多变的风格。

某毛衣针广告：编进无限情感，织出一片爱意。

该毛衣针广告语中，"编进无限情感""织出一片爱意"是动宾短语。该广告语紧扣毛衣针产品的特点，又饱含浓浓的爱意，无形中拉近了毛衣针和消费者之间的距离。

（二）偏正结构对偶广告语

对偶广告语可以是偏正结构。

稻花香酒广告语：浓浓三峡情，滴滴稻花香。

在稻花香酒广告语中，"浓浓三峡情"与"滴滴稻花香"均是偏正短语。该广告语紧扣稻花香酒的产品名称，并且巧妙地将稻花香酒的特征突显出来，显示出它对消费者的深情厚意。

某电扇的广告语：柔柔的风，甜甜的梦。

在该广告语中，"柔柔的风""甜甜的梦"均系偏正短语。该广告语赋予了人们以深深的关爱，突出了该电扇的功能，让人在温柔的清风中消除炎热，从而做那"甜甜"的美梦。

（三）主谓结构对偶广告语

对偶广告语可以是主谓结构。

某粮仓广告语：粮乃国之宝，民以食为天。

在该粮仓广告语中，"粮乃国之宝""民以食为天"均系主谓短语。该广告语突显出粮食对民众、国家的重要性，显示出粮仓的必要性。

某房地产广告语：实景倾心，价值倾城。

在该房地产广告语中，"实景倾心""价值倾城"均系主谓短语。该广告语从景色、价值两个方面显示出永州上品院房地产的不凡，让消费者动心。

某房地产广告语：生活有河，繁华有岸。

在该房地产广告语中，"生活有河""繁华有岸"均系主谓短语。该广告语从静静的河流、繁华的景象两个方面显示出该房地产所处的绝佳位置。

总之，在对偶广告语中巧妙运用动宾、偏正和主谓结构的短语或者分句，能使广告语结构鲜明，增加类似音乐的氛围，从而增强广告语的艺术魅力。

二、从意义看对偶广告语

如果从意义上来看，对偶广告语可以分为正对对偶广告语、反对对偶广告语和流水对对偶广告语三类。

（一）正对对偶广告语

正对对偶广告语就是广告语的两个部分在意义上相关或者相近，内容上相关，相辅相成。

湖南永州某竹器店广告语：虚心成大器，劲节见奇才。

竹子由节和节连接而成，节间常中空，所以具备广告语中的"虚心""劲节"的特点，显现竹器的特征。竹子有"梅兰竹菊"四君子、"梅松竹"岁寒三友之一的美称，因而具备广告语中的"大器""奇才"内容上相关的超然不凡的品质。

江苏徐州某乐器店广告语：阳春白雪传雅曲，高山流水觅知音。

"阳春白雪"比喻高深的不通俗的歌曲，"高山流水"比喻乐曲高妙，两者语义上相近。该对偶广告语显示了该乐器店致力于提高人们的音乐素养的美好愿望。

贵州某储蓄所广告语：储蓄有利，利国利己利社会；存款方便，便你便我便人民。

"储蓄"与"存款"意义相近，表示"把节约下来的或暂时不用的钱物贮存起来备用"；"利国利己利社会""便你便我便人民"内容相关，利于你我、人民，也就是方便你我他。该对偶广告语显示了储蓄是利国利民的大好事，何乐而不为呢？

某护肤品广告语：原本泛油的部位清清爽爽，原本黯淡的肌肤充满光彩。

在该广告语中，上下联内容相关。原本"泛油的部位""黯淡的肌肤"在该映美焕采护肤品的作用下变得清爽，夺目，让人艳羡。这表明该护肤品有着良好的美容效果：能控油，也能美白。

某香皂广告语：使头发根根柔软，令肌肤寸寸嫩滑。

在该香皂广告语中，上下联内容相关。身体不同的部位"头发""肌肤"在该香皂的作用下变得柔软、嫩滑，让人舒爽。这表明，该香皂有着良好的保护头发、肌肤的神奇效果。

（二）反对对偶广告语

对偶中的反对即广告语的前后两个部分内容上相反相承，对偶广告语当中常用反义词。

某口服液广告语：衰老之敌，青春之宝。

"衰老之敌，青春之宝"是反对，其中的"衰老"与"青春"、"敌"与"宝"是一对反义词，这反对对偶广告语显示出该口服液能延缓衰老，帮助大家永葆青春。

湖南永州零陵区某照相馆广告语：瞬间的微笑，永恒的留念。

"瞬间的微笑，永恒的留念"是反对。在此照相馆广告语中，"瞬间"与"永恒"是反义词，这反对对偶广告语显示出照相馆能捕捉人们瞬间的"微笑"，从而给人们留下永远的"留念"，这不正是每个来照相的人所期盼的吗？

湖南永州零陵区某理发店对联：幽香袭人，人不由己进店；春风吹我，我又年轻出门。

"幽香袭人，人不由己进店；春风吹我，我又年轻出门"是反对。在这则理发店对联广告语中，"进店"与"出门"形成一对反义词。这反对对偶广告语显现出理发店温馨的氛围与高超的理发技术。

　　某保暖鞋广告语：寒从脚起，暖自鞋生。

　　"寒从脚起，暖自鞋生"是反对，其中的"寒""暖"是一对反义词。这反对对偶广告语显示出保暖鞋的保暖功能，使脚不再受到寒冷的侵扰。

　　某护肤品广告语：内在力，外在美。

　　"内在力，外在美"是反对，"内""外"是一对反义词。这则广告语表明，用了后良好的效果："内""外"是"力"与"美"达到完美的结合。

（三）流水对对偶广告语

　　对偶中的流水对主要指广告语的前后两个部分在内容上紧紧相承，后句紧承前句并且在一定程度上深化前句。

　　某檀香扇广告语：香风徐徐，摇摇欲醉。

　　"香风徐徐，摇摇欲醉"是流水对。炎炎夏日，慢摇檀香扇，醉人的清香随风慢慢地飘过来，消散了暑热。这正应该是檀香扇流水对广告语所追求的效果。

　　永久牌自行车广告：骑车九十九，还得数永久。

　　"骑车九十九，还得数永久"是流水对。车的好坏，关键在于其质量，自行车也不例外。永久牌自行车能够骑到九十余岁，这说明永久牌自行车质量过硬，经久耐用。

　　雅东牌月饼广告语：每逢佳节倍思亲，雅东月饼送温馨。

　　"每逢佳节倍思亲，雅东月饼送温馨"是流水对。广告语中的前句借用王维的名句表达思亲之情。思亲怎么办？流水对广告语的后句告诉了我们答案——送"雅东月饼"，"雅东月饼"正是人们表达思念之情、表达亲情的馈赠佳品。

　　某护肤品广告语：灵草逆时光，三萃御芳龄。

　　在该广告语中，"灵草逆时光""三萃御芳龄"是流水对，上下联之间是前因后果的关系。用了该护肤品后，时光从此可逆，青春得以永驻，人看上去永远如那十六七岁的妙龄女一样，尽显年轻风采。

　　正对、反对和流水对对偶广告语有鲜明的中华民族特点和特有的表现力，倍受国人的青睐。

思考与练习

一、请指出下列广告语中的修辞手段，并说明其表达效果。

1. 湖南省永州市零陵区南津北路交通安全提示语：带一份小心上路，携万分安心回家。

2. 湖南省永州市零陵区南津南路交通安全提示语：文明行车千里共婵娟，遵纪守法万家得团圆。

3. 湖南省永州市零陵区南津中路交通安全提示语：争与让一闪念，祸与福一瞬间。

4. 贵州凯里植树公益广告语：种下一棵树，收获一片绿荫。

5. 太平洋保险公司广告语：平时注入一滴水，难时拥有太平洋。

6. 湖南永州零陵地区交通广告语：司机一杯酒，亲人两行泪。

二、依据下列语言材料，试论述对偶广告存在的原因。

1. 某草坪广告语：人间知音难觅，天涯芳草难培。

2. 植树公益广告语：种下一棵树，收获一片绿。

3. 禁毒公益广告语：手拉手远离毒品，心连心造福社会。

4. 禁毒公益广告语：色字头上一把刀，毒字脸上两行泪。

5. 保护环境广告语：青山清我目，流水静我耳。

6. 禁毒公益广告语：禁毒万里晴天，吸毒万丈深渊。

7. 禁毒公益广告语：禁毒可以兴国，吸毒可以亡身。

8. 汇源果汁广告语：喝汇源果汁，走健康之路。

三、请分析下列对偶广告的艺术魅力。

1. 禁毒广告语：禁毒是幸福家庭的保障，吸毒是悲剧人生的祸根。

2. 水井坊酒广告语：风声，颂声，声声入耳；雅韵，酒韵，韵韵关情。

3. 某皮鞋广告语：皮张之厚无以复加，利润之薄无以复减。

4. 献血公益广告语：我健康，我献血，我自豪。

5. 迎客松香烟广告语：品味迎客松，独领中国风。

6. 音乐广播广告语：咀嚼老歌，回味经典。

四、下列对偶公益广告语写得是否恰当？为什么？

1. 献血公益广告语：一滴血，一片心，一份爱。

2. 某手机广告语：把握人生，沟通世界。

3. 希望工程广告语：感受阳光，给予希望。

4. 优酸乳广告语：有酸有甜，有"自"有味。

5. 时尚服装品牌广告语：比世界更浪漫，比夸张更时尚。

6. 某牛奶企业广告语：品味牛奶心，感悟草原情。

7. 某图书馆公益广告语：莫露裁缝手段，当收剪刀功夫。

五、请根据下面的材料创作一对偶广告语，使雷山大塘镇新桥村人皆知晓。

在黔东南州雷山县大塘镇新桥村的大山深处，有一支服饰特别古老但是又超级时尚的苗族——短裙苗，那里的苗族女人通常穿 5～7 寸长的百褶裙。新寨另一奇观就是谷仓建在池塘中的水面上，池塘中还养鱼、养鹅、养鸭。

第五章　现代汉语幽默专题①

　　对于幽默，不同的学者有不同的定义。高胜林认为，幽默在汉语中很难找到一个与之对应的词。它人情味浓，含蓄蕴藉，耐人寻味，它所引起的笑是轻松的、温和的、善意的、会心的、意味深长的，总之是富有文化品位、人文关怀和美学意蕴的。②林语堂在《吾国吾民》一书中认为，幽默是"心境之一状态，更进一步，即为一种人生观的观点一种应付人生的方法。"这是从生理学的角度强调了幽默的作用，将幽默看作是一种心理机制的自我调节功能，用以排除干扰，开放心灵，享受生活的乐趣。

　　言语幽默的作用是巨大的。言语幽默能使人放松，有助于人们之间的交流。曾经有位企业女高管，整天忙于工作和应酬，怠慢了丈夫，丈夫要同她离婚。当丈夫问她离婚后要什么东西时，她说："我什么都不要，只要你。"丈夫听了心里一热，前嫌尽消。

　　纳什（Nash）在其《言语幽默语言》中指出："言语幽默也是人类区别于其他动物的特点之一。言语幽默是我们生活的一种复杂的才能，是一种弥补过失和重修旧好的方式。"1970年，林语堂在《论东西文化的言语幽默》中指出，言语幽默是人类的心灵得以舒展的花朵③。

　　修辞是增强幽默效果的重要艺术手法，使得幽默独特而趣味益然。本章主要探讨委婉、比喻和夸张在言语幽默的运用以及其表达效果。

第一节　委婉幽默

　　斯托克和哈特蔓等在《语言与语言学词典》指出，委婉语就是用一种不明说的，能使人感到愉快的含糊说法，代替具有令人不悦的、含义不够尊重的表达方法。自古以来，人们认为，语言与其所带来的信息具有某种魔力，能支配人的行为，或施吉降福，或招致灾祸。因而人们在生活与生产中力求避免不吉、不祥、不雅的词语，这样就产生了委婉语。④

　　委婉语是形成幽默话语的重要手段。在幽默中，委婉大多言此说彼，话中有话，拐弯抹角，让人在体味中发笑。

---

① 本章内容主要参考谭达人《幽默与言语幽默》（生活·读书·新知三联书店，1997年）、蒋华《笑话中的语言学》（湖南大学出版社，2008年）、蒋华《言语幽默多维研究》（黑龙江人民出版社，2010年）等研究成果。
② 参考高胜林《幽默的界定及其学科归属问题》，（《求是学刊》，2004年第5期）。
③ 参考蒋华《言语幽默多维研究》（黑龙江人民出版社，2010年）。
④ 参考李晓虹《跨文化交际中的委婉语解读》（广西大学硕士论文，2003年）。

一、为了面子

面子是一个人自尊与尊严的体现，因此面子是人人所需要的，无论是在国内还是国外。因此，在言语幽默中，用委婉的话语来表达某些含义，可以有效地顾及自己或者他人的面子。

（一）顾及他人的面子

> 吴人孙山，滑稽才子也。赴举他郡，乡人托以子偕往。乡人子失意，山缀榜末，先归。乡人问其子得失，山曰："解名尽处是孙山，贤郎更在孙山外。"（《名落孙山》）

吴人孙山话语中的"解名尽处是孙山，贤郎更在孙山外"即是告诉乡人其子"没有考上举人"的结果。如果直接说"自己考上了，你的儿子没有考上"，这样难免会有炫耀自己的才能、贬低乡人之子的嫌疑，同时也会让乡人面子上不好看。而吴人孙山此番回答却十分委婉，极好地顾及了乡人的面子，让乡人更易于接受。

> 有一户人家的水管破裂了，主妇急告水电公司。修理工因故迟到了很久，担心会受到训斥。可是，当修理工带着忐忑不安的心情来到这户人家的时候，主妇却说："没什么，我在等你的时候，正好教孩子游泳。"

居民家水管破裂，水势可能会无法控制，家里也因此可能会一片汪洋。这时候，主妇自然会无比焦躁。该修理工却因为种种原因去得太迟，在修理工想来，这户人家的主妇一定会责怪他，甚至训斥他，故此修理工才会心里不安。主妇的这番话语"没什么，我在等你的时候，正好教孩子游泳"却很好地顾及了修理工的面子，这极其委婉的话尽管暗含埋怨与责怪，但这开玩笑式的埋怨、责怪极其委婉与幽默，让人忍不住发笑。

> 卢公暮年丧偶，续娶年少貌美的祝氏为妻。然祝氏觉得卢公年龄、容貌跟自己悬殊太大，不相匹配，所以终日愁眉苦脸，郁郁寡欢。卢公见此，体贴地询问道："娘子你莫非嫌我年纪太大？"祝氏回答道："不是。"卢公又问："大概是恨我官职卑微吧？"祝氏摇了摇头："也不是。"卢公非常纳闷："既然不嫌我年老，不恨我官小，那么你整天忧愁烦闷，又是为何呢？"祝氏再也憋不住了，随口吟诗一首："不恨卢郎年纪大，不恨卢郎官职卑；只恨妾身生太晚，不见卢郎少年时。"（《老童生》）

卢公您年纪太大了，怎么配得上年少貌美的我呢？这才是祝氏终日愁眉苦脸、郁郁寡欢的根本原因。如果祝氏直接说，"卢公您年老了，跟我不相配"；这是在责怪卢公，卢公自然会不开心，因为这话语在某种程度上会损害丈夫卢公的面子。而祝氏诗中的"只恨妾身生太晚，不见卢郎少年时"则把责怪之意推向自己，说自己有错在先，是"妾身生太晚"之故，这样就比较委婉，道出了原因的同时又很好地照顾了卢公的面子，让卢公无法生气。

（二）顾及自己的面子

> 朋友们问一对新婚的夫妇："你们两人谁是一家之主？谁听谁的？"

126

男士回答："我们讲民主，各有分工。两人意见一致，就全听我的，我做主；意见不一致，由她做主，听她的。"

男士如果直接说"我不是一家之主，我听老婆的"，会让人觉得该男士够窝囊的，是个"耙耳朵"（四川话）、"妻管严"，该男士自己也会没有面子。该男士把本来一句很简单的话语饶舌说来，巧妙地顾及了自己的面子，也体现出自己对爱人的包容、尊重乃至欣赏。

古时候有一个官吏怕老婆，一次被妻子抓破了脸，第二天上堂见到太守。于是就问他是怎么一回事。他说："是晚上乘凉，葡萄架倒下，把脸刮破了。"太守不信，说："这一定是你妻子抓破了的，派人把她拿来。"没有想到太守夫人正在后面偷听，听了这话，大怒，抢出堂前要与太守算账。太守慌忙对那官吏说："且暂退，我家葡萄架也要倒了。"

一官吏被妻子抓破了脸，怕被他人笑话，故说"晚上乘凉，葡萄架倒下，把脸刮破了"；太守明白其中的缘由，想为下属挽回面子，故说"派人把她拿来"。在太守夫人大怒并且抢出堂前要与太守算账时，太守如果说"且暂退，我妻子也要来抓我脸皮了"，而且是在刚刚被妻子抓破了脸自己下令要拿他妻子来的下级面前说出来，就显得太没有面子了。于是巧妙借用下级官吏的话语，用"我家的葡萄架也要倒了"很好地在下级面前表达了"我妻子也要来抓我脸皮了"的用意，较好地顾及了自己的面子。

二、用于戏谑

委婉话语也可以用于诙谐有趣的玩笑中。在幽默中，委婉是用隐晦的方式来表达，却不把意思完全表达出来，让接受者自己去体会。

吴佩孚在用人上拒用亲属，委用故旧，也看其能力。同学王兆中前来依附，吴佩孚委其为上校副官，每月照例支薪，却无多少事可做。王兆中不甘寂寞，想当县长，乃活动吴左右，请派河南。吴佩孚批了4个字："豫民何辜？"此公又求调旅长，搞了个条陈："愿提一旅之众，讨平两广，将来报捷洛阳，释甲归田，以种树自娱。"吴佩孚此次更加幽默，批复："先种树再说。"

"豫民何辜"在吴佩孚笔下的意思是"河南老百姓招你惹你了，竟要这样的人来做官，承受因他当官而带来的祸害？"可惜的是，吴佩孚的同学王兆中没太明白吴的嘲讽之语。此公又求调旅长立功后以种树自娱，吴佩孚批复"先种树再说"（此语暗含既然你有为人民服务的精神，先种树自娱吧，然后再说其他），表明吴佩孚对志大才疏、夸夸其谈的跑官者，风趣有加而又嘲弄有力，凛然拒绝，但拒绝得十分委婉。

据《宋稗类钞》记载：今人于榜下择婿，号脔婿；其语盖本诸袁崧，尤无义理。其间或有意不愿而为贵势豪族拥逼，不得辞者。有一新后辈少年，有风姿，为贵族之有势力者所慕。命十数仆拥致其第。少年欣然而行，略不辞，避观者如堵。须臾有衣金紫者出曰："某惟一女，亦不至丑陋愿配君子，可乎？"少年鞠躬谢曰："寒微得托迹高门固幸，将更归家。试与妻子商量看如何？"从皆大笑而散。

衣金紫者欲配其女与有风姿之后辈少年，该少年既不愿意，又不好得罪，自我解嘲说"试与妻子商量如何",间接拒绝了衣金紫之贵族,但这拒绝说得婉转,让那位豪门贵族易于接受。

委婉在我国传统文化中备受推崇。《文心雕龙·隐秀》中讲:"隐也者,文外之重旨也。"强调"意在言外"。在幽默中,说话人常常采用委婉话语,说出了"露在水面的八分之一",让他人根据生活体验来补充,从而达到"言有尽而意无穷"的效果。

三、因为避讳

委婉也可能是因为避讳的需要。避讳大多用另一个意义相近或声音相近的字,来代替避讳的字。自古以来,避讳成风。避讳的主要原因是儒家伦理道德观:君君臣臣,父父子子。《稗史》中有这样一个故事:

> 钱大参良臣,自讳其名,其子聪慧敏达,性爱读书,凡经史上有"良臣"二字,均避而讳之。一日读《孟子》"今日所谓良臣,古之所谓民贼也"避"良臣"父讳读曰:"今日所谓爹爹,古之所谓民贼也"。

在古代,在"尊师重道"思想的影响下,为了表现出对父亲的尊敬,孺子忌讳父亲的名讳"良臣",最后得出"今日爹爹是古时民贼"的结论,这样钱大参之子就只能认"贼"作父了。可见,避讳有时过犹不及,会闹出笑话来。

> 五代时冯道的门客讲读《道德经》中"道可道,非常道"的句子,门客遇到"道"便改成"不敢说",于是《道德经》上"道可道,非常道"便读成了:"不敢说,可不敢说,非常不敢说。"(《籍川笑林》)

古人读书说话要避长者名讳,以示尊敬。门客为了表示尊敬,将"道"字改为"不敢说"。这样"道可道,非常道"(道若可以言说,就不是永恒常在之道)就变成了"不敢说,非常不敢说",两者意义大相径庭。门客怕犯其名,随机应变,如此避讳,却令《道德经》中的名句的含义发生了极大的变化,令人意想不到,也令人拍案叫绝。

委婉是幽默的艺术,是形成幽默艺术魅力和文笔情趣的重要手段。

思考与练习

一、请做一个委婉幽默的自我介绍。

二、请结合以下言语幽默,说明委婉言语幽默的特点。

1. 一位顾客坐在一家高级餐馆的桌旁,把餐巾系在脖子上,经理很是反感。叫来一名招待员说:"你让这位绅士在我们餐馆里,那样做是不允许的,但话要讲得委婉些。"招待员来到那个人面前,有礼貌地问:"先生,你是刮胡子还是理发?"

2. 一次吐温对坐在他对面的太太说:"你真漂亮,太太。"

"对不起,我可不能这样奉承你。"这个妇人高傲地回答道。

"没关系。"吐温答道,"你可以像我一样撒谎。"

3. Customer: What is the fly doing in my soup?

Waiter: It looks like breast stroke, sir.

4. Alice had been listening to his sister practicing her singing.

"Sister, "he said, "I wish you had sing Christmas carols. "

"That is nice of you, Alife. "she said, "why? "

"Then I had only have to hear you once a year."Alice said.

三、试分析下列言语幽默中委婉的表达效果。

1. 怀特先生在林荫大道上遇见一位漂亮的女郎。"先生，我们一起去公园里玩，好不？"怀特先生说："不！亲爱的小姐，一见你这模样，我就想到了大海。""哦，蔚蓝的大海，漂亮极了，令人神往啊！""不，我晕船，"怀特先生说。

2. 一男仆新婚不久，但他不得不随老板肖方方去外地工作。在船上，他凝望这滔滔不绝的江水，吟出两句诗来：相思恰似船头水，两桨平分劈不开。他老板肖方方听了，感动万分，叫他回家与妻子团圆。

3. 嘉靖间一御史，蜀人也，有口才。中贵某，欲讥御史，乃缚一鼠虫，道："此鼠咬余衣服，请御史判罪。"御史判道："此鼠若问笞杖徒流太轻，问凌迟绞斩太重，下他腐刑。"中贵知其讽己，然亦服其判断之妙。

4. 昔有以诗投东坡者，朗诵之，而请曰："此诗有分数否？"坡曰："十分。"其人大喜。坡徐曰："三分诗七分读耳。"

5. 某年轻人问一位作家："我不知道我将来会成为画家，还是会成为诗人？""当然是画家"，作家答道。此人不解："怎么，你看过我的画？""没有，"作家说，"但我读过你的诗。"

四、下列段落是摘自《泉州晚报·海外版》中新月的文章《避讳趣话》，你认为，其中的避讳是否正确？是因为什么而避讳呢？

1. 东晋时，王忱去拜见太子洗马桓玄（桓温之子），桓玄设酒款待。王忱因为刚刚服过中药寒食散（道家药名），忌饮冷酒，便连呼左右"温酒"来，不意触犯桓玄之父桓温的名讳。桓玄感到莫大的耻辱，但又不敢得罪这位望族，竟在酒席上伤心得"呜咽流涕"。

2. 据南宋陆游《老学庵笔记》载，宋代有个州官叫田登，忌讳人称其名。因"灯"与"登"同音，于是怕犯其名讳，举州皆呼灯为"火"。元宵节要放花灯，其属官只好在公牌上写道："本州依例，放火三日。"见者无不骇笑。

3. 北齐时，有个叫熊安生的人，去见徐之才与和士开。因徐之父名"雄"，和之父名"安"，其名既触犯徐父名讳，又触犯和父名讳，于是，只好改变姓名，自称为"触触生"。

4. 明末时，湖广巡抚宋一鹤，前往参见总督杨嗣昌。因杨之父名鹤，为避其名讳，宋就在名帖上将自己的名字改写成"宋一鸟"，见者无不失笑。

5. 宋朝时，常州知府徐申，讳言其名。属下有个县令申报地方情况时，因申报之"申"触犯其名讳，一连三次申报都未获批复，县令便亲自去见徐申。徐申怒责道："你身为县令，难道不知道上司的名讳吗？"这县令却不以为然，反而大声说道："我申报的事府中不理，便申监司；监司不理，便申户部；申台、申省；申来申去，非到申死不止！"最后徐申也拿他无可奈何，只好一笑了之，并立予批复。

五、试根据下列语言材料创作一委婉广告语，使"跳花"为世人所共知。

在我国古代文献中，有关于跳花的记载。罗绕典著《黔南职方纪略》曰："蚩尤代炎帝为政，尚利好杀，不耻淫奔，民间化之，于是'跳月'之风起矣"。《续文献通考》曰：

苗人仲春刻木马，祭以牛酒，老人并马箕踞，未婚男女吹芦笙以和歌词谓之"跳月"。陆次云《峒溪纤志》曰："苗人之婚礼曰'跳月'，'跳月'者，及春日跳舞求偶也"。

第二节　比喻幽默①

在我国，比喻最早为"辟"，《墨子》曰："辟也者，举他物而以明之也"。《说苑》曰："以其所知喻其所不知而使人知之。"近代修辞学家陈望道《修辞学发凡》提出了比喻的"三要素三成分说"，三要素是指"共有思想的对象、另外的事物和类似点"，三成分是指"正文、譬喻和譬喻词"。当代认知语言学认为，比喻是人们认识客观世界的一种思维方式，也是人们感知、解释和评估世界的一种方式。陈海波在《比喻的机制》一文中指出，比喻能增强语言的形象性，它使高深的事理浅显明了，使烦冗的事情清晰突出，使抽象的事物具体，使平淡的事物变得生动。

比喻是语言的艺术，是众多辞格中最艳丽的花朵，以其独特的艺术魅力，创造出语言的鲜活力和感染力。在一般比喻中，本体和喻体是一种平等的关系。如：

> 叶子出水很高，像亭亭的舞女的裙……零星的白花正如一粒粒的明珠，又如碧天里的星星，又如刚出浴的美人。（朱自清《荷塘月色》）

本体"叶子"与喻体"亭亭的舞女的裙"，本体"零星的白花"与"一粒粒的明珠""碧天里的星星""刚出浴的美人"之间是平等的关系，没有低贱与高贵之分。

而在比喻幽默中，本体和喻体并非是一种平等的关系，有学者曾指出过。如王文松在《论幽默的语言风格》中指出，比喻辞格营造幽默的氛围，主要是依靠新鲜别致的语言形象。本体和喻体不协调、美与丑鲜明对照，均可以产生幽默的效果。

一、明喻幽默

明喻幽默主要通过喻词来体现。从喻词看，明喻幽默主要有"像""像……一样""似的"等。

（一）像

> 一家有三口，女的长得胖，上下一般粗，男的和儿子长得又瘦又长，这三口站在一起，有个爱开玩笑的人对小儿说："你妈像个冬瓜，你爸像根甘蔗，你像谁呀？"小儿子脱口而出道："我也是根甘蔗。"

"妈妈"与"爸爸"、自己是高等动物，是高贵的。而"冬瓜""甘蔗"等是人们食用的植物，是低贱的。人家开玩笑把他父母比作低贱的植物，没有想到小儿竟然把自己比作低贱的植物甘蔗，还觉得骄傲，这着实令人好笑，哪有自己说自己低贱呢？这明喻充

① 本节内容主要参考谭达人《幽默与言语幽默》（生活·读书·新知三联书店，1997 年）、蒋华《笑话中的语言学》（湖南大学出版社，2008 年）、蒋华《言语幽默多维研究》（黑龙江人民出版社，2010 年）等研究成果。

分显示出小儿子的天真、无知。①

（二）像……一样

> 顾客："我的刀太钝了，可是这些牛排又偏偏像硬皮子一样。"
> 招待者："您可以把刀放在牛排上磨一磨嘛。"

刀子如果钝，那就放在硬皮子上磨一下就锋利了，这是人们生活中的常识。在此幽默中，"牛排之硬"却如那"硬皮子"一般，硬得超出了人们的想象；那么，这牛排让顾客该如何吃呢？顾客在抱怨，而招待者却避而不答，却说"您可以把刀放在牛排上磨一磨嘛"，巧妙地幽了顾客一默。

（三）似的

> 小弟弟："姐姐，看看你这生姜似的头发！"
> 姐姐："别胡说，我的头发才不像生姜呢，它是金色的。"
> 小弟弟："那么好吧——它们是胡萝卜。"

小弟弟说他姐姐的头发扎得生姜般难看，指的是形状；而姐姐却认为弟弟说她头发像生姜那样黄；于是不同意，说她美丽的头发是金色的。小弟弟则继续他的思维模式，说姐姐扎头发的形状像胡萝卜，似乎这样比生姜的形状更明显一些。这样，小弟弟和姐姐两人在语言上不相协调，形成冲突，令人不禁莞尔。②

（四）比如

> 老汉的儿子在南方找工作，忘了带学历证，于是打电话让老汉赶紧邮寄，老汉来到邮局。问："邮寄东西什么最快？"答："特快专递。"邮局职工还打了个比方："比如你在十层楼，从十楼直接走下来，这是普通邮寄；从十楼跳下来，这就是特快专递。"老汉听完后狠狠地咬咬牙，坚决地说："我要跳下去。"（《误导》）

"普通邮寄"是"从十楼直接走下来"，"特快专递"是"从十楼跳下来"；这两个比喻形象地说明了"普通邮寄""特快专递"在邮寄速度上的区别。老汉不说"寄特快专递"而狠狠地咬咬牙说"我要跳下去"，显示出老汉无比焦急的心情，也显示出他挣钱的不易，让人深味老汉不易中的苦涩。

二、暗喻幽默

如果从喻词来看，幽默中的暗喻常用"是"，也有用"相当于"的。

（一）是

> 二战时期，法西斯德国占领了巴黎。一天两个纳粹军官走进一家旅馆，傲

---

① 参考蒋华《笑话中的语言学》（湖南大学出版社，2008年）。
② 参考蒋华《笑话中的语言学》（湖南大学出版社，2008年）。

慢的环视四周后，向老板问道："这儿简直是猪圈！住一宿多少钱？"老板十分爱国，于是回敬道："一头猪 100 法郎，两头猪 200 法郎。"（《住宿费》）

"这儿简直是猪圈"是暗喻，暗喻词为"是"，纳粹军官把旅馆比喻成"猪圈"，显示了纳粹军官对这旅馆居住条件的不满意，也体现出纳粹军官的傲慢与无礼。旅馆老板"以其人之道还治其人之身"，针锋相对，把"纳粹军官"比作"猪"，毫不畏惧。

有一个人向太太发誓，说他如果再赌，就不是人，是牲畜！没过几天，这个人又去赌，回家时，见老婆铁青着一张脸，于是战战兢兢地说："太太，你的牲畜回来了。"

"丈夫"是人，是高等动物，而"牲畜"则是低等动物。在此幽默中，丈夫看到老婆铁青的脸，明白妻子肯定知道了自己又去赌博的事情了，妻子自然不会善罢甘休，于是故意做出一番害怕的样子，从词语"战战兢兢"可以看出。丈夫还故意自我贬低，说自己是太太的"牲畜"，目的是想逗太太一笑，这样太太也许在笑中就会免去了对丈夫的责怪。

（二）相当于

老师对吵闹不休的女学生说："你们叽叽喳喳，简直胡闹。一个女孩相当于五百只鸭子。"不久，一名女生在外面报告："老师，外面有一千只鸭子找您。"老师莫名，出去一看，原来是自己的妻子和女儿。

"一个女孩相当于五百只鸭子"是一个暗喻，"相当于"是比喻词，教师这样的话语表明这些女学生太吵了，简直令人无法忍受。这位女生适当转用老师的暗喻，并且巧妙地加以类推，以彼之道还之彼身；既然一个女孩相当于五百只鸭子，那么师娘和她的女儿就是一千只鸭子。女生巧妙地经过数学换算，对老师的不礼貌给以调侃与嘲弄，自然天成。

思考与练习

一、本文介绍了明喻幽默，也介绍了暗喻幽默，请找出一两个借喻幽默来，并且试分析其表达效果。

二、试说明明喻在下列言语幽默中的表达效果。

1. 一次，一位年轻人请爱因斯坦解释什么叫相对论，他生动而幽默地打了一个比方："当你和一位美丽的姑娘坐上两小时，自己感到好像坐了一分钟；但要是在炽热的火炉旁哪怕只坐上一分钟，你却感到好像是坐了两小时。这就是相对论。"

2. 有位学者低着头在田间的小路上徘徊，这时来了一个年轻的骑士，他趾高气扬地对学者说："你们这些读书人都爱低着头走路，真是太难看啦！"学者回答道："要是田里的麦子都像你一样，人们早就饿死了。"

3. "什么时候窗户像星星一样？"
"夜晚的天窗。"

4. 老婆："亲爱的，如果有一天你失去了我，你会有什么感受？"
我："嗯……就像炒菜没有了盐！"

老婆："你是说失去了我生活会索然无味吗？"

我："小笨蛋，我的意思是我会去再买一包！老婆。"

5. 一次和老公走在路上，突然路边窜出来一条狗，汪汪地直冲我们叫。

我也就给它回个汪汪汪，小狗竟然被我吓住了。

老公说："你就跟那个小狗似的。"

我很生气，大声地回他："我能跟狗比吗！"

想想不对，又说："狗能和我比吗？"

三、试说明暗喻在下列言语幽默中的表达效果。

1. 大年三十晚餐，财主想以加点菜的办法平一平长工因整年受虐待而产生的怒气；但又不想多花钱，他去问长工们爱吃什么菜肴。一长工说："素菜淡饭是亲家，鱼肉荤腥是冤家。"财主听了大喜，开饭时，财主摆了好几碗鸡、鸭、鱼、肉，只煮了一大碗青菜。哪知长工们大吃荤菜，不碰青菜。财主急了，忙问："你们不是说鱼肉荤腥是冤家吗？"长工答："是啊！不吃冤家，难道吃亲家不成？"财主听了目瞪口呆。

2. 老师徐文珍说："平时考是点心，百吃不厌；期中考是正餐，定时定量；期末考是满汉全席，一次就够，你们为什么不好好用功呢？"

学生杨锦说："报告老师，我们正在减肥！"

3. 一对新人在签署结婚证书时，新郎杨欣然低声对新娘杨佳佳说："这是你的长期饭票。"新娘杨佳佳眼睛也不眨一下地回敬道："这是你的洗衣机质量保证书。"

4. 大街上，两个男人王振兴和朱灿灿在吵架。"你是一头笨驴，"王振兴大声喊道。"你是一头蠢驴，"朱灿灿反唇相讥。有行人路过，听罢劝道："既然都是一家人，又何必伤和气呢？"

5. 朱灿灿的爸爸很爱打牌，晚上经常和朋友一起打到很晚才回家。一天晚上，朱灿灿和妈妈一起散步，天气很好，可以看见月亮和美丽的星星。朱灿灿指着天上的月亮告诉妈妈："妈妈，你就是天上的月亮，我是月亮旁边的小星星。""那你爸爸呢？"妈妈问。"爸爸是太阳，一到晚上就看不见了。"

四、言语幽默中的明喻喻词，除了我们在文中探讨的外，还有哪些？请举例说明。

五、言语幽默中的暗喻喻词，除了我们在文中探讨的外，还有哪些？请举例说明。

六、请把下列言语幽默改成明喻幽默或暗喻言语幽默，并说明其表达效果。

1. 一县官拜见上司。谈完公事后，上司问："听说贵县有猴子，不知都有多大？"县官回答说："大的有大人那么大。"县官自觉失言，赶忙补充说："小的有奴才那么大。"这里，县官情急之中言语失礼，冒失之后，赶快补救，贬低自己，以示道歉，更是拍马，令旁观者哑然失笑。(《笑林广记》)

2. 大明的父亲是屠户，当别人诚恳地问大明"你父亲是干什么的"时，大明大言不惭地说："我父亲是搞动物解剖工作的！"

3. 今天我去开会，去的路上碰到同事秦旭旭，他边走边吃萝卜。我问："哎呦，这个季节，所有的水果都下来了，你怎么吃萝卜呀？"秦旭旭："你不懂，吃了它，开会的时候，才能提前离开！"我："啥意思？"秦旭旭："我们院长说了，开会的时候，你有事离开，我可以理解，但是，你起码得放个屁吧！"我："……"

第三节　夸张幽默①

夸张就是言过其实，对客观的人、事物做扩大或者缩小或者超常的描述，这种辞格叫夸张（黄伯荣、廖序东《现代汉语》）。郑凯在《先秦幽默寓言论》中指出：夸张幽默能突出事物的不协调状态，加强描写的生动性和趣味性，便于创造某种新奇感，有利于显现幽默情趣。王文松在《论幽默的语言风格》中指出，夸张幽默能突显客观事物内在的矛盾性，给读者以鲜明的形象。

幽默中的夸张愈是大幅度，就愈能刺激读者的心灵，打破读者预期的认识，不近情理却近荒唐怪诞，给人新奇感、陌生感，从而引发人们的笑声。②夸张分为扩大、缩小和超前三种，扩大夸张是指故意把一般事物往大、多、快、高、长、强等处说，缩小夸张一般是把事物往小、少、慢、矮、短、弱等处说（参黄伯荣、廖序东《现代汉语》）。夸张幽默中有扩大夸张，也有缩小夸张。

一、扩大夸张幽默

陈炳熙在《论古代文言小说中的含蓄与幽默》中指出，幽默是夸张的艺术。在幽默中，扩大夸张常常有往大里的夸张、往强里的夸张、往急里的夸张等。

（一）往大里的夸张

> 有大耳国，其人寝，常以一耳为席，一耳为衾。（《山海经》）

"一耳为席，一耳为衾"是夸大性夸张，该大耳国的居民睡觉时，竟然能够一只耳朵做他睡觉时铺垫的席子，另一只耳朵则能做用来盖的被子。那么，该大耳国的居民到底长成了何等模样，文中并未见陈述，任凭读者想象、勾勒，想来令人发笑。

> 玛丽是美国一著名女影星，年轻时她一直活跃在银幕上，晚年日渐发胖，最后连去海上游泳也不好意思了。在一次记者招待会上，一名记者问道："请问，你是不是因为自己太胖，怕丢丑才不去海滩上游泳的？"玛丽立刻回答道："我是因为自己胖不去海滩，因为我怕我们的空军驾驶员在天上看到我，以为他们又发现了一个大岛。"

女星玛丽将自己太"胖"了的缺陷无限制地夸大，说自己胖成了一个"大岛"，这是夸大性夸张；然后以一个局外人（我们的空军驾驶员）的身份观察、审视自己的"胖"，从而让人们感受到她"胖"幽默、可笑的一面。女星玛丽这种"不是真实、胜似真实"的夸张，创造出一种诙谐、轻松的谈话气氛，引人发笑。

---

① 本节内容主要参考谭达人《幽默与言语幽默》（生活·读书·新知三联书店，1997 年）、蒋华《笑话中的语言学》（湖南大学出版社，2008 年）、蒋华《言语幽默多维研究》（黑龙江人民出版社，2010 年）等研究成果。

② 参考蒋华《言语幽默多维研究》（黑龙江人民出版社，2010 年）。

（二）往强里的夸张

有一家宴请宾客，主人忽然闻到一股奇臭味，忙呼家童询问。家童附在主人耳边小声说："是我家娘子在那边脱鞋了。"主人低声沉吟道："即使是脱掉了鞋，也未必这么臭"。家童便又附在他耳边说："娘子两只脚全脱了。"（《臭脚娘子》）

主人在家宴请宾客，家里干净卫生，这是必要的礼仪。主人家奇臭无比，这自然是令在家里聚会的客人心里难受，主人也觉得没有面子。我家娘子脱了两只鞋，家里奇臭无比，这是扩大夸张。这夸张是讽刺主人的娘子不讲卫生竟然到了这等程度，令人感到害怕，也让人感到好笑。

（三）往急里的夸张

从前有一个性格异常急躁的人，他路过面条店时，没进门就吵嚷道："为什么不快快给我端上面？"店主应声端来热面条，往这人身边的桌子上一倒，没好气地说："你快点吃吧！我要刷碗啦。"这人气得七窍生烟，无奈，只好把怒火往肚子里咽。这人回到家里，对着妻子劈头一句："我快气死了。"妻子二话没说，连忙打点行装，吼道："你死在这里吧，我去嫁人了。"说罢，夺门而去。这女人嫁给别人只过了一夜，后夫就要休掉她。她惊问其故，后夫说："你为何还没给我生个胖儿子？

没进门就吵嚷要店主把面条端上来，这怎么可能？这夸大夸张显示该同志性格异常急躁。"客人没有来得及吃，店主就把面往桌子上一倒"，还说"你快点吃吧！我要刷碗啦"，这夸大夸张显示出店主的无比急躁。此人说自己气死了，他的妻子连忙打点行装，说自己马上改嫁他人，这扩大夸张显示出妻子的异常急躁。后夫给那位女人只过了一夜，看她还没有给他生孩子，就休了她，这扩大夸张突显该后夫的极端急躁。生孩子岂是一日之功？毕竟，"怀胎十月，一朝分娩"！此幽默中，扩大夸张不断升级，一人比一人急躁，让忍不住人发笑。

二、缩小夸张幽默

缩小夸张幽默，我们主要讨论往慢里的夸张和往懒里的夸张。

（一）往慢里的夸张

每个人都有他办事的效率。四个乌龟在一起打扑克，突然发现啤酒喝光了。大家凑了一些钱，请最年轻的乌龟去买啤酒。两天过去了，他还没有回来。"他准是带着我们的钱逃走了。"一个乌龟说。"又说这种话，我干脆不去了！"年轻的乌龟在门外叫道。

乌龟给人的形象总是慢吞吞的，这在该幽默中得到了生动而形象的体现。"两天过去了，他还没有回来"，而且那个去买啤酒的是最年轻的乌龟，这真是让人感到不可思议。也难怪有乌龟怀疑"他带着我们的钱逃走了"。而令我们感到更加不可思议的是，年轻的乌龟爬了半天还是爬在门外。这故事让我们感受到了乌龟的奇慢，让人忍俊不禁。

（二）往懒里的夸张

从前，有一对夫妇，男人是个木匠，女人生得又懒又不爱干净。一天，男人在外做木活回家，要喝开水，就叫妻子去烧开水。结果，开水端来只有一小茶杯那么点点。男人便问："为什么只烧这一点开水呢？"妻子说："锅只有那么大。"男人不相信，进屋一看，铁锅从来没有洗过，锅巴堆积起来，中间只有茶杯那么大个窝窝，所以烧开水只有那么一点点。男人气坏了，顺手抓起一把斧头向妻子的脸上砍去，斧头陷在她的脸上取不下来。妻子说："好险，幸好我从不洗脸，脸皮上有这么厚一层锅巴，要不然就砍到肉上去了！"（《懒婆娘》）

"开水端来只有一小茶杯那么点点"的原因是"铁锅里的锅巴"堆起来非常厚，这是扩大夸张，显示出这妇人从来就没有刷过锅，极其懒惰。更为夸张的是，"斧头陷在妻子的脸上取不下来"，原因竟然是妻子"从不洗脸，脸皮上有这么厚一层锅巴"，这扩大夸张突显出他妻子真是懒到了极致。

思考与练习

一、扩大夸张除了本文中例举的外，还有哪些？请举例说明。

二、下列言语片段摘自侯爱兵的博文，请问它们是夸张幽默吗？为什么？

1.《非诚勿扰》节目中，有一名男嘉宾因为没有主见的性格，遭到了很多女嘉宾的发难。其中，某女嘉宾问道："如果我成为你女朋友，要求你断绝同所有异性的联系，你会同意吗？"男嘉宾听到后，支支吾吾，又怕伤和气，又不舍得断，无从回答。见此情景，主持人孟非对男嘉宾说道："即使是公主、仙女站在你面前，对你提出这样的要求，你也要断然拒绝！"

2."中华小姐环球大赛"总决赛上，3号选手张子琪微笑起来漂亮的酒窝非常可爱，主持人窦文涛现场逗趣道："来，给大家笑笑，看看酒窝。哎哟，这酒窝太深了，都能看到舌头了。"

3."新世纪丝绸之路经济论坛"在泉州举行，主持人白岩松在开场时大赞泉州良好的空气，他夸张地说："从北京到泉州，还没反应过来，就到泉州呼吸了3个多小时的新鲜空气，智商顿时提升了许多。"引来全场热烈的掌声。

4. 山东卫视《我是先生》节目邀请全国最优秀的先生开坛论道，而主持名嘴李咏则和学霸女神寇乃馨、文化大家马未都共同组成"好学团"与各路"大神级"名师切磋论道。节目现场，李咏自嘲道："我发现自己比他们差得很多，对于我是个激励。我短板一块一块的，基本上除了脸长，没有其他长的，我真心向各位先生学习。"这话语令人捧腹大笑。

三、请结合以下言语幽默，说明夸张幽默的特点。

1. 一人奔走仓皇，友问："何故而急骤若此？"答曰："我十八年前干差了一事，今日发觉。"问："毕竟何事？"乃曰："小女出嫁。"

2. 一医看病，许以无事。病家费去多金，竟不起，因恨甚，遣仆往骂。少顷归，问：

"曾骂否？"曰："不曾。"问："何以不骂？"仆答曰："要骂要打的人，多得紧在那里，叫我如何挨挤得上？"

3. 两个星期的假期过后，一位男子回到办公室。他的一位同事问他，假期过得怎么样。"整整两个星期我都在帮助妻子粉刷家里的房间。"他痛苦地说。"她常常粉刷房间吗？"那位男士说："几年前，我们搬进去的时候，客厅是九米宽十二米长，现在的客厅宽八米，长十一米。"

4. 老张是个急性子，一回到家就喊："我快要饿死了，怎么还没有做饭？"妻子无法容忍，就和他离了婚，嫁给了老吴。新婚后的第二天，老吴就写了一纸休书，理由是：妻子还没有给他生个孩子。

四、下列言语幽默是扩大夸张，还是缩小夸张，为什么？

1. 武陵人郑沅石善为夸张之词，远近闻名。有一次，他旅居余邑，旅馆前面有口土井，其水浑浊不堪。但此地之人烹茶做饭，却都用这口井里的水。郑沅石笑着对人说："我如果在这里住上一年，腹中的泥土，大概可以做成半堵墙了。"

2. 众怕老婆者相聚，欲议一不怕之法，以正夫纲，或恐之曰："列位尊嫂闻知，已相约即刻一齐打至矣。"众骇然奔散，唯一人坐定，疑此人独不怕者也；察之，则已惊死矣。

3. 有个斯文先生，性格非常宽缓，言行从不急躁。有一年严冬季节，他和一位友人围着炉子烤火，忽然看见友人的衣角正被火燃着，便慢条斯理地对友人说："有一件事，我看到好长时间了，本想告诉您，但又怕您性子太急；如果不告诉您呢，又恐您受伤太重。既然如此，那么究竟告诉您对呢？还是不告诉您对呢？"友人忙问是什么事情，他不急不躁地答道："炉火燃烧了您的衣角。"友人慌忙脱衣灭火，怒斥他道："你既然发现这么长时间了，为何不及早告诉我？"他笑了笑，摇头晃脑地反驳道："我说您性子太急躁吧，怎么样？果如我言。"

4. 一杭人有三婿，第三者甚呆。一日，丈人新买一马，命三婿题赞，要形容马之快疾，出口成文，不拘雅俗。长婿曰："水面搁金针，丈人骑马到山阴。骑去又骑来，金针还未沉。"岳丈赞好。次及二婿曰："火上放鹅毛，丈人骑马到余姚。骑去又骑来，鹅毛尚未焦。"再次轮到三婿，呆子沉吟半晌，苦无搜索。忽丈母撒一响屁，呆子曰："有了。丈母撒个屁，丈人骑马到会稽。骑去又骑来，孔门犹未闭。"（《赞马》）

五、请结合以下言语幽默，试说明夸张幽默的表达效果。

1. 一妇女去买羊肉，专拣肥的挑来挑去，但没有买，只沾了两手羊油。回到家里，她用水洗手，然后用这些水熬了一大锅汤，她得意得笑了："没花钱便足够全家喝一顿的。"丈夫知道后，生起气说："你为什么不洗在水缸里？可以喝好几顿！"正在夫妻争吵时，村主任来了，问了原委之后说："你们真糊涂，把汤倒在井里，不是够全村喝一顿了吗？"

2. 传说有一贫穷人家，一日忽然来了客人。丈夫连连唤妻子泡茶，妻子在一旁没有好气地反问道："你一年到头从不买茶叶，拿什么泡茶？"丈夫不耐烦地说："没茶叶，喝点白开水也行呀。"没料到妻子的嗓门反而更大了："家里柴禾没一根，冷水用什么来烧开？"丈夫气得破口大骂："你这个狗日的浪婆娘，怎么心眼儿这么死，难道咱枕头里就没有几根稻草吗？"妻子不听则已，听了火冒三丈，指着丈夫的鼻子臭骂道："你这个臭王八，真他娘的站着说话不腰痛，枕头里那些砖头石块，难道是烧得着的？"

3. 两亲家相遇于途，一性急，一性缓。性缓者，长揖至地，口中谢曰："新年拜节奉

137

扰，元宵观灯又奉扰，端午看龙舟，中秋玩月，重阳赏菊，节节奉扰，未曾报答，愧不可言。"及说毕而起，已半晌矣。性急者苦其太烦，早先避去。性缓者视之不见，问人曰："敝亲家是几时去的？"人曰："看灯之后。就不见了，已去大半年矣！"（《作揖》）

4. 一妇人极懒，日用饮食，皆丈夫操作，他只知衣来伸手，饭来张口。一日夫将远行，五日方回，恐其懒作挨饿，乃烙一大饼，套在妇人颈上，为五日之需，乃夫归，已饿死三日矣。夫大骇，进房一看，其妇只将项上饼面前近口之处吃了一块，饼依然未动也。（《笑林广记》）

第六章 语言学本科毕业论文写作专题

　　毕业论文是经过对某个学术问题探讨、研究、分析论证的文章；是某一学术课题具有新的科学研究成果或创新见解的科学总结；是把上述议论和证明了的材料用于宣讲、交流、讨论或刊发的书面文件。[①]本科毕业论文是对本科学生学习成果的综合测评，能够在一定程度上反映出该校的教学质量，因此本科审核评估是把本科学生的毕业论文作为重点考核内容的。

　　本科毕业论文选题在一定程度上能够反映出本科学生的专业素养，是本科学生综合水平的具体体现。上海财经大学教授陈杰指出了毕业论文写作重要的原因。首先，写论文是对写作能力、逻辑能力、自学能力、信息收集能力、知识整合能力和创新能力的极大考验和最好锻炼。社会生产活动对大学生要求的基本业务能力和综合素质，都能在一本毕业论文中体现出来。其次，论文写作是一个主动学习的过程。论文撰写和修改过程，是写作与表达的训练和改进，也是自学能力、逻辑能力和逻辑层次的一步步提高，还是思考丰富性和思想层次性的修炼。最后，在学校写论文，有导师给学生把关，帮学生指出选题有价值与否、逻辑严密与否、布局结构合理与否、写作规范与否、思考有深度否、表达严密与否等问题。清华大学校长邱勇宣布将在 2018 级新生中开设"写作与沟通"必修课程，并计划到 2020 年覆盖学校所有本科生。在谈到为什么要将"写作与沟通"开设为必修课程时，清华大学教务处处长彭刚表示："我们致力于培养面向未来的领导者，而写作能力正是领导者的必备素质之一。"

　　语言学学术论文写作一般包括这几个过程：选题、查找资料与撰写研究现状、语料的查找与分析、提纲的撰写、参考文献的制作以及遵守学术道德的遵守等。

一、语言学毕业论文的选题

　　正确而又恰切的选题，对毕业论文的质量具有重要意义。爱因斯坦曾经说过，在科学面前，"提出问题往往比解决问题更重要"。提出问题是解决问题的第一步，选准了论题，就等于开了一个好头。题目选得好，可以起到事半功倍的作用。选题是论文撰写成败的关键。选题是论文撰写的第一步，它实际上就是确定"写什么"的问题，亦即确定科学研究的方向。如果"写什么"不明确，"怎么写"就无从谈起。应该说，选题是写好一篇论文基础性工作中的重要一环。[②]因此，本科学生要深入挖掘所学知识，从一个全新的角度，提出一个具有研究意义的毕业论文题目。

[①] 参考谷显明《地方本科院校毕业论文写作调查及对策研究》(《湖南科技学院学报》，2016年第 6 期)。

[②] 参考武丽志等《毕业论文写作与答辩》(高等教育出版社，2015 年)。

俗话说，"题好文一半"。毕业论文题目是以最恰当、最简明的词语反映毕业论文中最重要的特定内容的逻辑组合。毕业论文题目极其重要，要用心斟酌选定。论题要凝练、简洁，要大小适中，要根据学生兴趣而定。

（一）毕业论文题目要凝练、简洁

我们注意到，有学生的毕业论文题目不凝练。如有的题目为"浅析东北方言词汇特点——以辽宁朝阳方言为例""黔东南苗族地区酒桌上的非言语交际行为——以雷山县为例"。实际上可以改为："浅析辽宁朝阳方言词汇特点""黔东南雷山县苗族地区酒桌上的非言语交际行为研究"。这样，题目不用副标题，相对来说，就要简练一些。

（二）毕业论文题目要大小适中

与硕士生、博士生相较，本科生在选题时更容易出现选题过难的情况。一般说来，本科生做学问的经历甚少，对研究对象知之不多，就容易选择大题目。我们注意到，有学生的毕业论文题目过大，如"古代汉语的《尚书》介词研究"。《尚书》的介词有很多，本科生毕业论文是不可能囊括所有《尚书》的介词。又如一学生写《〈围城〉语言研究》，语言涉及语音、词汇、语法与修辞等方面的知识，一本科生想要深刻而全面地写好，殊非容易。

我校有学生毕业论文题目写方言语音研究的，如《遵义方言与普通话语音异同比较》《贵州省锦屏县侗语语音研究》《论黄平方言语音与普通话的异同》《天柱方言语音研究》《贵州天柱方言语音调查》《龙州壮族的语音系统和语音特点分析》《扶绥壮语语音研究》《浅析贵州省丹寨县方言汉语方言语音系统》《天柱县克烈村侗语语音调查研究》，这些题目都是同一届学生的。笔者曾参加过他们的毕业论文答辩，很难说他们的毕业论文写得很好。他们的毕业论文有的内容基本相同，只不过标题有所变化，如《天柱方言语音研究》《贵州天柱方言语音调查》。实际上，这些题目都过难，语音至少包括声母、韵母和声调三个方面，对没有系统学习过方言语音调查等相关知识的我校本科毕业生来说，这无异于老虎吃天。

我校有学生毕业论文题目写方言词汇的，如《汉语方言词汇研究》《岑巩汉语方言词汇研究》《施秉汉语方言词汇研究》《镇远汉语方言词汇研究》，这些题目不太恰当。以黄伯荣、廖序东《现代汉语》词汇章节的内容来看，它就包括词汇的单位、词汇结构、词义的性质与构成、义项和义素、语义场、词义和语境的关系、现代汉语词汇的构成、熟语、词汇的发展变化和词汇的规范化等内容，这样看来，上述题目显然是过大了，一个本科学生的毕业论文是不大可能囊括上述内容的。

选题过大导致的常见后果有这样几种情况：（1）花费了大量气力，但却完不成毕业论文写作的任务；（2）毕业论文中论点很多但论证浮浅；（3）毕业论文研究缺乏应有的深度，以大量的论据列举替代论证；（4）毕业论文以"综述"替代论证；（5）无法在规定的时间内完成毕业论文的写作。因此，选题的难易程度最好在自己力所能及的范围之内，即选题的研究具有一定的难度和挑战性，但经过努力之后可以完成。

有的学生毕业论文题目过小，而且专业性极强。如《从认知语法的角度看"手"的隐喻现象》。这类题目角度太小，对本科生来说，似乎难了一些。

学生的毕业论文题目应不大不小，适中即可。难易适中是指选题的范围大小、难易程度、篇幅长短都要恰到好处。对于大多数本科生而言，毕业论文写作也许是学生有生以来的第一次严格的论文写作，因此，作为初学论文写作的人，选题时定要认真权衡论题的难易程度。学生题目如果太大或太小，指导教师应该及时提出修改意见。我指导的一学生写作《黔东南理发店名称调查与研究》（2012年）。开始我本来让学生写《镇远理发店店名调查与研究》，学生查找与收集了相关理发店名称，发现有的理发店没有名称，有名称的数量仅有三十来例，无法进行有效分析，更无法总结出相关规律。于是，我们就把查找的地域扩大一些，于是就把题目改为《黔东南理发店名称调查与研究》。这样学生有材料可找，也有材料分析。

（三）毕业论文题目要根据学生兴趣而定

在学生选题时，要根据学生的学习兴趣来选择毕业论文题目。兴趣是学生最好的老师，兴趣，使学生不怕吃苦；兴趣，使学生废寝忘食；兴趣，也使学生执着而愿意付出努力。学生一旦对某种事情产生了兴趣，那么他会竭尽全力投入到从事这件事情的活动中去。朱德熙先生曾说："做学问要有一颗童心才行，就像小孩儿在地上玩泥巴似的，只有本身的乐趣，而没有任何功利的动机和其他的目的。"这里的"乐趣"也就是兴趣吧。有的东西是学生的精神寄托，让他们魂牵梦绕，让他们兴味无穷。如笔者指导的一个学生是侗族，她很喜欢琵琶歌，于是我就让她写《侗族琵琶歌的语音修辞研究》，她很快成文，而且写得也很不错。又一学生是黎平的，她很喜欢她们那一片的地名，于是我就让她写《黎平地名研究》，她写得很好，水平较高，论文获得了学校"优秀毕业论文"称号。

（四）毕业论文题目的价值

毕业论文的题目有意义，写出来的毕业论文才有价值，如果选定的题目毫无意义，即使花了很多的功夫，文章的结构和语言也不错，也不会有多大的价值。那么，应该根据什么原则来选题呢？总的来说，毕业论文的选题要符合科学研究的正确方向，要具有创新性、有理论价值和现实的指导意义或推动作用。

第一，注意选题的实用价值，选择具有现实意义的题目。所谓毕业论文的实用价值，就是指我们选的题目，应与社会生活密切相关、为人民群众所关心的问题。习近平总书记说得好："广大科技工作者要把论文写在祖国的大地上，把科技成果应用在实现现代化的伟大事业中。"总书记也要求我们写有现实意义、有实用价值的论文题目。如我们在坐公交车的时候，发现凯里公交站名称存在诸多问题，于是就让我指导毕业论文的学生写《凯里公交站名的考察与分析》，学生考察得出这样的结论：

通过分析凯里市的公交站名命名的特点，发现其很模糊。如"万博北站"，万博北站的地理位置属于交错性的，属于韶山南路与万博北方向的交错地段，同时又有黔东南州人民医院的地标。将"万博北站"更名为"州医院"更适应于社会的发展；因为该地的医院面向全州的人民群众服务，知名度更高；另外，以典型地标命名可以使公交站名清晰地定位，使用价值更高。

公交站名的规范化，能更好地定位，同时方便人们的生活。诸如"凯里三中"所在地现在已更改为"凯里四中",而公交站名也改为"凯里四中",及时修改公交站名能更好地为人们出行定位带来方便,因而及时让公交站名与实际地点保持一致是必要的。

显然,上述结论对于凯里公交站的命名不无益处,也富于借鉴价值。论题具有现实意义,也具有实用价值。

第二,要注意选题的理论价值。语言学毕业论文要以逻辑思维的方式理清思路,在尊重客观事实的基础上进行推理,用令人信服的论据得出结论,给人以思想上的启迪和实际操作上的指导。如有位学生写作的《凯里经济开发区饮食行业店名调查研究》,得出这样的结论:

> 黔东南国家级经济开发区——凯里经济开发区饮食行业的店名的苗族侗族特色不明显。店名提到凯里的仅有 1 例,而提到其他地方的却更为多见。这是为什么呢?改革开放使我国的经济迅速发展,铁路尤其是高铁的快速发展,高速公路的大量建成,我国大江南北都实现了物品和人文交流,人们之间的联系也越加紧密而频繁。这些饮食行业不同的地名是我们国家对外改革开放政策在店名上的反映,是我国经济迅猛发展在店名上的反映。

这个结论是在实际调查的基础上进行的,得出的结论具有实际操作上的指导意义。

第三,选题要有新意。所谓新意,不外乎这样几层意思:一是,从观点、题目到材料直至论证方法皆具创新性。这类论文写作难度大。二是,对在自己的工作实践中发现积累的问题,进行理论性的概括和总结。三是,以新的角度或新的研究方法或新的材料对已有的观点、材料、研究方法提出质疑,同时,展示自己的理论思考。撰写这方面的论文有一定的难度,但却能引发人们的思考,从而深化对某一问题的研究和解决。①

本科生创新不易,我们可以选择新的材料,用已学过的语言学理论和方法去探讨。如笔者指导的一学生写作《黔东南中学名称调查与研究》,黔东南中学名称没有人研究过。因此,这篇文章的结论肯定是具有创新性的,这也是第一篇研究黔东南中学名称的文章。学生写完后得出这样的结论:从词汇特征上看,黔东南中学名称在专名、通用与数量词互相组合的命名结构中,以"专名+通名+序数词+通名"形式为主,加以其他多种形式的命名形式,其语词组成的形式呈现多样化的特点。从命名理据看,黔东南的中学名称主要以地名命名所占比例最大,还有少量部分中学名称以人名命名等其他命名方式。从语音特征角度来看,七音节中学名称占了一半;其次是四音节和五音节,十一音节所占比例最小。这样的结论无疑是新颖的,具有创新性,也得到了答辩老师的高度认可。

二、语言学毕业论文的资料查找与研究现状的写作

毕业论文题目确定之后,就要查找相关资料,了解研究现状。资料往往关联着论文的创新思想的火花,许多有创造性的见解往往就是在阅读资料的过程中在人们的头脑中闪现出来的。因此,我们在选题时要考虑获取资料的多少以及能获取什么样的资料。

---

① 参考谷显明《地方本科院校毕业论文写作调查及对策研究》(《湖南科技学院学报》,2016年第 6 期)。

（一）查阅相关资料

写作语言学毕业论文时，首先，翻阅语言学专业杂志。语言学类的专业杂志有《中国语文》《当代语言学》《古汉语研究》《语言研究》《汉语学习》《语文研究》《语言教学与研究》《语文建设》等，另外还有一些综合类杂志和大学的哲学社会科学学报，如《求索》《社会科学家》《湖南师范大学学报》等也常发表语言学论文，可以参阅。如我指导的一学生在写作《大学校名的调查与研究》，他查阅了《徐州师范大学学报》上的一篇文章，并且通过此文后附的参考文献，按图索骥，找到一系列文章。

其次，翻阅图书馆相关图书。我们学校图书馆每年都会买一些新的语言学方面的图书。在这些或新或旧的图书中，我们可以查找到与我们论题相关的图书。

最后，利用图书馆网站或网页。网络信息资源数量大、种类全、时效性强。我们可以通过中国期刊网、知网、维普、万方检索所需要的资料。也可以利用其他网站，如贵州省数字图书馆网站，这是免费的。对语言学本科学生用处最大的是下列资料（图书、期刊、学术论文、会议论文等），查找的项目有全部字段、书名、作者等。如我指导的一学生在写作《大学校名的调查与研究》时，可以输入"大学校名的调查与研究"这几个字，看有没有学者写过相关方面的文章。如果找不到相关文章，可以重新输入关键词"大学校名"，这样就能查找到一系列文章。如《湖南省本科高校校名英文翻译研究》《论高校校名保护的商标策略》《江西高校校名商标注册现状分析及保护对策》《基于校名视角的我国高校分类发展研究》《校名的教育功能》《校名趣对得佳联》《校名巧对》《校名之辨：同与不同——如何发掘校名关键词相同高校的特色》等。

查找到相关文献资料后，自然就是阅读相关文献了；就是让学生用较少的时间，获取较全面系统的研究信息，才能顺利完成文献综述写作任务。

广泛搜集素材，认真整理素材。对他人已经解决了的问题就可以不必再花力气重复进行研究。对于他人未解决的，或解决不圆满的问题，则可以在他人研究的基础上再继续研究和探索。

有时候，在写作毕业论文题目时，没有或者找不到相关的研究成果。这时候应该怎么办？我们认为，可以选择相关的论题作为其研究现状。如笔者指导的一学生写作《黔东南中学名称调查与研究》，黔东南中学名称没有人研究过，也查不到相关文献；但是别人研究过大学名称，这样我们可以以大学校名的研究为其研究现状来进行相关阐述。

（二）毕业论文研究现状的描述

研究现状的作用在于高度浓缩了几十篇甚至上百篇散乱无序的同类文献之成果、存在问题或争论焦点，对本领域内已经做了哪些相关的研究工作，用了什么研究方法和手段，先行者是如何定义、分类、解释研究对象，以及如何解释进行了归纳整理，使之条理化和系统化。从而找到对自己有益的研究思路、方法和手段，并及时修订自己的研究方案。[①]

---

① 参考朱家席《基于汉语言文学专业的毕业论文选题研究》（《淮北师范大学学报》，2015年第 2 期）。

对于毕业论文现状的把握与描述，有着不同的描述方式方法。可以采用"综合表述法"和"条款列举法"。下面分别演示两种表述方法。

1. 综合表述法

综合表述法是指与条款列举法相对的一种研究现状表述方法，这种表述方法不对研究现状进行条款分割，而是从不同角度对研究现状进行综合描述或概括。[①]如我国傩文化的研究现状：

对我国傩文化的研究，大体上可以分为三个阶段。

在 20 世纪初，国内有学者开始关注我国傩文化，如王国维、岑家梧和胡朴安等。王国维在《古剧角色考》中指出了傩的外在标志和主持人，在《宋元戏曲考》中指出了巫傩与戏剧的密切关系。岑家梧在《图腾艺术史》把傩与舞的起源同以动物图腾进行驱鬼逐疫联系起来探讨。胡朴安在《中华全国风俗志》中记录了多个省的傩俗。在 20 世纪 50 年代，中国舞蹈艺术研究会对江西和广西一些地区的傩舞节目进行调查，写出了介绍傩俗和傩舞的论文《江西省"傩舞"调查介绍》和《桂北"跳神"》。王兆乾的《谈傩戏》第一次对傩、傩祭和傩戏的内涵做了比较明确的解释。

在 20 世纪 80 年代，傩文化作为一门新兴学科得到了学者们的普遍关注。80 年代傩文化的研究主要体现在傩戏方面。1988 年，中国傩戏学研究会成立，傩学研究者因此而有了自己的学术团体。中国内地、香港等地举办的多次有关傩文化的学术研讨会推动了傩文化的研究。20 世纪 90 年代，王秋桂主持的"中国地方戏与仪式之研究"在傩文化学领域中是规模最大的一个学术科研工程，出书 80 余种，内容包括调查报告、资料汇编、专书和研究论文集等，成为研究中国傩学、傩文化史等领域的宝贵资料。

21 世纪初，从文艺学、艺术学、民俗学、社会学和人类学等角度来研究傩文化的学术成果不断呈现。著作有概论性的，如曲六乙、钱茀《东方傩文化概论》等；有专题性的，如李岚《信仰的再创造——人类学视野中的傩》等；有论文集，如白庚胜编《追根问傩——国际傩文化学术研讨会论文集》等。论文更是数不胜数。另外，一大批硕博士学位论文，如陈圣燕《敬如神在：柏堡傩文化生态研究》等，更掀起了傩文化研究的热潮，多学科的研究使傩文化研究的视域更为宽阔，层次也更加丰富。

2. 条款列举法

条款列举法对研究现状进行分款陈述或分条列举。条款列举法的优点是表述简洁、清晰明白，其缺点是对研究现状的描述有时难以达到全面、深入、细致的程度。[②]毕业论文研究现状中的条款列举法可以分为"已有的定论"和"不同的立场或视角"。先看"已有的定论'这''那'类词对举"的研究现状：

"这""那"类词对举，学者大都从语义方面来探讨，持单一看法的主要有

① 参考武丽志等《毕业论文写作与答辩》(高等教育出版社，2015 年)。
② 参考武丽志等《毕业论文写作与答辩》(高等教育出版社，2015 年)。

以下几种不同的观点。如"虚指"说、"泛指"说、"语义转移"说、"无定"说、"不确指"说、"不定指"说、"小夸张"说和"有定中的无定"说等。

1．"虚指"说

代表作：吕叔湘《近代汉语指代词》、邓福南等《汉语语法新编》、刘月华等《实用现代汉语语法》。

2．"泛指"说

代表作：朱成器《现代汉语语法教程》。

3．"语义转移"说

代表作：刘云《现代汉语中的对举现象及其作用》。

4．"无定"说

代表作：吕叔湘《近代汉语指代词》。

5．"不确指"说

代表作：丁声树等《现代汉语语法讲话》、刘月华等《实用现代汉语语法》、吕叔湘《现代汉语八百词》。

6．"不定指"说

代表作：冯志纯《现代汉语》、袁晖《现代汉语》。

7．"小夸张"说

代表作：唐善生《句法小夸张》、殷志平《对称格式的认知解释》。

8．"有定中的无定"说

代表作：蒋华博士学位论文《现代汉语"这/那"类指示代词的多维度考察》。

研究者对现状的描述主要从基本观点和代表作两个层面出发进行描述。这是一种比较单纯的描述，实际写作中的现状描述往往比这种描述复杂得多。

再看不同的立场或视角来研究侗族大歌的现状：

侗族大歌是黔东南侗民族的精神和灵魂，是黔东南侗族社会文化生活的重要组成部分，是维系黔东南侗族社会生存的精神支柱。黔东南侗族大歌，研究者众多，学者们的探讨多集中在侗族大歌的产生、侗族大歌的传承与保护、侗族大歌的音乐、侗族大歌的文学和侗族大歌的文化探究等方面。

侗族大歌的产生。如杨国（1988）认为，侗族大歌源于对人类大自然的模仿。陈家柳（1989）、陈守湖（2015）等认为，侗族大歌就是农耕社会里的侗族生计与日常生活。

侗族大歌的传承与保护。如普虹（1990）提出如下传承保护措施，如加强对侗族大歌的宣传等。李卫英（2013）认为，学校教育应从校本课程的开发、传承方式的变革等方面进行研究。杨宇娟（2014）认为，侗族大歌应纳入学校课堂教学等。

侗族大歌音乐研究。如袁燕妮（1980）认为，多段结构的侗族民间合唱是以羽调式为主，各段尾腔结构相对固定。潘永华（2013）、杨毅（2014）认为，侗族大歌的特色在于它曼妙多姿的演唱方式，多样和谐的旋律声调，纯真甜美的情感表达。

侗族大歌的文学研究。如朱慧珍（1988）认为，侗族大歌审美特征主要表现在尊重集体，维护团结等方面。谢丹（2014）认为，侗族大歌的文化生态价值主要表现在鼓楼大歌文化、大歌多声形态、合唱技艺等方面。

侗族大歌的文化研究，如杨昌嗣（1984）指出，一些民歌所反映的思想，其本身就带有对客观事物的规律性的认识。梁梅（2007）认为，侗族大歌在侗族的社会生活中有其独特的文化价值和社会功能。

以上研究结论已产生广泛的影响，这些结论在不同程度上揭示了侗族大歌的实质，但每一结论都存在着不足与偏差。

三、语言学毕业论文语料的查找分析与论文提纲的制作

写作语言学毕业论文时，查找与收集语料是较为重要的一个环节。论文提纲是论文的基本骨架，是构思谋篇的具体体现，好的提纲就能做到纲举目张、提纲挈领。

（一）毕业论文语料的查找与收集

查找毕业论文的语料。如笔者指导一个学生写《指代词"那"的上指用法研究》，这时必须要找到很多有关"那"的语句。研究现代汉语所依据的主要是现代白话文语料，主要是北京人的小说、相声，如王朔的作品集。传统的语言学研究中，研究者主要是手工搜集语料，如摘抄例句、制作卡片。许多语言研究者还靠平时积累语料，平时读书看报的时候，看到符合自己的某个研究课题的例子就摘下，积累多了，就可以写文章了。

我们集中寻找用例除了细心阅读所选的语料外，还可以利用电子文献进行检索。现在电子图书很多，可以买张光盘利用其"查找"功能，通过键入目标词可以搜集到大量的有关用例，也可以利用网上提供的语料库进行检索，还可以通过网上下载文本，制作自己的语料库，并进行检索。①

（二）毕业论文语料的分析

对搜集到的毕业论文语言材料进行分析。分析语言材料对研究工作起着决定性的作用。语言学文章的特点在于描写、分析与解释。描写是对某种语言现象进行客观的介绍，如语法研究往往要根据一定的结构形式，选择符合这些结构形式的典型用例来说明这些类型的客观存在。然后根据描写做一定的分析，得出一些结论。解释就是指出出现这种语言现象的原因。我们常常需要援引相关的语言理论给出解释，当然也可以自己尝试给出原因。②在描写、分析与解释之中，解释是最难的。我们写本科毕业论文，侧重在描写与分析。

对毕业论文语料进行描写、分析是不容易的。学生要勤于联想和思考。联想和思考是成就一切的基础和源泉，也是问题深化和问题得来的源泉。只有真正去联想和思考，才能有东西可写，才能下笔千言。

---

① 参考朱家席《基于汉语言文学专业的毕业论文选题研究》（《淮北师范大学学报》，2015年第2期）。

② 参考武丽志等《毕业论文写作与答辩》（高等教育出版社，2015年）。

1. 联想

想象在毕业论文写作是必不可少的一个部分。它可以分为接近联想、对比联想与相似联想等。

（1）接近联想。

接近联想指根据事物在时间、空间上的接近而引发的某种想象，它最早由古希腊柏拉图和亚里士多德提出。成语"望梅止渴"，看到梅子的时候，脑海中有关梅子酸酸甜甜的感受会被调动起来，因此会促使人唾液的分泌。"望梅止渴"是接近联想在起作用。

（2）对比联想。

对比联想就是通过感知或表现某一事物而引发的与此事物完全相反事物的某种想象。成语"高山流水""忆苦思甜"就是对比联想在起作用。我们小学时做反义词练习如"多—（　　　）、西—（　　　）、进—（　　　）、南—（　　　）、夜—（　　　）、少—（　　　）、古—（　　　）"也是对比联想在起作用。

（3）相似联想。

相似联想是由事物之间在外形和内质上的某些相似之处而产生的联想。四川省有个发明家叫姚岩松，他创造出新的耕作机。生活中，他意外地发现屎壳郎能滚动一团比它自身重几十倍的泥土，却拉不动比一块轻得多的土。于是他联想到：能不能学一学屎壳郎滚动土块的方法，将拖拉机的犁放在耕作机身动力的前面，而把拖拉机的动力犁放在后面呢？这样，经过无数次的实验，他设计出了新的微型耕作机。姚岩松能创造出新的耕作机，这是因为屎壳郎与耕作机的相似联想在起作用。

2. 思考

思考是思维的一种探索活动，是在思维过程中的一种积极性和创造性的活动。毕业论文中的思考主要分为两大类，一是多角度思考，一是分类思考。

（1）多角度思考。

我们在教学中发现，学生的思维模式单一，不太知道如何从多角度去思考，大多只会从一个角度去思考、去想象；这就需要我们教师应当教会学生从多角度去思考问题。比如汉语中存在"大过年的""大冬天""大星期天""大中午的"之类的说法，那么这些词语前面为什么能用"大"呢？个中原因何在呢？为什么不能用"小"呢？这里我们可以从多角度来思考。如果从名词性短语本身的表意来看，这类的时间名词表示的是应该休息或者适合于休息的时间。如果从社会心理上来看，中国传统农业劳作强调的是"日出而作，日落而息""春种秋收而冬闲伏蛰"，在属于个人休息的时间前加一个"大"字，只是为了表明这些时间比较宝贵，应该充分加以享受。如果从"大过年的"等的后续句来看，其后续句可以分为两种情况，一种是反说，即否定做某事，如"大过年的，别看书了""大过年的，你就别出门了"；一种是顺说，即是肯定做某事，如"大中午的，休息一会儿吧""大半夜了，你还不睡觉呀？"如果从"大"所修饰的对象来看的话，这类时间词又有哪些呢？这类时间词可以是表示节日的词，如中国传统节日和公休节日，如大中秋的、大国庆的。也可以是表示年月日星期的时间名词，如大正月的、大初一的、大十五的，还可以是一年中季节或者气候的时间名词，如"大夏天的""大冬天的""大冷天的"，也可以是表示一天中时点或者时段的词，如大清早的、大中午的、大晚上的。[①]

笔者指导一个学生在写作毕业论文《三穗县村寨名称的调查与研究》时，她是从不同角度来思考与分类的：

> 本文以三穗县村寨名称为研究对象，从自然实体、人文社会和苗侗语意译三方面对村寨名称进行了分类整理。三穗县村寨名称自然实体命名法可以分为水文、地形、动植物、矿产命名、方位、土壤等命名方法。三穗县村寨名称人文社会命名法则可以分为姓氏、建筑、数字、历史事件、军事、叙志等命名方法。三穗县村寨名称意译命名法则分为苗语意译村寨名和侗语意译村寨名。

从她毕业论文中可以看出，此学生是从不同的角度（自然实体、人文社会、意译）来分析的。

（2）分类思考。

分类，是指按照种类、等级或性质分别归类。分类是科研的基本要求，只有在分类的基础上，我们才能够进行进一步的研究。在生活中人们常见的都有分类，如由于生理特点上的不同而产生了男人与女人这两个不同的分类；由于学识和年龄上的不同，学生有"大学生""高中生""初中生""小学生"之别。在毕业论文的写作中自然也要进行有效分类。《现代汉语》教材对词的分类可以作为我们写毕业论文的参考。它首先从语法功能和意义入手将词分为实词和虚词两大类；然后又依据上述标准把实词分为名词、动词、形容词、数词、量词等，把虚词分为介词、助词、连词、语气词等。

笔者指导一名叫罗安琼的学生写关于黎平地名的毕业论文，她从地形地貌、方位、山水、动植物、气候、距离几个方面来给黎平地名加以分类，并且进行统计分析，有理有据，值得借鉴。暂录如下：

> 为了更清晰地看出黎平自然实体类地名的所占比例，对收集到的地名进行研究分析，如图 1 所示：

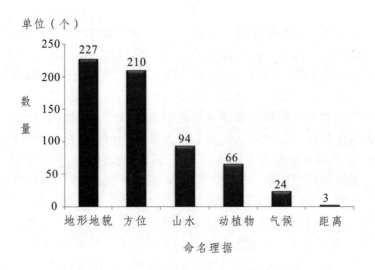

图 1　黎平自然实体类地名统计图

---

① 参考陆俭明《现代汉语语法研究教程》（北京大学出版社，2013 年）。

由图 1 可以看出，在收集到的黎平自然实体类地名中，因地形地貌为命名理据的地名所占比例最大。按照所占数量的多少，从多到少依次排列的顺序分别是：地形地貌、方位、山水、动植物、气候、距离。

只有学会了分类、想象和思考，语言学毕业论文的写作才算是迈出了坚实的一大步，这样也为我们写好语言学毕业论文打下了坚实的基础。

3. 描写

笔者曾经参加过 2019 年本校人文学院汉语言文学毕业论文答辩。有一个写古代汉语毕业论文的学生，抄一段古代汉语著作中的原文，然后用现代汉语把它翻译出来，就算作是描写。如：

《巽》卦六四：有孚，血去惕出，无咎。（心中诚信，小心谨慎地行动，没有过错。）

当然，这是对描写的误解了。我们可以参看《现代汉语》（黄伯荣、廖序东编，高等教育出版社，2017 年）教材是如何描写"雪白""漆黑"类词的。这类词本身已表示特定状态和程度，而且程度较深，不用加"很"或重叠。但它们可以作词的重复，表示强调，属于修辞的反复格。

4. 得出观点

在毕业论文中，我们经过对语料的联想、思考、描写之后，便明确得出自己文中的观点。在毕业论文写作时，观点可以放在文章开头，也可以放在文章结尾。

我指导一个学生在写《镇远餐馆名称调查与研究》明确地表明自己的观点："镇远的餐饮店名所占比例最多的是 4 音节的。"然后，他接着从数据方面来加以证实，同时指出其存在的原因"4 音节的专名形式在结构上工整有序，形式美观，读起来也是朗朗上口，易于记忆"。这样有理有据，很是得体。有学者曾指出，观点是一篇论文的明灯，能照亮你的思维和研究的步伐，能将文章的论据、论证方法都集中起来。此话不无道理。

（三）论文提纲

就语言学毕业论文写作而言，提纲有如语言学毕业论文的骨架，由绪论、正文和结语三个部分组成。

1. 绪论

绪论是语言学毕业论文的开头部分，为题目的论证展开做铺垫。绪论大致有"选题意义""研究目的""研究现状综述或者概述""研究方法""研究思路""拟解决的主要问题"等。语言学本科毕业论文绪论字数要求在 1 000 字左右。

2. 正文

正文部分是毕业论文的主干部分，需要展开论证，详细描述，利用充分、有力的论据，对论点做多角度、多侧面的分析讨论，系统全面地展示观点和成果。严格地讲，论证周密、结构严谨、思想深邃的文章都会出现多层级的逻辑划分；因此毕业论文提纲会出现二级或者三级标题，这样才能纲目有序、条理分明、层次清楚、脉络清晰。[①]

3. 结语

结语是论文的结尾部分，其主要内容常涉及：一是对本论文的论证进行高度概括，并点明结论；二是说明自己的研究还未彻底解决的问题或未曾涉及的方面，并解释其原因。[②]

关于论文提纲的写作，读者可以参考笔者指导的 2014 届毕业生杨玉芬的《近三十年高考对联研究》的提纲：

四、语言学毕业论文的研究方法

写作语言学毕业论文有很多种不同的方法，这里主要叙述调查统计法与比较法。

（一）调查统计法

语言学论文常用的方法就是调查统计法。调查可以分为穷尽调查和抽样调查，如对某些和某种语料的所有用例都进行考察，这是穷尽性调查。如果只是考察了部分用例，这是抽样式调查。从结果来看，穷尽调查有利于统计分析，抽样调查的结果则不太深入。因此，人们常常将穷尽调查和抽样调查结合起来，点面结合，这样得出来的结论才更加合理。如我们让学生写《黎平地名调查与研究》一文时，她穷尽调查了黎平的地名，这

---

① 参考朱家席《基于汉语言文学专业的毕业论文选题研究》（《淮北师范大学学报》，2015年第 2 期）。

② 参考张言彩《文献检索与毕业论文写作》（西安电子科技大学出版社，2017 年）。

样便于她分类，也便于她分析。如她在文章中指出，在黎平人文社会类地名中，因人物姓氏为命名理据的地名所占比例最大，并且列表进行分析。

为了更清晰地看出黎平人文社会类地名的所占比例，我们将黎平地名进行整理和分析，如图2所示：

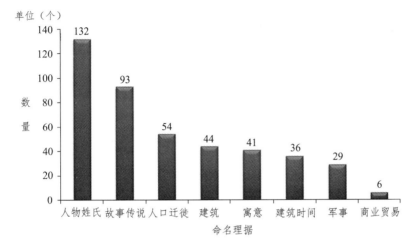

图2　黎平人文社会类地名统计图

由图2可以看出，在我们收集到的黎平人文社会类地名中，因人物姓氏为命名理据的地名所占比例最大。按照所占数量的多少，从多到少依次排列的顺序分别是：人物姓氏、故事传说、人口迁徙、建筑、寓意、建立时间、军事、商业贸易。

统计是定量研究的重要方法，统计是为了定量，定量是为了定性。如笔者指导的一学生写作《镇远餐饮店名调查与研究》。她经过实地调查及网络资源的搜集对镇远的622家餐饮店名的音节特点进行了统计分析，分析结果如表1所示：

表1　镇远622家餐饮店名的音节统计

音节数	餐馆数	百分比	排序
2个	1	0.16%	10
3个	36	5.79%	6
4个	152	24.44%	1
5个	137	22.03%	2
6个	116	18.65%	3
7个	80	12.86%	4
8个	47	7.56%	5
9个	21	3.38%	7
10个	12	1.93%	9
11个到15个	20	3.22%	8

从表中的数据可以看到 4 ~ 7 个音节的所占比例是最多的，2 个音节的所占比例仅仅只有一个，8 个及以上的音节相对较少。同时也可以看出镇远的餐饮店名长度不一，最多的有 15 个音节。

这样的统计分析是比较精准的，也很能说明问题。

（二）比较法

比较法是语言学研究中的重要方法，有不同语言的比较、共时的比较等。

不同语言的比较，如英语和汉语"一本书"的比较。如汉语说"一本书"，英语说"a book"；两者的相同点是汉语和英语都需要数词和名词，这是两者的共性；相异点是汉语有量词，而英语却无，这是汉语的个性所在。

共时的比较，是指同时期不同对象之间的比较，如现代汉语论及"深""浅"时，就讨论了反义词的不平衡现象，这种不平衡实际上就是不同对象之间的比较。又如：

盘汉建听得很仔细，偶尔还会插一句话，问这问那的。

这是你买的，那是我买的。

上述例句中的"这""那"有何区别呢？我们可以采用比较法来加以区别。上述例句中"这""那"的对举可以分为"这""那"实指对举和"这""那"虚指对举，它们在形式上存在一系列的差异，如表 2 所示：

表 2　"这""那"实指对举和虚指对举在形式上的差异

项　　目	实指对举	虚指对举
"这"对举项和"那"对举项能否互换位置	能	不能
对举项中与"这""那"联系紧密的谓语动词能否相互替换	能	不能
对举中，"这"对举项和"那"对举项能否重复	不能	能
"这"对举项和"那"对举项缺失的影响	语义不完整，句子仍然通顺	语义不完整，句子不忍卒读
对举项中，"这""那"修饰的词语能否相互替换	不能	能
对举格式上文所出现人或物的数量	仅为 2	大于或者等于 2
"这"对举项与"那"对举项之间的联系是否紧密	较为松散	相对紧密
"这"对举项和"那"对举项能否连用	不能	能

上述内容可以参看笔者著作《"这""那"类词对举研究及其类型学意义》（黑龙江人民出版社，2015 年）。

五、语言学毕业论文的参考文献

参考文献专指"引文注"，即作者对引用他人作品的有关内容所做的说明，在引文结束处右上角用[1][2]等来加以标明。参考文献有具体的规范，大都按照 CAJ 格式制作，标

准如下：^①

[1] 赵亚亮. 消防救灾设计新动态[N]. 科技日报，1989-10-22（5）.

[2] 朱清怀. 网络词汇与现代汉语词汇教学[C]//中国教育研究会. 语言教育研究论文集. 北京：人民文学出版社，2005：98-99.

[3] 黄伯荣，廖序东. 现代汉语[M]. 北京：高等教育出版社，2017.

[4] 秦元旭，申峰，贺军华. 网络新词的出现及其发展研究[J]. 湖北经济学院学报，2015（6）：120-121.

[5] 蒋菁菁. 网络流行语影响下的青少年思想政治教育研究[D]. 兰州：兰州大学，2013.

[6] 张小平，杨凤英. 汉语词典[Z]. 北京：商务印书馆，1998.

普通文献类型和标识代码的说明：

（1）期刊[J]，（2）专著[M]，（3）论文集[C]，（4）学位论文[D]，（5）报纸[N]。专著、论文集中的析出文献[A]，其他未说明的文献类型[Z]。

当然，这是学生毕业论文参考文献格式的最一般看法。不同的学校也可能存在不同的做法。其实，不同杂志的做法也不尽相同，有时对同一个人的著作的写法可能是不一样的。

学生毕业论文的参考文献是学生容易出错之处，指导教师尤其要注意，学生更应该要注意。

六、语言学毕业论文的学术道德

在大学毕业论文的写作过程中，有的学生对本科毕业论文缺乏正确的认识，学术规范意识几乎没有；有的学生写作水平较低，态度也不端正。为了完成本科毕业论文，有的学生有意直接复制已有文献的句子；有的则将复制过来的资料给予加工，或者删除部分词语，或者增加部分词语等。有的学生则是不懂学术规范，引用别人资料而没有标注，无意中抄袭了他人的文章。无论是有意抄袭还是无意抄袭，均属于学术不端行为，直接或者间接违反了科研诚信。

2019 年 1 月 22 日出版的《解放日报》指出，世界各国都非常重视科研诚信：如 2013 年，英国颁布了一份科研诚信的协定，规定大学要每年发布调查报告，内容包含他们对所有涉嫌研究不当行为的调查结果。澳大利亚在 2007 年制订了《负责任的研究行为准则》作为科研诚信行为的指南，并以各科研院所的执行情况作为科研资金发放的先决条件。

中华人民共和国教育部令第 40 号《高等学校预防与处理学术不端行为办法》自 2016 年 9 月 1 日起施行。

第二条，学术不端行为是指高等学校及其教学科研人员、管理人员和学生，在科学研究及相关活动中发生的违反公认的学术准则、违背学术诚信的行为。

第二十七条，经调查，确认被举报人在科学研究及相关活动中有下列行为之一的，应当认定为构成学术不端行为：（一）剽窃、抄袭、侵占他人学术成果；

---

① 参考武丽志等《毕业论文写作与答辩》（高等教育出版社，2015 年）。

（二）篡改他人研究成果；（三）伪造科研数据、资料、文献、注释，或者捏造事实、编造虚假研究成果……（六）买卖论文、由他人代写或者为他人代写论文。

第二十九条，高等学校应当根据学术委员会的认定结论和处理建议，结合行为性质和情节轻重，依职权和规定程序对学术不端行为责任人做出如下处理……学生有学术不端行为的，还应当按照学生管理的相关规定，给予相应的学籍处分。学术不端行为与获得学位有直接关联的，由学位授予单位作暂缓授予学位、不授予学位或者依法撤销学位等处理。

在我国，近年来，学术不端的事情屡有发生，相关人员也受到了严格的惩处。

可见，学术不端的后果是严重的。那么如何避免呢？大学生应该熟悉学术引证规则，即是在引用他人文章时，要在文中标注序号，文章结尾标出相应文献。引用时，可以意引，适当控制直接引用，这样就能在较大程度上避免复制率较高的情况出现。

思考与练习

请任选下面一题，写作一篇语言学论文。

1. 浅析网络语言对汉语言的影响

2. 比喻幽默的类型及效果之研究

3. 大学校名语言结构研究

4. 排比与层递异同之研究

5. 借喻与借代异同之研究

6. 反复与重复异同之研究

7. 黄廖本、胡本《现代汉语》实词比较研究

8. 黄廖本、邵本《现代汉语》辞格知识比较研究

9. 俏皮话的修辞效果分析

10. 从合作原则看大兵相声

11. 从礼貌原则看赵本山小品

12. 现代汉语简称的分类及规范化探究

13. 凯里经济开发区菜单名称语言研究

14. 2018年《非诚勿扰》主持人孟非幽默话语研究

15. 《列女传》的形容词研究

16. 《论语》的代词研究

17. 标题中的标点符号研究

18. 镇远促销广告的语言研究

19. 莫友芝诗歌语言特色

20. 中学语文教材课后练习中的比喻研究

21. 高二语文教材中的夸张研究

22. 人教版中学语文双关辞格的教学研究

23. 《泰囧》幽默形成原因探究

24. 小学语文教材生字词的研究

25. 中学语文教材中的对偶研究

26. 凯里服装广告语研究

27. 凯里店名的语言研究

28.《感动中国》颁奖辞语用研究

29. 初中语文教材课文标题研究

30. 浅析德江土家傩堂戏剧本的宗教意识

31. 浅析沿河土家哭嫁歌歌词的情感表达

32. 浅谈秘书的沟通技巧

33. 遵义狮溪高腔大山歌歌词的分析

34.《水浒传》人物绰号的语用学分析

35. 小学语文教师修辞教学探讨

36. 黔东南州地名调查与研究

37. 贵阳公交站名的调查与分析

38. 凯里汽车车后提示语的调查与研究

39. 凯里草坪提示语调查与研究

40. 凯里经济开发区店名的调查与研究

41. 凯里街道名称的调查研究

42. 贵州省兴义市安龙县医院名称调查与研究

43. 云南宜良方言特殊动词研究

44. 侗族琵琶歌语音修辞探究

45. 麻江方言形容词的调查与研究

46. 近三十年中考对联研究

47. 近三十年中考比喻研究

48. 广西玉林牛戏剧本《孝逆儿媳》的押韵分析

49. 钱锺书《围城》比喻研究

50. 钱锺书《围城》言语幽默分析

51.《平凡的世界》孙少平人物语言分析

52.《山海经》的植物名词研究

53.《山海经》的比喻研究

54. 老挝学生口语中的"着""了""过"的偏误分析

参考文献

[1] Brown P, Levinson S. Universals in language usage: politeness phenomena"
[M]//Goody E N. Questions and politeness: strategies in social interaction.
Cambridge: Cambridge Univer-sity Press, 1978.

[2] Coulson S. Semantics leaps: the role of frame-shifting and conceptual blending in
remaining construction [D].University of California, 2001.

[3] Crystal D, Davy D. Investigating English style[M], london: Longman, 1983.

[4] Cobos C. The pragmatics of humorous interpretatins: a relevance-theoretic approach
[D]. University of London, 1997.

[5] Sperber D, Wilson D. Relevance: communication and cognition [M]. Oxford:
Blackwell, 1995.

[6] Ogilog D. Negation in advertising[M]. New York: Vintage books, 1983.

[7] Dingena M. The creation of meaning in advertising[M]. Amsterdam: Thesis Publishers,
1994.

[8] Leech G N. Principles of pragmatics[M]. Longman, 1983.

[9] Goffman E. Interactional ritual: essays on face-to-face behavior[J]. New York:
Doubleday and Company, 1967.

[10] Grice H P. Logic and conversation in cole and morgan, syntax and pragmatics[M].
New York: Academic Press, 1975.

[11] Grundy P. Doing pragmatics[M]. New York: Oxford University Press, 1995.

[12] Hergenhahn B R. An introduction to the history of psychology[M]. Chicago:
Brooks-cole publishing Company, 1997.

[13] Kenneth D. Lord of the Three in One: the spread of a cult in southeast China[M].
Princeton University Press, 1998.

[14] Lakoff G, Johnson M. Metaphors we live by[M]. Chicago: The University of
Chicago Press, 1980.

[15] Leech G. Principles of pragmatic[M]. London: Longman, 1983.

[16] Levinson S. Pragmatics[M]. Cambridge: Cambridge UniversityPress, 1983.

[17] Sperber D, Wilson D. Relevance: communication and cognition[M]. Oxford:
Blackwell Publishers, 1986.

[18] Vestergaard T. The language of advertising[M]. Basil Blackwell, 1989.

[19] 安苑. 公益广告在媒体宣传中的作用[J]. 中国广播电视学刊，2001（12）.

[20] 白解红. 性别语言文化与语用研究[M]. 长沙：湖南教育出版社，2000.

[21] 蔡雪冰. 应当强化禁毒宣传教育[J]. 上海市政法管理干部学院学报，2001（3）.

[22] 曹钦明，赖淑明. 广告语中模糊修辞的语用功能[J]. 广西社会科学，2005（6）.

[23] 曹志耘. 广告语言艺术[M]. 长沙：湖南师范大学出版社，1992.

[24] 陈娟，王淑林. 汉语言文学专业本科毕业论文现状及对策思考[J]. 中国教育技术装备，2015（18）.

[25] 崔华芳. 谈英语语言的歧义现象[J]. 文教资料，2006（12）.

[26] 戴世富. 用言语幽默提升公益广告的魅力[J]. 商业文化，2003（3）.

[27] 邓如意. "雷人"广告语研究[D]. 永州：湖南科技学院，2012.

[28] 丁丁. 试论公益广告在我国的发展[J]. 宁夏社会科学，1999（2）.

[29] 段玲. 汉语言语幽默的语用分析[J]. 贵州大学学报，2002（3）.

[30] 冯志伟. 现代语言学流派[M]. 西安：陕西人民出版社，1999.

[31] 甘翠平. 仿拟修辞格在商业广告中的妙用[J]. 国际商务研究，2003（2）.

[32] 谷显明. 地方本科院校毕业论文写作调查及对策研究[J]. 湖南科技学院学报，2016（6）.

[33] 顾玲. 论言语幽默话语的结构和语用功能[J]. 许昌师专学报，2000（1）.

[34] 顾曰国. 礼貌、语用与文化[J]. 外语教学与研究，1992（4）.

[35] 韩红岩. 关联理论与言语幽默[J]. 湖北广播电视大学学报，2007（9）.

[36] 何文忠. 论话语交际中的言语幽默原则[J]. 外语教学，2003（4）.

[37] 何兆熊. 新编语用学概要[M]. 上海：上海外语教育出版社，2000.

[38] 何自然. 语用学概论[M]. 长沙：湖南教育出版社，1991.

[39] 侯维瑞. Varieties of English[M]. 上海：上海外语教育出版社，1988.

[40] 胡范畴. 言语幽默语言学[M]. 上海：上海社会科学出版社，1987.

[41] 黄伯荣，廖序东. 现代汉语[M]. 北京：高等教育出版社，2017.

[42] 贾玉新. 跨文化交际[M]. 上海：上海外语教育出版社，1997.

[43] 姜望琪. 当代语用学[M]. 北京：北京大学出版社，2003.

[44] 蒋华. 笑话中的语言学[M]. 长沙：湖南大学出版社，2008.

[45] 蒋华. 言语幽默多维研究[M]. 哈尔滨：黑龙江人民出版社，2010.

[46] 蒋华. "这""那"类指代词对举的类型学研究[M]. 哈尔滨：黑龙江人民出版社，2015.

[47] 蒋华. 广告语多维探究[M]. 哈尔滨：黑龙江人民出版社，2019.

[48] 孔健，张怀珠. 高校图书馆的公益广告与读者管理[J]. 图书馆学刊，1998（1）.

[49] 黎运汉. 广告文化学[M]. 广州：暨南大学出版社，2004.

[50] 李安卓. 空白和意义未定性在电视广告中的作用[J]. 广西艺术学院学报，2005（4）.

[51] 李建立. 广告文化学[M]. 北京：北京广播电影学院出版社，1998.

[52] 李岚. 信仰的再创造——人类学视野中的傩[M]. 昆明：云南人民出版社，2008.

[53] 李庆荣. 实用汉语修辞[M]. 北京：北京大学出版社，2002.

[54] 李如意. 正视公益广告的社会功能[J]. 鄂州大学学报，1998（3）.

[55] 李晓东. 目前我国禁毒广告宣传现状分析[J]. 中国药物依赖性杂志，2003（4）.

[56] 李欣. 广告制作中双关语的应用[J]. 写作，1994（6）.

[57] 李中行，戚肖山，张惠. 广告英语[M]. 长沙：湖南教育出版社，1986.

[58] 林一顺. 语言艺术设计[M]. 洛阳：河南大学出版社，1997.

[59] 刘晨红. 公益广告语言的艺术化表现[J]. 西南民族学院学报，2005（2）.

[60] 刘艳春. 电视广告语言类型与创作[M]. 北京：中国经济出版社，2004.

[61] 陆国强. 现代英语词汇学[M]. 上海：上海外语教育出版社，1999.

[62] 陆俭明，沈阳. 汉语和汉语研究十五讲[M]. 北京：北京大学出版社，2003.

[63] 陆俭明. 现代汉语语法研究教程[M]. 北京：北京大学出版社，2005.

[64] 罗兰秋. 公共广告的文化传播[J]. 西南民族大学学报，2004（9）.

[65] 罗移山. 论《周易》的孝意识及其特色[J]. 西南民族学院学报，2001（9）.

[66] 马本和. 艺术空白与审美意境的生成[J]. 美苑，2009（3）.

[67] 马连鹏. 公益广告社会教育作用研究[D]. 大连：大连理工大学，2004.

[68] 马谋超. 广告心理[M]. 北京：中国物价出版社，1997.

[69] 马腾. 浅谈汉语歧义现象及其运用[J]. 石家庄职业技术学院学报，2009（10）.

[70] 马玉梅，周云利. 论公益广告的社会价值[J]. 学术交流，2000（5）.

[71] 马玉荣. 构建以人为本的高校图书馆文化[J]. 学术论坛，2005（2）.

[72] 孟芳. 广告中审美因素探析[J]. 中州大学学报，2005（4）.

[73] 牟杨. 新编简明英语语言学教程学习指南[M]. 成都：西南交通大学出版社，2007.

[74] 倪宝元. 成语例示[M]. 北京：北京出版社，1984.

[75] 倪宁. 广告学教程[M]. 北京：中国人民大学出版社，2001.

[76] 霍兰德. 笑：言语幽默心理学[M]. 上海：上海文艺出版社，1991.

[77] 帕默尔. 语言学概论[M]. 北京：商务印书馆，1983.

[78] 潘泽宏. 电视公益广告的时代性与民族性[J]. 湘潭大学学报，1997（4）.

[79] 戚晓杰. 也谈"换字广告"[J]. 语文建设，1996（6）.

[80] 钱冠连. 汉语文化语用学[M]. 北京：清华大学出版社，1997.

[81] 钱理，王军元. 商店名称语言[M]. 北京：汉语大词典出版社，2005.

[82] 商聚德. 中国传统文化导论[M]. 北京：北京大学出版社，2009.

[83] 邵敬敏. 广告语创作透视[M]. 北京：北京语言学院出版社，1996.

[84] 石毓智，李讷. 汉语语法化的历程：形态句法发展的动因和机制[M]. 北京：北京大学出版社，2001.

[85] 宋玉书. 广告文化学[M]. 长沙：中南大学出版社，2006.

[86] 孙绍振. 论言语幽默逻辑的二重错位律[J]. 文学评论，1996（5）.

[87] 索振宇. 语用学教程[M]. 北京：北京大学出版社，2000.

[88] 王春晖. 广告英语的句法特点[J]. 湖南农业大学学报，2006（5）.

[89] 王希杰. 修辞学通论[M]. 南京：南京大学出版社，1996.

[90] 王燕. 言语幽默关联语境的二重错接推导[J]. 佳木斯大学学报，2005（2）.

[91] 王寅. 认知语言学探索[M]. 重庆：重庆出版社，2005.

[92] 王佐良，丁往道. 英语文体学引论[M]. 北京：外语教学与研究出版社，1987.

[93] 温锁林. 语言与语言应用[M]. 北京：中国社会科学出版社，2003.

[94] 吴汉江，曹炜. 广告语言[M]. 北京：汉语大词典出版社，2005.

[95] 肖芃. 中国传统文化[M]. 大连：大连理工大学出版社，2008.

[96] 谢春林. 比较广告在我国的现实运用分析[J]. 商场现代化，2005（10）.

[97] 邢福义. 汉语语法学[M]. 长春：东北师范大学出版社，1996.

[98] 邢福义. 现代汉语语法研究的"两个三角"的研究[J]. 云梦学刊，1990（1）.

[99] 徐盛恒. 礼貌原则新拟[J]. 外语学刊，1992（2）.

[100] 杨青平. 论比较广告[J]. 新闻爱好者，1997（3）.

[101] 游汝杰. 中国文化语言学引论[M]. 北京：高等教育出版社，1996.

[102] 于凤静. 公益广告语言的感情策略探析[J]. 鞍山钢铁学院学报，1996（3）.

[103] 张斌. 现代汉语精解[M]. 上海：上海文艺出版社，1989.

[104] 赵艳芳. 认知语言学概论[M]. 上海：上海外语教育出版社，2001.

[105] 周丽萍. 广告语言的美学价值[J].浙江经济高等专科学校学报，1998（5）.

[106] 朱德熙. 语法讲义[J]. 北京：商务印书馆，1980.

[107] 朱家席. 基于汉语言文学专业的毕业论文选题研究[J]. 淮北师范大学学报，2015（2）.

[108] 祝莹,张宝,许凯明. 平面广告设计中的空白艺术[J]. 合肥工业大学学报，2007（4）.

[109] 袁毓林. 汉语配价语法研究[M]. 北京：商务印书馆，2010.

[110] 王力. 中国现代语法[M]. 北京：商务印书馆，1943.

附 录

专业代码：<u>050101</u>

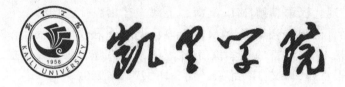

本科毕业论文（设计）

题目：黎平地名调查与研究

学　　院：<u>人文学院</u>
专　　业：<u>汉语言文学</u>
班　　级：<u>2014 级 1 班</u>
学生姓名：<u>罗安琼</u>
学生学号：<u>2014401060</u>
指导教师：<u>蒋　华</u>

2018 年 4 月 16 日

摘　要：黎平是贵州省黔东南州少数民族聚居之地，其地名具有非常深厚的民族风情和历史文化。本文以黎平 25 个乡镇的地名作为调查对象，主要对黎平地名命名理据和黎平意译地名进行了探讨。黎平地名命名理据分为自然实体类地名和人文社会类地名，自然实体类地名主要有地形地貌得名、方位得名、山水得名、动植物得名、气候得名和距离得名六类；人文社会类地名主要有建筑得名、人物姓氏得名、故事传说得名、人口迁徙得名、军事得名、寓意得名、商业贸易得名和建立时间得名八类。黎平意译地名主要有侗语意译和苗语意译两种。

关键词：黎平；意译；文化；地名

Abstract：Liping is a Qiandongnan minority colony in Guizhou Province, its place name has very deep national customs and historical culture. This paper takes the place names of 25 townships in Liping as the object of investigation, and probes into the reasons of Liping names and liping transliteration of geographical names. Liping the name of geographical names is divided into natural entity categories of geographical names and human social class names, the natural entity class place name mainly has the landform landform name, the direction name, the landscape name, the name of the flora and fauna, the climate name and the distance gets the name six class; the human society class name mainly has the building name, the personage surname name, the story legend name, the population migration name, The name of the military, the meaning of the name, commercial trade and the establishment of time named eight class. There are two kinds of liping free translation and Hmong transliteration.

Key words: Liping; Transliteration; Culture; Place names

目　录

一、绪论

（一）黎平简介

黎平县位于贵州省东南部，隶属于黔东南州，地势西北高，西南、东南、东北低，是广西、贵州、湖南三省的交界地带。黎平居住着侗、苗、壮、水、瑶等 13 个民族，是一个众多少数民族聚居之地，也是贵州省面积最大、人口最多的县份之一。

黎平属于中亚热带季风湿润气候，全年四季分明，雨量充沛，森林资源非常丰富，因此黎平有很多珍稀树种和中草药资源。如秃杉、马蹄参、香果树、红木、小叶红豆、川芎、天门冬、两面针、益母草、何首乌、地龙、八角莲、牛膝等。

在历史上，黎平出现了很多值得人民牢记的名人。如梅友月、何腾蛟、龙起雷、朱万年、董三谟、吴勉等。明代时期，统治者压迫人民，使得人们生活困苦，吴勉领导农民掀起了大规模的武装反抗。梅友月是一位十分正直的大臣，他处处为人民着想，不畏权贵，对于一些危害百姓的措施，朝中大部分官员是不敢直言的，而友月与他们不同，他常常直言上谏。他们都是为了黎平人民的生活努力奋斗，带领人民走向幸福生活。

黎平是中国革命老区，红军在长征途中曾三次进入黎平，这也在一定程度上促进了黎平旅游业的发展。

（二）国内外地名研究概况

地名是具有指位性和社会性的个体地域实体的指称。关于地名研究，学术界国内外相关成果颇丰。国外关于地名研究的著作非常丰富。如在法国多扎编著的《地名的起源与发展》一书中，作者认为一个地方的地名可以反映当地的历史文化，能够体现当地军事、经济、政治等的历史发展。在俄国谢列布列尼科夫编著的《论地名的研究方法》一书中，作者论述了地名学的方法问题，为后人研究地名学打下了基础。

国内对地名的研究也有很多。如于曾世英、杜祥明《地名学论稿·地名学导言》中提出地名具有语言性、民族性、地理性、相对稳定性和社会性，有助于笔者进行地方少数民族地名研究。罗常培编著的《语言与文化》，探讨语言和文化的关系，提出地名与民族迁徙有着十分密切的关系。褚亚平在《地名学论稿·地名与地理》中对地名做了系统全面的归类，对梳理黎平地名提供了较详尽的参考。就目前国内外对地名的研究来看，其主要是从社会语言学、历史学、地名学等方面对地名进行探究，但是有关黎平地名的著作较少。其中有石树帜主编的《贵州省黎平县地名志》讲述黎平地名的由来、历史沿革及各个乡镇的行政区域等；《黎平地名由来与故事》一书中，详细记载了 1 577 个地名的故事来历。石干成主编的《黎平县志》主要记载了黎平的政治、经济、文化等方面的内容。但是这些著作均未对黎平地名从语言学、文化学的角度分析。本文试图从命名理据和意译地名这两个方面来分析黎平地名，探究其深厚的民族风情和历史文化。

二、黎平地名命名理据研究

地名是人们赋予某地的名称，它不仅仅是一种语言符号，更是一种文化的载体，其中蕴含了当地一些民族、经济、军事等人文特征，比较完整地保存了该地丰富多彩的文化。牛汝辰先生说："地名是文化的镜像。"一语道出地名的价值。黎平的地名亦是如此。黎平地名可以分为自然实体类地名与人文社会类地名。

（一）黎平自然实体类地名

地名不但指出当地的地理类型，通常还反映出命名时代该地的自然地理或人文地理特征。黎平生态环境优美，地形复杂多样，有很多独特的特点。人们在给某个地方命名时，常以当地一些独特的特点来命名此地。我们将这些因自然实体得名的地名分成以下几类。

1. 因地形地貌得名

黎平的地形地貌复杂多样，各不相同。为了方便记忆，人们便以当地的地形地貌为命名理据。在我们所统计的地名中，这类地名共有 227 个，约占 15.2%。如"平街"，因为这条街平坦不弯曲，故名平街。除了平街这个地名是因地形地貌得名外，还有"猫耳塘"。"猫耳塘"这个地名的由来是因为在清代乾隆年间，此地设有塘讯，士兵曾在此驻留扎营，又该地地形与猫的耳朵非常相似，故名猫耳塘。除此之外，类似的地名还有很多，如"羊角""波丝形""雷古形""盆形""梭团"等。当外乡人听到这些因地形地貌得名的地名时，脑海中就会浮现该地的大致轮廓，增加人们对此地的好奇心。

2. 因方位得名

为了更好地识别方向，有很多地名以方位来命名。在我们所统计的地名中，有些地名直接含有"东""西""左""上"等方位词，而有些地名则是以山、水等不同部位来表示其相对位置。在我们所统计的地名中，因方位得名的地名共有 210 个，约占 14%。如"东门外"，因该地处于县城东城门的外面，故名。在"东门外"这个地名中，含有"东"这个方位词，这个地名的命名运用了显定方位的命名方法。还有一类地名中并未含有方位词，如"江边寨"，该地因村落建在小溪旁边得名"江边寨"。"江边寨"这个地名中并未含有方位词，但是人们以小溪为参照物来命名此地，运用了隐性方位的命名方法。此外，在黎平地名中因方位得名的地名还有很多，如"后街""外外冲""北门""地西"等。因方位得名的地名，既说明了该地的地理位置，又便于人们识别方向。

3. 因山水得名

人们在选择居住地时，往往喜欢依山傍水，沿着河流、山川而居。黎平地名也不例外，出现了大量与山水有关的地名，这类地名可分成以下几类。

（1）因山得名。

因山得名的这类地名，在我们所统计的地名中共有 29 个，约占 1.9%。如"岑丘"，因该地位于岑丘山附近得名。"青鱼嘴",因山形与青鱼张嘴的形状相似得名。"万宝田",因该地位于万宝山田塝之上得名。除此之外,因山得名的地名还有"小山""十五山""九牛山""岑凤"等。

（2）因水得名。

因水得名的这类地名,在我们统计的地名中共有 65 个,约占 4.3%。如"玉河溪",因玉河溪的溪水从村前流过,故名。"江边寨",因村寨坐落于小溪的旁边,故称江边寨。"沟溪",因溪流环绕着村子流淌,形成一条小沟,故名。此外,因水得名的地名还有很多,如"天堂湾""合水""半江""牛角湾""乌作溪"等。

因山水得名的地名,显示出黎平是一个山清水秀的好地方,当人们听到这些以山水得名的地名,就知道此地是如此惬意的地方,有山有水,便能够吸引大量游客来此地旅游,进而促进黎平经济的发展。

4. 因动植物得名

当地一些动植物的明显特征也能突出当地的特点,又便于人们记忆。因此,在黎平地名中出现了大量与动植物有关的地名,这类地名又可以分成以下几类。

（1）因动物得名。

因动物得名的黎平地名,在我们统计的地名中有 5 个,约占 0.3%。如"野猪湾",因这里森林茂密,有很多野猪经常在山湾出现得名。"蚂蟥井",因村落附近的一口井里有很多蚂蟥得名。"鸟冲",因此地森林茂密有很多鸟雀在这里居住得名。"上高洋",人们在此地建立村寨时,看到有两只山羊在溪边吃草打闹,晚上却不见踪影,又因该村在上,称作"上高洋"。还有一个村子位于上高洋下面,人们称之为"下高洋"。

（2）因植物得名。

黎平气候宜人,雨水丰富,阳光充足,森林覆盖率广,有很多珍贵稀有的树种药材。如华南五针松、乐东拟单性木莲、马蹄参、香果树等。正因如此,黎平出现了很多因植物得名的地名。在我们所统计的地名中,因植物得名的地名共有 61 个,约占 4.1%。如"兰花园",因早年间坡地的两侧长出很多兰花得名。"黄柏屯",因当地盛产中药材黄柏且明朝军队曾驻军于此,得名"黄柏屯"。"平笋",因当地盛产竹笋得名。"竹湾寨",因建村立寨时在山湾里发现有很多毛竹得名。除此之外,因植物得名的地名还有"荷花塘""核洞""枫树屯""杨木冲""桐油塝"等。

因动植物得名的地名既凸显出当地以某种动物或植物居多,也使得当地特有资源的知名度有所提高。

5. 因气候得名

大自然的气候变化多样,让人捉摸不透。有些地名是根据当地的自然气候来命名的,在我们统计的地名中,因自然气候得名的地名共 24 个,约占 1.2%。如"六爽",因该地森林茂密,夏天多风且没有蚊子,故称"六爽"。"汉寨",因该村经常发生旱灾得名（因当地人民觉得"旱"字寓意不好,便取了一个同音字"汉"）。"长春",因村住地森林茂密,气候宜人,四季如春,得名"长春"。除此之外,类似的地名还有很多,如"乌寨"

"冷山""天堂""青寨"等。因气候得名的地名，突出了当地明显的自然气候，也能够让外乡人对该地有所了解。如当外乡人听到长春这个地名时，就会自然而然地想到"四季长春"这个词，对此地的气候也能大致了解。

6. 因距离得名

在我们统计的地名中，还有一些黎平地名是因距离得名的，这类地名共有 3 个，约占 0.2%。如"五里桥"，因该地有一座石拱桥，距离县城有五里，故名"五里桥"。"下八里"，因此地距离上下的村寨都为八里，该村在下，故称"下八里"。"什里"，因该地东、西、南、北至最近的村寨均为十里，后来当地村民取谐音称为"什里"。这类因距离得名的地名虽然不多，但却具有丰富的意义。人们听到这些因距离得名的地名，会不由自主地思考此地是距离哪里有这么远的距离呢？由此引起人们对此地地名来历的兴趣。

为了更清晰地看出黎平自然实体类地名的所占比例，对收集到的地名进行研究分析，如图所示：

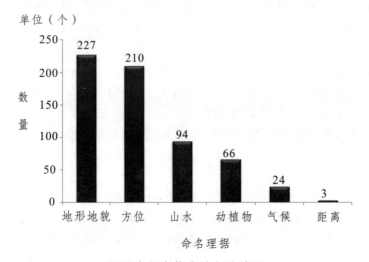

黎平自然实体类地名统计图

由图可以看出，在收集到的黎平自然实体类地名中，因地形地貌为命名理据的地名所占比例最大。按照所占数量的多少，从多到少依次排列的顺序分别是：地形地貌、方位、山水、动植物、气候、距离。因"羊角""猫耳塘""平塝""大坡"等地形地貌得名的地名，形象生动地展现了当地的地形面貌，便于人们对当地地形地貌的了解。因"西门街""中和""下乌鸦"等方位词的得名的地名，方便人们识别自己所处的方位。因"岩寨""各水江""半江"等山水得名的地名，能让人们了解当地的山形、水源，了解此地的地名来源。因"兰花园""野猪湾""鸟冲"等动植物得名的地名，凸显了当地以某种动物或植物居多，突出的当地的特色资源。因"长春""冷山""乌寨"等因自然气候得名的地名，反映了当地的气候，也便于外村人了解当地气候。因"五里桥""下八里""什里"等这类因距离得名的地名，人们会想到此地与是与哪个地方相距这么远，由此引起人们的好奇心。

（二）黎平人文社会类地名

随着时代的变化，出现了带有浓厚人文气息的故事和建筑。人们不再单一地仅以地形、山水、气候等自然特征作为命名地名的依据，而是加入一些有关人文特征的因素来命名地名。在这里，我们把黎平人文社会类地名分成以下几类：

1. 因人物姓氏得名

在黎平地名中，以某人的姓氏或人物特征来命名的这种地名有很多。在这里因人物姓氏得名的地名可以分成以下几类：

（1）因姓氏得名。

在我们统计的地名中，因姓氏得名的地名有 106 个，约占 7.1%。如"徐家湾"，因该地道路弯曲且水塘多，居民大多数都姓徐，故称"徐家湾"。"张家塝"，因该地位于田塝，居民大多数都姓张得名。"洪家庄"，明朝的时候这里曾被设为军屯，当地村民大多数都姓洪，故称洪家庄。除此之外，在黎平地名中因姓氏得名的地名还有很多，如"罗家台""龙家铺""沈团""尹所""陆家坪"等。

（2）因人物得名。

在我们统计的地名中，因人物得名的地名共有 26 个，约占 1.7%。如"东郎"，此村寨是一个名叫东郎的人建立的，后人便以他的名字命名此地。"田珠"，相传此地森林茂密，一个叫作石老珠的人最先到这里建村立寨，又因他垦荒造田，故称"田珠"。"广西桥"，据说清朝的时候，贵州巡抚张广泗在此地驻兵，后来人们借用他名字的谐音命名此地。此外，因人物得名的地名还有很多，如"黄岗""亚果""井郎""起凡"等。

因人物姓氏得名的地名，反映了当地人民强烈的宗族观念，这与中国传统的宗族制度是分不开的。李如龙先生指出："地名是精神文化活动的成果，它寄托了人们的审美情趣，表现着人们的思想观念，反映了人类活动的共同规律。"同样，在黎平的这类地名中，也体现了人们的宗族信仰和传统的思想观念，可以说地名就是一种文化的反映。

2. 因故事传说得名

黎平历史悠久，是一座具有深厚的文化韵味的古城。人们在为黎平地名命名时，把长辈们流传下来的故事传说也加入其中，使黎平地名更具韵味。在我们统计的地名中，因故事传说得名的地名共有 72 个，约占 4.8%。如"神鱼井"，相传在古代，有人在一口水井捕到一条鲤鱼，这人便将这条鱼带回家里用锅油煎，他煎煳了鱼的一面，这条鱼依然活蹦乱跳，这人觉得这条鲤鱼一定是一条有灵性的神鱼，便将它放回井里。不久后，有人在湖南的一条河里发现了一条有一面被煎煳的鲤鱼，人们都觉得这是一条神鱼，后来便将该地称为"神鱼井"。"美听"，相传在该村有一个非常勤劳的妇女，她什么农活都会，村民们都很喜欢她、尊重她，这个妇女死后葬在此地，当地村民为了纪念这个勤劳的妇女，便以她的名字作为该村的地名。"富家榜"，以前这里只有一户人家，这家人上有老下有小，但这家的男主人非常懒，导致一家老小经常挨饿，男主人去世后，他的孩子们为了改变这种现状，都十分勤劳，他们精耕细作，生活很快富裕起来，故称此地为"富家榜"。除此之外，因故事传说得名的黎平地名还有很多，如"花坡""银朝""幸福坪""通岛"等。因故事传说得名的地名，寄托了人们内心的美好愿望，也使黎平地名更富韵味。

3. 因人口迁徙得名

在历史发展的过程中，人口迁徙常与当时的经济和政治有关。人们为了寻找一处安身之地或改变经济不景气的状况，就离开自己的家乡迁往另一处居住。在我们所统计的地名中，因人口迁徙得名的黎平地名共有 54 个，约占 3.6%。如"下乌鸦"，该地村民大多数是由乌寨村民迁来此地，属于杨姓的一个枝丫，该村在下，人们就将此地称作"下乌鸦"。"碾团"，因修筑水库，村民必须离开自己的村庄迁到此地居住，黎平方言"碾"是"赶走"的意思。在这里取迁徙之意，故称"碾团"。除此之外，因人口迁徙得名的黎平地名还有很多，如"小三郎""阡洞""高青"等。因人口迁徙得名的黎平地名，体现了当时的政治、经济状况，更突显了一个地方的历史发展。

4. 因建筑得名

在我们统计的地名中，因建筑得名的地名共有 44 个，约占 2.9%。如"鼓楼坡"，因坡顶以前建有一座鼓楼得名；"二郎坡"，早年间人们在这里建立了大郎庙和二郎庙，以此来纪念李冰父子，故名"二郎坡"。"瓦寨"，因该村落原来建有砖瓦厂故称"瓦寨"。此外，在黎平地名中，因建筑为命名理据的地名还有很多，如"界牌""高枧""曹坪江""中黄""忠诚巷"等。因建筑得名的地名，向人们展示了黎平这些具有代表性的建筑物，吸引了人们的目光，也能让人们对这些地名记忆深刻。

5. 因寓意得名

人们在命名地名时，通常会将自己内心的美好愿望和自己的主观思想寄托在其中，体现人们一种求吉求富的心理。在我们统计的地名中，因寓意得名的黎平地名共有 41 个，约占 2.7%。如"新安寨"，因岑卜交通不便，人们搬迁到此居住，希望从此能平安幸福，故称"新安寨"。"福寿街"，这条街原来建有复述堂（即印刷厂），后来人们取复述堂的谐音，取吉祥之意，称这条街为"福寿街"。"新发寨"，因这个地方地处山谷，交通不便，人们纷纷搬到黎平榕江的公路附近定居，人越来越多，形成了一个村落，村民期望能够在这里兴旺发达，故称"新发寨"。此外，类似的因寓意得名的地名还有很多，如"得升""蒲洞""兴隆""银寨"等。在这类地名中，蕴含着人们对美好事物的一种追求和自己内心的美好愿望；这是社会心理和民俗特征的体现，具有内在的文化意义。因寓意得名的黎平地名中，通常表达了人们祈求平安幸福、兴旺发达等社会心理。

6. 因建立时间得名

为了牢记村寨的历史发展，黎平有很多地名是因村寨的建立时间得名的。在我们统计的地名中，因建立时间得名的地名共有 36 个，约占 2.4%。如"三月三"，人们在建立这个村寨的时候正好是农历的三月初三，便以建立时间来命名此地。"戊寅寨"，相传这个村子是在戊寅年间建立，人们就以这个村子的建立时间来命名此地。"老寨"，因为这个村寨建立的年代久远，是一个古老的村寨，人们将这里称为"老寨"。除此之外，在黎平地名中，这类因建立时间得名的地名还有很多，如"新寨""寅寨""新屯"等。这些因建立时间得名的地名，能让人们更加了解该村寨的历史发展，也使地名富有深厚的文化底蕴。

7. 因军事得名

在我们统计的地名中，因军事得名的地名共有 29 个，约占 1.9%。在这类地名中，通常会含有"屯""塘""坪""团"等词，以突出当地地名与军事有关。如"灯烟堡"，明清之际，在此地的坡堡曾设有烽火台，士兵们在此日夜巡逻，以防止敌方偷袭，若是发现有敌方入侵便马上鸣枪举火，以传递信息，故称"灯烟堡"。"乌寨屯"，因该村寨丛林茂密，能够遮天蔽日，白天也是乌蒙蒙的看不清东西，且在明朝时期此地曾被设为军屯，故称"乌寨屯"。"仁里屯"，早年间，有较多的少数民族居住于此，由于他们的风俗习惯、信仰的不同，他们之间存在很大的民族矛盾，在明代洪武年间，此地被设为军屯，之后人们提倡谦逊、温和，故称为"仁里屯"。除此之外，因军事得名的黎平地名还有很多，如"杨梅屯""龙安屯""黄柏屯""平山屯"等。这些因军事而得名的地名，能让后人牢记在当地发生的重要军事事件，了解自己家乡的历史。在明清时期，黎平就发生了很多反抗压迫的斗争。如吴勉领导侗族人民反抗朱元璋武装镇压的起义，吴国佐、石篡太领导侗族人民反对明廷剥削压迫的斗争，黄起、邓脚领导瑶民反对清廷重征的斗争，等。因军事得名的地名，正好反映了黎平重要的军事事件，也让后人更加了解自己的家乡。

8. 因商业贸易得名

在收集到的黎平地名中，共有 6 个地名是因商业贸易得名的，约占 0.4%。如"草鞋铺"，在清代时，此地是传送军书、接待官员的地方，村民为了方便行人便在此编织草鞋出售，故称"草鞋铺"。"铺子"，因曾有人在此地开店铺做生意，故称"铺子"。"桥头铺"，相传早年间此地曾有一个码头，人们在这里做生意经常在码头休息，为了与人方便，当地村民就在此开了一个铺子给过往行人休息，故称"桥头铺"。除此之外，类似的因商业贸易得名的地名还有很多，如"铺团""龙家铺""潘老厂"。因商业贸易得名的地名，不仅仅是一个地名，更反映了黎平的经济发展。

为了更清晰地看出黎平人文社会类地名的所占比例，我们将收集到的地名进行整理和分析，如图所示：

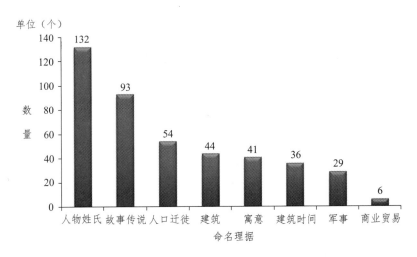

黎平人文社会类地名统计图

由图可以看出，在我们收集到的黎平人文社会类地名中，因人物姓氏为命名理据的地名所占比例最大。按照所占数量的多少，从多到少依次排列的顺序分别是：人物姓氏、故事传说、人口迁徙、建筑、寓意、建立时间、军事、商业贸易。因"东郎""张家巷""罗团""宋家庄"等人物姓氏得名的地名，反映了人们的宗族信仰和传统的思想观念，更反映了当地的宗族观念。因"罗平街""平桃""花坡""银朝""幸福坪"等故事传说得名的这类地名，将当地的一些故事传说流传下来，让后人了解黎平的文化与发展。因"小三郎""阡洞""高青"等人口迁徙得名的地名，反映了当地的历史发展的变化。因"二郎坡""忠诚巷""鼓楼坡"等建筑得名的地名，体现了当地独具特色的建筑物，能够吸引他人的目光，让他人对此地印象深刻。在因"得升""蒲洞""兴隆"等寓意得名的地名中，反映了人们求吉求富的心理。因"三月三""寅寨""戊寅寨"等这些因建立时间得名的地名，记录了该村寨建立的时间，具有一定的纪念意义。因"杨梅屯""龙安屯""灯烟垴"等这些因军事得名的地名，反映了当地发生的一些与军事相关的事件，这些地名也能让后人了解自己家乡的历史。因"铺团""龙家铺""潘老厂"等商业贸易得名的地名，反映了当地当时的政治、经济状况，便于后人对当地历史的考察。

三、黎平意译地名研究

黎平是一个少数民族聚居的地方，有布依族、苗族、侗族、瑶族等少数民族聚居于此。在我们收集的黎平地名中有很多地名都是因少数民族语言意译得来的，其中因侗语意译和苗语意译的地名居多。在1950年，罗常培先生出版的《语言与文化》这一书，就对西南少数民族语言进行研究，反映了语言与文化有着密不可分的关系。而在黎平地名中，这些因侗语和苗语音译得名的地名，不仅反映了少数民族的文化，更体现了少数民族间的相互融合。

（一）黎平侗语意译地名

在收集到的黎平地名中，大多数地名都是由侗语意译得名，这也说明了黎平是以侗族人口居多的一个少数民族聚居地。在我们统计的地名中，因侗语意译得名的地名共有587个，约占27%。如"大干"，因此地处于深山老林之中，山中有很多小橘树，侗语称为"大干"；在侗语中，"大"是深山的意思，"干"是指野生的橘树。"归己"，因该村落地处坡塝，又有溪水从村前流过，侗语得名"归己"；在侗语中，"归"指小溪，"己"指坡塝。"己滚寨"，因此地建在一个山包上，侗语得名"己滚寨"；在侗语中，"己"是坡塝的意思，"滚"指小山包。除此之外，因侗语意译得名的黎平地名还有很多，如"雅禅""井庭""蝉花""归豆"等。

（二）黎平苗语意译地名

在收集到的黎平地名中，除了有侗语意译得名的地名有也很多苗语意译得名的地名。在我们统计的地名中，因苗语意译得名的黎平地名共有82个，约占1.2%。如"根午"，因该村落附近有一条山沟，当地村民便以山沟来命名此地；在苗语中，"根午"就是山沟的意思。"婢利"，因此地土质疏松而且在下雨天常发生塌方等自然灾害，因此当地人民以此地的地形和自然灾害为命名理据，因苗语音译得名"婢利"；在苗语中，"婢"指的是边坡，"利"指的是山崩。"俾翁"，因此村落位于坡塝之上并且村里有一个水塘，苗语意译得名"俾翁"；在苗语中，"俾"指的是斜坡，"翁"指水塘。此外，因苗语意译得名的黎平地名还有很多，如"故赖""染友""乌潮""高练"等。

为了更清晰地看出黎平侗语意译和苗语意译的地名的所占比例，我们对收集到的黎平少数民族语言意译地名进行整理，如图所示：

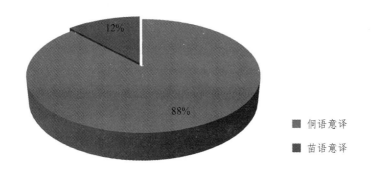

黎平少数民族语言意译地名比例图

在我们收集到的黎平地名中，共有 669 个地名是因少数民族语言意译得名的。从图中可以看出，侗语意译的地名所占比例最大，约占 88%，其次是苗语意译的地名，约占 12%。以上比例图说明了黎平县是一个以侗族居多，苗族、瑶族、汉族、水族等其他少数民族杂居的地方。

四、结语

黎平地名不仅记录了黎平的自然面貌和历史发展，还展现出了黎平的特色风情和宗族制度，蕴含着很多民间的故事传说，黎平地名就如同一本万能宝典。

本文以黎平 25 个乡镇的地名作为调查对象，主要对黎平地名命名理据和黎平意译地名进行了探讨。从命名理据上看，黎平地名可分为自然实体类地名和人文社会类地名，自然实体类地名主要有地形地貌得名、方位得名、山水得名、动植物得名、距离得名和因气候得名六类；人文社会类地名主要有建筑得名、人物姓氏得名、历史事件或故事传说得名、人口迁徙得名、军事得名、寓意得名、商业贸易得名和建立时间得名八类。黎平意译地名主要有侗语意译和苗语意译。黎平地名反映了当地的地形地貌、地域的宗族制度、人们的社会心理、少数民族文化等。对黎平地名的研究，有利于探究黎平少数民族特有的地域文化，挖掘黎平地名文化潜在的价值，保护黎平少数民族语言。

参考文献

［1］白静静. 奎屯市地名文化的传承与保护研究[D]. 乌鲁木齐：新疆师范大学，2014.

［2］邓慧蓉. 从中国地名透视汉族人的思维方式和社会心理[J]. 学术交流，2003（12）.

［3］高磊. 中国地名的文化内涵[J]. 大众文艺，2010（22）.

［4］古格·其美多吉. 略论西藏地名的结构与特点[J]. 西藏大学学报，2011（3）.

［5］韩佳. 怀仁县地名的语言学考察[D]. 太原：山西师范大学，2014.

［7］姜建国. 山西介休村落与村落地名研究[J]. 山西师范大学学报，2016（2）.

［8］李如龙. 汉语地名学论稿[M]. 上海：上海教育出版社，1998.

［9］李宗慈. 天水市地名调查分析[J]. 改革与开放，2015（21）.

［13］刘伟民. 阳江地名文化探究[J]. 成都师范学院学报，2017（2）.

［15］罗常培. 语言与文化[M]. 北京：北京出版社，2004.

［16］南晓民. 现代汉语句法新论[J]. 南华大学学报，2015（3）.

［17］石干成. 黎平县志[M]. 贵州人民出版社，2009.

［18］树炳妍. 齐齐哈尔地名的语言学研究[D]. 大连：辽宁师范大学，2015.

［20］涂莉思. 汉语地名的社会语言学分析[D]. 南昌：江西师范大学，2012.

［22］吴国敏. 语言文化视角下的临沂地名研究[J]. 安徽文学，2016（12）.

［24］赵媛媛. 安阳市街道名称的语言和文化分析[D]. 洛阳：河南大学，2015.

致　谢

　　短暂而充实的大学生活即将结束，回顾这四年，收获颇多。学习方面：对本专业方向的知识有了更深层次的认识，在论文的撰写阶段锻炼了我独立思考、广泛收集资料的能力以及与人合作的团队意识。冰冻三尺非一日之寒，毕业论文的撰写并非几日就能完成的，需要平时大量相关知识的积累来不断充实；生活方面，因积极向上、热情的生活态度，认识了许多可爱同学，结交了几个知心朋友，迷惘时提出建议，失落时给予鼓励，给了我很多正能量。

　　本文在蒋华老师的精心指导下，得以顺利完成，老师治学严谨，工作认真负责。蒋华师学识渊博，在对论文修改的多次交谈中，让我受益匪浅。蒋华老师更平易近人，不仅授我以文，并教我做人，特别是严谨的治学态度，让我深受影响。论文从选题到定稿，几经易稿均在蒋华老师的指导下完成，蒋师对我的论文付出大量的时间和精力，在此谨表对蒋华老师的谢意和祝福。我还要感谢黎平县图书馆编辑部人员，在我论文写作过程中给予我热情的帮助和指导，为我的论文提供了不可或缺的资料，为我提供了很多的便利。诚然本文的完成也离不开其他老师的关心和帮助，尤其是肖亚丽、尹东海、谢建红等老师给我的论文提出想法和建议，正是有了这所有人的帮助和支持，我的论文才得以顺利完成，感谢他们。大学四年，接受了太多人的教诲与帮助，感激之情又岂是区区一篇致谢可以涵盖说明。最后还要感谢我的父母对我学业和生活上的支持。

学生才学疏浅，知此文章离老师期望甚远，今后必当发奋图强，不负老师平日之教诲。

致谢人：罗安琼

2018 年 4 月 16 日

（此系笔者指导学生罗安琼的毕业论文，该文部分内容曾发表在省级期刊《文教资料》上，也获得过凯里学院 2014 级优秀毕业论文，在征得罗安琼女士同意的基础之上，附录此文，给即将写毕业论文的同学做参考）